校园足球训练与教学实践研究

霍小虎 / 著

中国纺织出版社有限公司

图书在版编目（CIP）数据

校园足球训练与教学实践研究 / 霍小虎著. -- 北京：中国纺织出版社有限公司，2025. 3. -- ISBN 978-7-5229-2560-8

Ⅰ. G843.2

中国国家版本馆 CIP 数据核字第 2025XM0182 号

责任编辑：郭　婷　　责任校对：王蕙莹　　责任印制：储志伟

中国纺织出版社有限公司出版发行
地址：北京市朝阳区百子湾东里A407号楼　邮政编码：100124
销售电话：010—67004422　传真：010—87155801
http://www.c-textilep.com
中国纺织出版社天猫旗舰店
官方微博 http://weibo.com/2119887771
河北延风印务有限公司印刷　各地新华书店经销
2025年3月第1版第1次印刷
开本：710×1000　1/16　印张：15.5
字数：230千字　定价：98.00元

凡购本书，如有缺页、倒页、脱页，由本社图书营销中心调换

前　言

足球运动具有广泛的社会影响，深受广大群众喜爱。发展和振兴足球运动，对提高国民身体素质、丰富文化生活、弘扬爱国主义及集体主义精神、培育体育文化、发展体育产业和实现体育强国梦具有重要意义，对经济、社会和文化的建设也具有积极的促进作用。

高校是培养足球人才最为关键的基地之一。足球运动在锻炼了大学生体魄的同时，促进了学生之间的合作与竞争、团结与协助，使学生同时体验到了挫败的悲伤和胜利的喜悦。所以，教师在日常教学的过程中，就要把握好足球教学的特点，提高学生的身体素质和品质。学校、教师要确立教学目标，设计多种形式的高校足球活动。在设计足球活动时，根据专业的足球运动思维模式对高校足球活动进行合理分析，从学生学习兴趣入手，提高学生参与率，激发学习热情。多设计一些教师和学生都能参与的活动，增进师生、学生间的交流，提高学生沟通能力，在游戏中让学生互相探讨，一起解决问题，培养学生合作意识和帮助他人的优秀品格，使活动教学发挥应有的作用。

高校足球教师和足球训练员除了要设计丰富多彩的足球教学方案，还要加强对学生的基本技术以及战术的训练。在平时的训练中，教师要根据学生的不同特点合理安排技术训练的内容，并选择适合学生的训练方法，巩固学生的足球带球、传球、停球等基本技术。同时，足球教师还要加强对学生战术意识的培养，让学生掌握一定的攻防战术，这样在比赛中才能更好地与队友进行配合。

本书首先对足球运动进行了概述，并分析了校园足球在培养学生身心素质方面的价值。接着系统性地介绍了校园足球训练的各个方面，包括体能、技术和战术训练,以及对学生心理和智力发展的重要性。书中还构建了校园足球教学的理论体系,明确了教学目标、内容、方法和评价机制。此外,通过校园足球游戏的设计和组织,展示了足球教学的趣味性和实践性。最后,书中对校园足球可持续发展的理论和策略进行了阐述,旨在推动足球运动在校园中的长远发展。整体来看,本书理论研究科学严谨、实践内容指导性强,理论与实践结合紧密,在写作过程中,还突出了系统性、实用性和时代性特点。

著者

2024 年 10 月

目 录

第一章　校园足球概述 ·· 1
　　第一节　足球概述 ·· 1
　　第二节　校园足球之美 ··· 13
　　第三节　校园足球育人价值 ····································· 21

第二章　校园足球的系统训练 ······································ 37
　　第一节　校园足球的体能系统训练 ······························· 37
　　第二节　校园足球的技术系统训练 ······························· 61
　　第三节　校园足球的战术系统训练 ······························· 86

第三章　校园足球的心智训练 ····································· 105
　　第一节　校园足球训练学生的心理发展特征 ····················· 105
　　第二节　校园足球训练学生的心理能力训练 ····················· 116
　　第三节　校园足球训练学生的智力发展特征 ····················· 124
　　第四节　校园足球训练学生的智能训练 ························· 127

第四章　校园足球教学理论体系 ··································· 132
　　第一节　校园足球教学的基础理论 ····························· 132
　　第二节　校园足球教学的目标与内容 ··························· 156
　　第三节　校园足球教学的方法与模式 ··························· 160
　　第四节　校园足球教学的评价与实施 ··························· 165

第五章　校园足球游戏教学实践 ··································· 171
　　第一节　校园足球游戏 ······································· 171

第二节　校园足球游戏的设计 …………………………………… 176
　　第三节　校园足球游戏的方法与组织 …………………………… 181
第六章　校园足球训练与教学评价 ……………………………………… 194
　　第一节　校园足球训练学生的身体素质评价 …………………… 194
　　第二节　校园足球训练学生的技术能力评价 …………………… 202
　　第三节　校园足球训练学生的自我评价 ………………………… 208
第七章　校园足球可持续发展 …………………………………………… 214
　　第一节　校园足球可持续发展的相关理论 ……………………… 214
　　第二节　校园足球可持续发展的价值与意义 …………………… 221
　　第三节　校园足球可持续发展的推进策略 ……………………… 229
参考文献 …………………………………………………………………… 237

第一章 校园足球概述

第一节 足球概述

一、足球比赛的特点

（一）技战术运用的快速准确性

足球比赛，作为一场集技术、战术、体能、心理与智慧于一体的全方位竞技盛宴，其核心在于运动员们不懈追求进球的荣耀与严防对手破门的坚韧。在赛场之上，每一瞬的交锋，都是对时间与空间双重维度的激烈争夺与精妙博弈——攻守双方竞相掌握控球节奏与无球跑位，力求在纵向的攻防层次与横向的场地宽度间，精准把握并扩大自身优势。

为赢得这重要的时空优势，运动员需要展现超凡的时间管理能力，将起动、变向、奔跑、接控球、带球、传球、射门乃至防守时的抢截、争顶等每一个技战术环节，都压缩至极致，使得动作迅速而高效。同时，对技战术执行的精准控制亦不可或缺，力求每一个动作都能直击要害，一步到位，减少不必要的失误与延误，从而在瞬息万变的赛场上，牢牢掌控比赛的节奏与走向。如此，方能在足球场上演绎出既激情四溢又智慧闪耀的足球艺术。

（二）足球比赛激烈的对抗性

在足球比赛中，为了做好对球权的控制，运动员必须在时空上全方位控制对手和球场内的特定区域。这就使双方队员在争夺时空优势时，会发生非常激烈的身体对抗，运动员们会通过身体冲撞、贴身紧逼、运球突破、争顶头球等不同形式来进行激烈的对抗。

在一场高水平的足球比赛中，运动员活动的距离一般在 10000～17000

米，其中冲刺、快跑约为150次，距离约在2500米以上。而在激烈的对抗中，运动员的身体素质得到了很好的锻炼，培养出了运动员顽强拼搏、坚忍不拔的优秀品质和稳定适宜的运动心理状态。这也使足球运动员能够在比赛中保持旺盛的斗志、积极的跑动、顽强的拼抢、精确的判断。[1]

总之，当今足球比赛中具有激烈的对抗性，并且随着技战术水平和运动训练理论的不断发展，校园足球比赛中防守强度在不断增大，进攻空间的创造越来越困难，技战术调整和利用的时间越来越短暂，对空间的限制更为严密，比赛的对抗程度也越来越激烈。

（三）足球比赛攻防转换的频繁性

随着校园足球赛事竞争态势的日益白热化，场上的攻防转换节奏呈现出前所未有的迅猛与频繁。在一场激烈的对决中，双方攻防转换的次数可轻易突破三百大关，彰显了现代足球快节奏、高强度的特征。这种频繁的攻防轮转，不仅考验着球员们的体能极限，更对战术执行与个人位置感提出了严苛要求。在转瞬即逝的攻防转换瞬间，运动员往往面临位置错乱的挑战，稍有不慎便可能导致防守漏洞百出，给对手留下可乘之机，进而引发失球，使得比赛的胜负天平在每一次攻防转换间微妙倾斜。

（四）足球技战术的多样性

技战术的演进，始终是足球运动蓬勃发展不可或缺的驱动力。足球技艺的繁复多样，为战术创新提供了肥沃土壤，每一次技术的飞跃都催生出一系列新颖的战术布局。赛场上，双方队伍斗智斗勇，宛如棋逢对手，不断根据瞬息万变的场上局势灵活调整技战术策略，使得足球成为一项在技术层面丰富多彩、战术层面变化多端、胜负悬念扣人心弦的非周期性竞技项目。正是这种难以预测的魅力，深深吸引着全球亿万名球迷的心，让足球运动成为跨越国界、连接人心的体育盛事。

（五）足球比赛的整体性

整体性受到了校园足球运动越来越多的重视，其主要表现在以下三个方面。

---

[1] 苏曾燧. 足球力学 [M]. 广州：华南理工大学出版社，2017.

1. 加强中场的控制

高校足球运动中,有许多比赛阵型都强调比赛中对中场球权的控制,如常见的"3-5-2""4-4-2""4-5-1""3-6-1"等阵型,在中场安排的球员明显增多,并多在此基础上采用主动性逼迫式的打法。力争中场时间、空间的主动和优势,以掌握攻守节奏,达到加快反击和回防的目的。

2. 足球阵型的严密性

在高校足球比赛疾风骤雨般的攻防转换中,队员们为了驾驭时间与空间的双重优势,精心构建并维持着前、中、后场及左、中、右路的合理间距,确保战术阵型如同精密仪器般紧密相连,形成一个坚不可摧的整体。这一策略下,约15米的前后纵深与10米的横向跨度被精准把握,既保障了球队在广阔战场上的灵活调度,又在局部区域内实现了以众凌寡的战术奇效。在此狭小却高效的空间内,球队不仅能够通过集中优势兵力实施进攻,还能在防守时形成铜墙铁壁,极大地增强了对比赛空间的掌控力。同时,这种战术布局还充分激发了每位球员的个人潜能与团队协作精神,使得球队的整体实力与个人才华得以完美融合,共同编织出足球场上最为绚烂的竞技画卷。

3. 足球攻守力量的机动调配

高校足球赛场,全攻全守战术以其独特的魅力赢得了众多高水平队伍的青睐。这一战术精髓在于,它打破了传统位置界线,促使球员在统一战术思想引领下,实现全方位、高频次的换位与持续活跃。其显著特征有以下三点。

(1) 球员职责的广泛交叉成为常态

在全攻全守体系中,每位队员都需要同时肩负进攻与防守的双重使命,这极大扩展了球员在球队中的作用范围,促使他们向多位置、全能型选手转型,以适应复杂多变的战术需求。

(2) 攻守之间的动态平衡达到新高度

现代足球已超越机械式的人数对等分配,转而追求高度灵活、响应迅速的力量均衡。球员们根据场上形势灵活变换角色,如边后卫化身为边前卫,前卫队员冲锋陷阵成前锋,前锋则回撤协助中场,后卫亦能前压支援,这种流动不息的角色转换,构筑了赛场上动态平衡的壮丽图景。

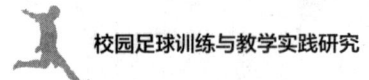

（3）一线牵制、二线完成的战术智慧大放异彩

面对对手密不透风的防线，单靠前锋孤军奋战已难觅良机。全攻全守战术强调通过前锋或前卫的频繁换位与拉扯，巧妙撕开对手防线，为前卫乃至后卫的插上进攻创造宝贵空间。这种机动灵活、隐蔽高效的进攻模式，不仅极大地丰富了进攻手段，更使得前卫、后卫乃至中后卫的远射得分成为常态，展现出前所未有的进攻火力与战术深度。

二、足球运动文化的内涵

（一）校园体育运动文化的概念

校园文化，作为物质与精神成果的集合体，其内涵广泛，既涵盖物质文化与制度文化的构建，也深植于精神文化的培育之中。而校园体育运动文化，作为这一宏大图景中的独特篇章，特指以师生为核心，在校园这一特定空间内孕育并展现的体育运动风貌与氛围。它不仅是师生工作、学习之余的共同追求，更是物质与精神双重财富的体现，融合了课外体育活动的生动实践与德育、智育、美育的深度融合，共同构筑了丰富多彩的校园文化生态。

校园体育运动文化的形成，是学校独特环境与历史积淀的产物，深受地缘条件与体育传统的影响，每一所学校都孕育着独一无二的体育文化特色。为了深入剖析其内涵，我们需要从多维度进行考察：物质层面，体现在体育场地、器材等硬件设施的质量、环境及使用情况，以及与之相关的体育商品与服装文化；规范层面，则审视体育教学与活动所遵循的制度性文本，如教学大纲、指导思想、评价标准等，及其在实际操作中的有效性与渗透力；智能层面，探索体育科学在校园文化中的渗透，包括体育美学、体育哲学等学科的开设，如何为校园体育运动提供理论支撑与丰富知识；精神层面，则触及校园体育运动文化的核心——活动群体的价值观，这是对生命、健康、体育深刻理解与评价的集中体现，是一个动态发展、自我认知与体育精神相融合的过程。综上所述，校园体育运动文化是多层次、多维度的文化现象，其丰富性与独特性正是校园文化生命力的源泉所在。

（二）校园足球文化

1. 校园足球文化的概念

校园足球文化，作为一种融合了足球知识学习与技能锤炼的智能教育体系，不仅深刻丰富了学生的文化素养，还极大地拓宽了他们的知识视野。其核心使命在于塑造学生的足球价值观，推动足球运动在校园内向着制度化、法治化及高品位方向稳健发展。这一文化体系涵盖了深厚的足球观念，即师生对足球运动的深刻理解与认同，以及这些观念所引领的多样化行为模式与实践表现，诸如定期举办的校园足球联赛、丰富多彩的足球文化活动以及各类足球文化载体的创建与运用，共同编织成一幅生动绚丽的校园足球文化画卷。

2. 校园足球文化与高校足球人才培养

一般而言，我国的足球人才培养可分为两个基本的发展阶段，即职业化改革前发展阶段和职业化发展阶段。

现阶段，我国的足球人才培养方式以职业足球俱乐部的后备梯队和足球学校为主，而足球传统项目学校的功能被逐渐弱化。我国足球运动处于职业化发展的初期，很多地方还有待进一步发展和完善，尤其是后备力量的培养体制方面还有很多的不足，从而使得我国的足球人才相对较为匮乏。通过发展校园足球，能够实现"体教结合"，这种培养方式下，参与足球运动的人不断增加，对于我国足球运动的长远发展具有积极的意义。[1] 虽然足球学校是足球人才培养的重要场所，但是其也有一些不足之处，如对于我国足球人口的发展并没有起到应有的促进作用。足球学校培养模式虽然对于我国足球运动的职业化发展具有积极的意义，尤其是足球职业联赛的初期，其作用更为显著。但是，随着足球学校的不断增多，足球学校开始出现了一定的质量问题，一些足球学校办学条件和办学资质水平较差，足球人才的培养质量也开始下降，这就使足球学校的声誉受到了一定的影响，从而导致足球学校逐渐减少。

（三）校园体育运动文化的价值

对学生而言校园体育运动文化的功能主要表现在六个方面，即促进学生智力、思想道德品质、美学素养的发展，规则意识的培养、成就感的培养、凝聚力的增强等，具体如下。

---

[1] 王华军，詹筱蕾.校园体育文化的多元化发展与创新体系构建[M].北京：中国原子能出版社，2017.

1. 校园体育运动文化可起到发展学生智力的重要作用

校园体育运动文化在促进学生智力成长方面扮演着举足轻重的角色。对于高校学生而言，强健的体魄与完善的神经系统构成了智力发展的坚实基础。持续性的体育锻炼，不仅锤炼了学生的感官敏锐度、思维灵活性与想象力，还显著提升了他们的注意力集中度和记忆力。这一过程，实际上是一种高效的休息方式，能够有效缓解大脑的疲劳状态，进而恢复并增强大脑的工作效能，促使学习效率显著提升。因此，将体育锻炼与体育文化知识学习融入日常学习生活的间隙，不仅丰富了课余活动，更在学生全面发展的道路上发挥了催化剂的作用，实现了事半功倍的积极效果。

2. 校园体育运动文化对于培养学生良好的思想道德品质具有重要价值

高校学生的教育根本在于培养其良好的思想道德品质，这是其全面发展不可或缺的一环。德育与体育教学相辅相成，共同承载着塑造学生品德的重任，二者在教育实践中难以截然分割，往往体育成为德育的生动载体。校园体育运动文化以其多元而富有吸引力的活动形式，不仅激发了学生的广泛参与，还促进了集体主义精神的培育。它以集体为单位组织活动，为群体教育提供了天然土壤，有助于学生在合作中学会尊重与协作。此外，通过竞赛、评比及表彰优胜者等机制，校园体育运动文化有效激发了学生的竞争意识与开拓精神，促进了其积极进取的心态形成。尤为重要的是，作为课余生活的重要组成部分，校园体育运动文化在预防与纠正学生不良品德、引导犯错学生回归正轨方面展现出了独特而显著的教育成效，成为学生健康成长道路上的一盏明灯。

3. 校园体育运动文化有助于学生美学素养的培养

校园体育活动在培育学生美学素养方面扮演着举足轻重的角色，是促进学生个性全面和谐发展的关键教育环节。美育的核心在于提升人的内在品质与外在表现的和谐统一，其中，思想品德与情操之美构成了德育的精髓。而风度、语言、环境之美等，则深刻体现了个体的文化素养与美学造诣。谈及体育与美的内在联系，体育是健康的象征，而美则是健康状态的自然流露与升华；健康是美的传递，缺乏健康，美便失去了依托。因此，将体育与美育相融合，不仅是对学生身心的双重滋养，更是培养兼具"健"之体魄与"美"之灵魂人才的必由之路。

4. 校园体育运动文化有助于增强学生对规则意识的认识

校园体育活动，其本质多为群体性互动，这一特性要求所有参与者必须在共同遵守既定规则的基础上进行锻炼与竞技。规则，作为体育活动不可或缺的基石，一旦缺失，便如同无源之水、无本之木，体育活动尤其是激烈的体育竞赛将难以维系。在长期投身此类活动的过程中，学生们潜移默化中内化了规则意识，这一宝贵品质不仅直接作用于体育活动本身，使其有序进行，更深远地影响着学生的思维方式与行为习惯，促使他们逐渐建立起对其他领域规则的尊重与认同，从而在更广泛的社会生活中展现出良好的规则素养与自律精神。

5. 校园体育运动文化对于学生成就感的培养大有裨益

对于学生群体而言，校园体育运动成为他们获取成就感的重要途径之一。学校定期举办的体育比赛、运动会等群体性活动，不仅汇聚了师生的热情与活力，更为学生提供了一个展现自我、挑战极限的舞台。在参与这些活动的过程中，学生们通过不懈努力与顽强拼搏，在竞技场上赢得荣誉，深刻体验到了成功的喜悦与满足。尤为重要的是，对于那些在学业上或许未能脱颖而出的学生而言，体育运动领域的成功如同璀璨星光，照亮了他们自信的灯塔。这份源自体育的自信，如同一股强大的内在动力，不仅激励他们在体育道路上持续前行，更能够潜移默化地渗透到学业之中，推动他们在知识的海洋里乘风破浪，实现更为全面的发展与进步。

6. 校园体育运动文化能有效增强学生的凝聚力

在校园体育运动文化的深厚熏陶下，学生间的凝聚力如同纽带般日益坚固。群体性体育活动的开展，激发了每位学生的集体荣誉感，促使他们积极投身于为集体争光的行列中，共同书写着团结与协作的华章。这一过程中，校园体育运动文化不仅是一种身体活动的展现，更深刻地体现为一种精神文化的凝聚与升华。它犹如一股清新的风，不仅为校园文化注入了活力与色彩，还打破了传统校园文化的界限，促进了开放与交流，让校园成为一个更加包容与多元的空间。同时，这种文化还激发了校园的创新精神，鼓励学生们在运动与学习中不断探索、勇于突破，为个人的全面发展与学校的持续进步奠定坚实的基础。

三、校园足球文化的发展

(一)校园足球运动发展的战略及其特点

校园足球运动的蓬勃发展触及多个维度,为使其进程不偏离既定轨道且紧贴实际需求,明确并贯彻一套系统的足球运动发展战略显得尤为关键。校园足球发展战略,乃是由管理部门精心策划的一套全面性、前瞻性及本质性兼备的策略规划,旨在引领校园足球迈向健康、合理与可持续的发展道路。此战略不仅承载了专业性的深厚内涵,远非单纯娱乐性质的学生活动所能比拟,它要求体育教育部门在掌握通用发展战略理论精髓的基础上,进一步洞悉校园足球发展的独特规律,从而科学规划,精准施策,为校园足球的繁荣未来奠定坚实基础。

1. 专业性是校园足球发展战略的基石

鉴于校园足球横跨教育与体育两大领域,其高度专业化的特性不言而喻。这要求战略制定者不仅需要具备扎实的体育教育理论基础,还应拥有丰富的足球实践经验,或是相应的专业教育背景。同时,高度的责任心和精细化的工作态度亦不可或缺,以保障战略的精准落地与持续优化。

2. 从属性明确了校园足球在我国足球发展大局中的定位

作为足球运动发展中的关键一环,校园足球战略需紧密贴合国家足球整体战略,既要致力于自身体系的完善与提升,又要积极响应国家足球发展的宏观需求,实现双轨并进、和谐共生。二者间的平衡,是校园足球战略成功实施的关键。

3. 交叉性揭示了校园足球发展战略的复杂性与多元性

作为"体教结合"的创新实践,校园足球战略涉及教育、体育两大系统的深度交融,职能与分工的交织使得单一部门难以独力承担。因此,战略制定过程中需充分预见潜在的跨部门矛盾与合作挑战,制定详尽的预案与协调机制,使得各方力量能够协同作战,共同推动校园足球战略目标的实现。

(二)校园足球战略目标

1. 宏观目标

在确立校园足球发展战略的宏观目标时,需全面审视我国政治、经济、社会、文化等多维度环境因素，深度融合教育活动与体育运动的特性，特别是足球运动的当前发展态势。同时，应积极借鉴足球发达国家在校园足球领域的宝贵经验，取其精华，去其糟粕。基于上述综合考量，我们旨在构建一个既适应社会主义市场经济体制，又彰显中国特色的校园足球培养体系，该体系需配备一套完善且高效的管理体制与运行机制。我们的长远目标是显著提升校园足球参与度，培养出数量可观且具备一定竞技水平的足球人才，从而为推动我国足球运动的全面振兴奠定坚实的基础，助力中国足球在世界舞台上绽放光彩。

2. 具体目标

具体目标，是对总体目标在纵向深度、横向广度或时间序列上的精细拆解，它们各自独立又相互关联，共同织就了一张紧密的任务网络。正如体育教学体系中的总目标与子目标相辅相成，校园足球战略的具体目标亦是宏观目标的具体化体现，是实现长远规划的基础单元与关键组成部分，每一步小目标的达成，都是向最终胜利迈进的坚实步伐。

因此，在设立具体目标时应注意遵循如下三点要求：第一，根据实际情况将宏观目标分解成为若干更具有可操作性和具体性的具体目标。此过程中需要注意具体目标的实效性，务必确定其始终是以宏观目标为基础的，保证宏观目标最终能够得以实现。第二，具体目标的确定需要遵循各分目标所需的条件及限制因素，如资金因素、人力因素、相关管理水平或技术保障等。第三，对于各具体目标的分化，要本着统筹协调、有条不紊的原则，在内容与时间上要保证协调、平衡、同步发展，进而促成宏观目标在预期之内实现。❶

通过上面的阐述，再根据我国校园足球开展的现实情况可以将校园足球发展的具体目标分为以下三种，并做进一步分析。

（1）建立系统、规范、科学的校园足球管理体制

管理体制作为管理活动的根本，其重要性不言而喻，它是指导管理行为、工作有序进行的框架性准则。在校园足球战略的推进过程中，具体目标的实现同样离不开一套系统、规范、科学的管理体制作为支撑。鉴于我国独特的国情与校园足球当前的发展态势，构建这样一套管理体制，必须紧密契合社会主义

---

❶ 夏军. 足球后备人才的科学训练与管理研究 [M]. 北京：中国书籍出版社，2022.

市场经济体制的内在要求，同时深刻把握校园足球发展的内在规律，使管理体制既具有时代适应性，又能有效促进校园足球事业的健康、持续发展。

（2）形成合理高效的资源配置方式

校园足球运动的蓬勃兴起，离不开场地、资金、专业教练等核心资源的鼎力支持。然而，这些关键要素的筹集仅凭学校一己之力往往力不从心，还需要政府资助与企业赞助的多元注入。即便如此，相对于校园足球广泛而深远的发展需求而言，可用资源仍显捉襟见肘。在此背景下，如何高效配置与利用这些来之不易的资源，最大化其效能，便成为衡量管理水平高低的重要标尺。

（3）逐步扩大校园足球参与人数

校园足球的发展需要依靠广大学校学生的积极参与。只有使每一个在校学生都接触到足球运动，才能将足球运动发展的金字塔的塔基打牢。因此，校园足球运动发展战略的具体目标中就应该有关于逐步扩大校园足球参与人数的目标。

（三）校园足球发展的措施

1. 加强校园足球发展的舆论宣传

步入21世纪的信息化浪潮，信息传播与舆论构建已成为推动各领域发展的不可或缺之力。校园足球运动的兴盛，亦需借助这一东风，通过精心的舆论宣传策略，将校园足球的核心价值、发展愿景及深远意义广泛播撒至社会各阶层，激发公众的热情参与与支持，共同营造有利于校园足球茁壮成长的良好氛围。

①深化对校园足球核心价值体系的宣传，包括其定位、思路及培养理念等，旨在提升公众认知，促使社会各界，尤其是学生家长及学校管理部门，达成共识，积极参与其中，为校园足球的可持续发展奠定坚实的群众基础。鉴于家庭在孩子成长中的关键角色，有效引导家长观念转变，对于校园足球的普及与深化具有不可估量的价值。

②总结并推广校园足球实践中的成功案例与特色做法，通过广泛报道其显著成效，树立典范，激励各布局城市校园足球活动健康有序地开展。在此过程中，媒体的力量不容忽视，应充分利用其高效便捷的传播优势，特别是网络、电视等多元化渠道，结合高校学生的特点，构建以网络媒体为主导，电视、平

面媒体为辅助的全方位、多层次宣传体系，使宣传内容丰富、形式多样、生动活泼，增强宣传的实效性与感染力，为校园足球发展注入强劲动力。

2. 加大足球场地基础设施建设

在校园足球教学与训练体系中，足球场地与训练器材等硬件设施不仅是提升教学质量与训练成效的物质基础，更是激发学生体育潜能、培养良好体育习惯与终身体育意识不可或缺的要素。鉴于体育教学的实践性本质，场地资源的完备与否直接关乎教学目标的实现效果及整体教学质量。一个布局合理、设施完善的体育场地，不仅能够支撑多样化的体育教学需求，还能有效激发学生的体育兴趣，引导他们形成积极向上的体育生活方式。

因此，科学管理体育场地资源，使其高效利用，是保障体育教学活动顺畅进行的关键环节。学校应当积极响应，加大对足球场地的建设力度，合理增设足球器材，以满足学生日益增长的体育学习需求。在规划运动场地时，应充分考虑学生总数、体育课时安排等实际因素，通过科学测算，精准配置场地数量与规模，使每位学生都能在充足的空间内享受高质量的足球教学与训练体验。

3. 优化校园足球师资力量

我国应进一步加强足球教练员队伍的培养和建设，以期能够为校园足球运动的良好开展提供支持。足球教师（教练员）是校园足球第一线工作者，对于校园足球活动的顺利推进和发展具有重要的作用。[1] 可以说，校园足球要实现长远发展，师资是关键。加强校园足球师资队伍建设、优化校园足球师资力量的工作应该从师资数量和师资质量两方面内容入手。

（1）扩充校园足球师资数量

当前，校园足球活动的蓬勃开展正面临体育教师资源尤其是足球专业人才匮乏的严峻挑战。为破解这一"瓶颈"，亟须深化教师聘用机制改革，建立健全足球师资队伍的补充与壮大机制。具体而言，可通过实施"足球师资特设岗位计划"，精准对接足球专项人才，优先吸纳其加入教师队伍，为校园足球注入专业活力。同时，应积极探索跨部门资源整合路径，充分挖掘教育与体育系统内闲置的专业资源，如退役运动员、俱乐部明星球员及富余足球教练等，通

---

[1] 李旭天. 足球技术动作生物力学分析 [M]. 长春：吉林人民出版社，2019.

过全职引进、兼职聘用等灵活方式，有效弥补足球师资的缺口，为校园足球事业的持续发展奠定坚实的人才基础。

（2）优化校园足球师资质量

随着校园足球事业的持续繁荣，师资队伍结构的优化与质量的提升成为亟待解决的关键议题。这涵盖了学历、年龄、职称等多维度的均衡配置，以及教师专业能力的不断强化。为达成此目标，可采取以下三项核心措施：

①建立健全足球教师资格认证体系，旨在通过全国性与地方性相结合的双轨制标准，既确保全国范围内师资质量的基准线，又兼顾各地实际情况的灵活性，从而全面提升足球教师队伍的整体素养与专业化水平，推动教师职业的专业化发展。

②加大对足球教师继续教育与培训的支持力度，通过制定激励政策与制度保障，为教师提供充足的学习与发展空间。鼓励并组织教师参与进修课程，紧跟学科前沿动态，掌握先进教学方法，有效促进教师个人专业能力与业务水平的持续提升。

③强化足球教师间的交流学习机制，搭建分享与合作的平台。鼓励教师们积极交流教学心得，共享成功经验，形成互助共进的良好氛围，共同推动校园足球教学质量的整体跃升。

4.培养学生的创新能力，提高训练的技能

（1）培养学生的创新能力

学生的独立创新能力对于提升训练水平而言，其重要性不言而喻。具备创新思维与能力的学生，在足球技战术的掌握上会展现出更高的灵活性与适应性，能够深刻洞察技战术精髓并自如运用于实战。这种创新能力不局限于技战术层面，更体现在对运动技能基本原理的深刻理解上，使学生能够触类旁通，快速掌握新技能，为足球训练营造一个充满探索与创造的学习环境，能极大地促进训练效果的优化与提升。

（2）加强对学生足球意识的培养

校园足球的推广与深化，不仅应根植于体育课程之中，更需要通过举办丰富多彩的足球赛事来激发学生的运动热情，让他们在竞技的乐趣中深刻体会足球的魅力，同时在实战中磨砺足球意识，精进技战术水平，这对于全面提升学生的足球运动能力具有不可估量的价值。学生个人亦应立足自身实际，积极培养战术意识，增强战术执行与应变能力，以更加饱满的热情与更加扎实的技能，投身于校园足球的广阔天地。

（3）加强足球组合技术的训练和培养

足球技能的掌握是一场漫长而复杂的学习之旅，它要求学生投身于持续、系统的训练之中。在此过程中，激发学生的创新能力尤为关键，他们需要不断探索技战术组合的新境界，将理论与实践紧密结合。训练不仅是对单一技术动作的机械重复，更是对技术间微妙联系、战术间精妙配合的深度挖掘。学生应主动出击，以创造性思维串联起技术与战术的每一环，理解它们之间的相互作用与依存关系，从而在实战中游刃有余地运用所学，实现对足球技战术的精准把控。

5.构建足球网络信息平台

在高等教育领域日新月异的背景下，科技的力量正以前所未有的深度融入足球运动，为校园足球水平的飞跃插上了翅膀。作为培育未来精英的摇篮，校园应当积极拥抱这一趋势，致力于构建足球网络信息平台。这一平台的搭建，不仅能够打破信息壁垒，实现教学资源的开放共享，为学生提供便捷的学习路径，还能为教师的教学实践与科研探索开辟新天地，促进知识与经验的广泛交流。从长远视角审视，此举不仅顺应了时代发展的潮流，更是推动校园足球乃至整个体育教育事业高质量发展的必由之路，其价值与意义深远且重大。

第二节　校园足球之美

一、运动过程中的动作美

体育，作为一门艺术，其精髓在于塑造美、创造美、展现美，这一过程的实现依赖于一系列精妙绝伦的人体动作编排。从柔美细腻到刚劲有力，从敏捷灵动到雄浑壮阔，各类运动项目无不通过动作的组合演绎，勾勒出一幅幅生动多彩的画面。动作美，作为体育之美的核心，体现在每一个准确、干净、协调、连贯、敏捷且舒展的节奏之中，它如同精心雕琢的艺术品，给人以视觉与心灵的双重享受。

动作美的塑造，离不开对时间、空间与力度三大要素的精准把控。运动轨迹勾勒出动作的空间轨迹，速度则赋予了动作生命的律动，二者交织，共同绘制出一幅幅动态的美学图谱。而要达成动作之美，运动员需对技能了如指掌，从方向、路线到速度、幅度、强度，乃至动作的结构原理，均需烂熟于心，方能保证动作的精准、协调与灵动。

人体活动的艺术，在于每一个动作的流畅衔接与规律变换。将动作依循时间节奏编排，不仅能令运动过程轻松愉快，动作自然流畅，更实现了能量的高效利用，减轻了疲劳感。而空间上的精心布局，则赋予了动作以和谐之美，每一个姿态都透露出优雅与协调。

尤为关键的是，刚柔并济成为动作美塑造的独门秘籍。阳刚之美，犹如男性在体育舞台上的刚毅展现，雄健有力，气势磅礴；阴柔之美，则似女性动作中的柔情似水，优雅细腻，温婉动人。两者相互映衬，共同编织出体育美学中最为绚烂多彩的篇章。

在运动比赛中，动作美是观赏的重要方面，对于足球运动而言，其动作技巧复杂多样，在做各种动作的过程中，会充分地展示动作之美。

在足球运动比赛中，有很多高难度的动作，复杂而细腻，需要能够灵活地运用双脚，通过灵活运用双脚来完成各种复杂的动作技术。足球运动在一定程度上其难度要高于其他球类，主要是因为各种技术动作大都需要通过脚来完成。足球运动五个基本功为停、传、过、带、射，而每一样动作学习起来较容易，但是要熟练掌握、灵活运用则很难。很多足球运动技术动作将力量与技术、粗野的对抗和细腻的用力完美地结合在一起，使得野性的力量和精美的艺术相统一，满足了人们的各种心理需求。[1]

二、运动技战术美

（一）技术美

各类运动均蕴含深厚的科学性，这在其技术层面的精雕细琢中尤为凸显；

---

[1] 刘兵，王江宇. 足球发展与体育强国建设[M]. 上海：上海大学出版社，2021.

而运动竞赛，则是对艺术性的追求，技术动作的优雅与美感成为评判的重要标尺。足球运动，作为技术不断演进与革新的典范，其发展历程深受人类审美意识的影响，促使技术创新与审美观念相互融合，共同进步。足球技术的美学追求，不仅遵循运动力学原理，力求高效节能，以创造卓越成绩，更在于展现人体美与动作美的和谐统一，强调协调性、平衡感与节奏韵律的完美结合。

在足球技艺的施展中，技术美犹如一面镜子，映照出人类潜能的无限光辉，让观众深切体会到足球运动的独特魅力，为之倾倒。尽管运动项目各异，技术风格千差万别，但每一项技术动作，都是对美的独特诠释，展现着各自领域的独特韵味与风采。

（二）战术美

足球运动的战术美，是观众在观赛过程中另一大赏心悦目的焦点。战术，作为足球场上根据瞬息万变的局势而精心策划的有组织、有目的的预见性行动，是技术与智慧碰撞出的火花。面对足球场上激烈的竞争与对抗，教练与球员需具备高超的战术运用能力，能够迅速解读对手布局，灵活调整自身战术策略，这是通往胜利的关键。足球战术的精湛，是球员知识、技术、心理素质与智力水平的综合展现，尤其在集体项目中，如足球、篮球、排球等，队员间的默契配合更是战术成功的核心所在。

足球战术的灵活性与多变性，要求战术执行者在运用时需精准把握扬长避短的原则，深入分析自身与对手战术的优劣，巧妙调配场上资源，以智取胜。这种战术博弈，不仅是体力的较量，更是心智与策略的比拼，为足球比赛增添了无尽的魅力与深度。

三、运动风格与精神美

（一）风格美

1. 思想风格美

足球运动竞赛和对抗较为激烈，正是在这种环境下，才能够更好地展现学生的道德修养、思想品质和行为作风等方面。在比赛时，即使和对方的实力具有较大的差距，也应积极进取、顽强拼搏，正是队员的这一精神激励着很多人。

2. 技术风格美

技术风格即在运动比赛中的技术个性。在熟练技战术的基础上，根据自身的条件和特点，才能最终形成自身的技战术风格。学生的思想风格和技术风格之间具有一定的联系，这两种风格相互促进、相互影响。

（二）意志品质美

足球训练不仅是技术与战术的磨砺，更是对学生意志品质的锤炼。在激烈的比赛中，学生全力以赴追求既定目标，所展现出的坚忍不拔、顽强拼搏、果断决策、勇敢无畏以及沉着冷静等意志品质，相互交织，共同构成了推动比赛走向胜利的重要精神支柱。这些意志品质在关键时刻发挥着不可估量的作用，对比赛结果产生深远影响，彰显了足球运动不仅是体力的较量，更是精神与意志的交锋。

四、身体美

身体美也是运动欣赏的重要方面，尤其是一些健美型运动项目更是如此。

（一）身体美的各种表现形式

1. 形态美

形态美是人体外形的艺术呈现，融合了形体的匀称与姿态的优雅，展现出肌体比例的和谐之美，如同雕塑般精致。

2. 体型美

体型美体现于人体结构的独特类型，是遗传、环境与营养共同作用的结果。通过持续锻炼，体型得以塑造与美化，足球训练者尤为显著，展现出匀称、协调与健美的体态。

3. 肤色美

肤色美是健康生活的印记，是在自然阳光与积极锻炼共同作用下形成的健康肤色，散发着生命的光泽与活力。

4. 强壮美

强壮美表现为肌肉的饱满与力量的充盈，身体魁梧而强健，传递出无尽的生命力与坚韧不拔的精神风貌。

5. 姿势美

姿势美是身体各部分协调运作的结晶，动作端正、舒展大方，蕴含着动态的美感与静态的雕塑感，展现出人体的动态平衡与优雅姿态。

6. 素质美

素质美潜藏于内，彰显于外，是力量、速度、耐力、灵敏与柔韧等身体素质的综合体现，是身体机能与运动能力的直观展示。

7. 健康美

健康美涵盖身心健康的多重维度，包括通过锻炼塑造的健康体魄、积极向上的精神风貌以及符合社会规范的行为举止，共同构筑了全面的健康美学。

①身体健康美：强调身体构造、内脏机能与运动能力的和谐统一，是体育锻炼的成果展现。

②精神健康美：体现在性格的纯朴开朗、意志的坚忍不拔、探索精神的旺盛以及道德观念的崇高。

③行为健康美：基于社会性的行为准则，表现为光明磊落、纪律严明，是心灵美的外在映射。

8. 风度美

风度美是内在修养与外在表现的高度统一，足球训练者以其高超技艺结合高尚品德，展现出独特的人格魅力，无论是胜利时的喜悦分享，还是失败后的坚韧不拔，都让人深刻感受到体育精神的崇高与美好。

（二）身体美的评价标准

身体美最为主要的表现形式为健康美，具体而言，其可概括为以下几个方面的内容。

①骨骼发育正常，四肢长而直。

②头顶隆起，五官端正，与头部配合协调。

③双肩平正对称，男宽女圆。

④脊柱正视垂直，侧视曲度正常。

⑤肌肉均衡发达，皮下脂肪适当。

⑥胸廓隆起，正面、背面略呈 V 形。

⑦腰细而结实，微呈圆柱形。

⑧腹部扁平，男子有腹肌块垒隐现。

⑨臀部圆翘，球形上收。

⑩大腿线条柔和，小腿修长而腓骨突出。

⑪脚踝细，足弓高。

五、运动环境美

运动服装、运动参与人员、运动器械和设备、体育建筑等都是运动环境所包括的内容，其作用主要是烘托运动中鲜明生动的形象，从而使人们的审美需要得到满足，并为人们进行体育运动创造一个审美的氛围，为参与者提供一个审美空间。

（一）对运动服装的欣赏

运动服装，作为体育活动中不可或缺的美学元素，其独特作用不容忽视。它不仅与场馆布局、器材配置、专业设备以及灯光效果等共同构成观众审美体验的重要组成部分，更以新颖得体的设计，完美衬托出运动员健美的体态与流畅的动作，共同编织出一幅幅动人心魄的美学画卷。运动服装的魅力，还在于它能精准捕捉并展现不同运动项目的独特气质，通过款式与色彩的精心搭配，彰显个性风采，使每一款运动装都能成为专业性与时尚感并存的杰作。部分设计更是跨越运动界限，成为日常生活中广受欢迎的潮流单品，装点着城乡的每一个角落。

随着审美趋势的演进与设计创意的飞跃，运动服装正步入一个多元化、个性化与精致化的新时代。设计师们不仅在款式上追求新颖独特，更在色彩运用上精益求精，特别是多色运动服，通过巧妙的点、线、面布局，营造出既华丽又不失稳重的视觉效果。在色彩选择上，倾向于采用鲜明醒目的大色块，避免细碎图案与繁复装饰，以扩张感强烈的明亮色调如鲜红、淡黄、果绿、天蓝等，激发视觉活力，赢得广泛青睐。同时，针对不同运动项目的特性，运动服装在设计上各有千秋，充分满足各自独特的审美需求。❶

值得注意的是，保持运动服装的整洁干净同样重要。运动过程中，人体新

---

❶ 尚志强，冯巍. 足球文化・技术与传播[M]. 北京：中国传媒大学出版社，2020.

陈代谢加速，汗液分泌增多，尤其在炎炎夏日，衣物更易受污。因此，定期清洗与更换成为维护运动服装美感不可或缺的一环，使得每一次穿着都能展现最佳状态，让运动之美得以延续与升华。

（二）对运动参与人员的欣赏

1. 对足球训练学生和教练员的欣赏

足球训练学生与教练员，共同构成了体育竞技环境中不可或缺的美学元素。作为赛场上的主角，球员不仅需展现身体之美、技术之精、战术之智及运动之韵，更应以卓越的气质与风度赢得尊重，这种内在美是体育精神的深刻体现。而教练员，作为训练与竞赛的灵魂人物，其职业道德、临场指挥的沉稳与应变能力、团队协调的艺术，是塑造球队独特风格、引领队伍走向胜利的关键。教练员的专业素养与执教风格，如同无形之手，深刻影响着球队的每一个细节，技术战术的创新更是他们智慧的结晶。

在竞赛的激烈对抗中，教练员的场外策略与智慧交锋同样激烈，特别是在高校体育竞赛中，教练间的斗智成为决定胜负的重要因素之一。面对赛场上瞬息万变的局势，教练需保持冷静，审时度势，通过灵活调整战术、激励队员、利用暂停时机调整队伍心态，扭转不利局面，展现其非凡的领导力与应变智慧。

此外，尊重裁判判决、服从赛事管理、维护观众秩序，不仅是体育竞技的基本规范，也是学生与教练员基本素质的体现，它们共同构建了赛场内外的和谐环境，是球场环境美中不可或缺的一环。学生与教练员的行为举止，不仅关乎个人形象，更映射出整个团队的文明风貌与体育精神，为体育竞赛增添了更多的人文色彩与美学价值。

2. 对裁判员的欣赏

裁判员，作为体育竞赛环境美的守护者与实践者，其综合素质是展现赛场美学不可或缺的一环。在职业道德的引领下，裁判员需具备强健的体魄、积极的心态、扎实的基本功以及精湛的执裁技巧，这些是构成他们表现美的基础。足球赛场上，90分钟的激烈角逐对裁判员提出了极高的要求，不仅要持续奔跑以紧跟比赛节奏，还需迅速而准确地判罚违规行为，因此，良好的体能是裁判员执行职责的基本前提，体能下滑则会直接影响其反应速度与判断力。

裁判员的临场风度，则是更高层次的美学展现，它融合了仪表的端庄、举止的得体、姿态的优雅、言谈的睿智以及作风的严谨，共同塑造出一种令人敬畏的职业魅力。这种风度，根植于裁判员对事业的热爱、深厚的思想修养与崇高的职业道德之中，是他们行为准则的直接体现。在执裁过程中，精通规则与裁判法，熟练掌握裁判业务，是裁判员赢得广泛尊重的关键。他们以"公正无私、果敢决断、作风坚韧、高效准确"的职业风范，树立了权威，赢得了观众、教练员及运动员的信赖与尊敬，为体育竞赛环境的美化与维护贡献着不可磨灭的力量。

（三）对运动器材和设备的欣赏

运动器材和设备，其设计与制造不仅需要遵循客观规律，服务于运动发展的需求，还需要契合社会的功利性目标，保证经久耐用、操作便捷且结构合理。尤为关键的是，规格精确无误是运动器材的必备特质，因为体育竞赛的本质在于公平，任何细微的尺寸差异都可能打破竞争的平衡。

作为物质产品的一部分，运动器材在保障基本功能性的同时，对产品质量与使用安全性的要求尤为严苛。它们是提升运动表现、促进健康体魄不可或缺的辅助工具，任何因质量问题引发的伤害事故，都将背离其存在的初衷，损害体育运动的正面价值。

随着审美观念的升级，运动器材在色彩搭配、样式设计上也迎来了新的挑战与机遇。它们不再仅是功能性产品，更需融入体育运动的独特审美与项目特性，实现功能性与美感的和谐统一。

（四）对体育建筑的欣赏

体育建筑，作为体育运动欣赏与创造的物质基础，不仅承载着实用价值，更蕴含着丰富的审美价值。其设计建造需兼顾内部结构的科学布局与高效功能，来满足各类体育竞赛及群众活动的需求；同时，还需要考量与周边环境的和谐共生，追求整体景观的协调统一，展现出技术与艺术的精妙融合。

体育建筑，作为运动环境的核心架构，不仅是体育竞技与文化活动的舞台，更是审美情趣与自豪感汇聚的焦点。在审美层面，体育场馆以其独特的造型、功能布局、色彩搭配、线条流畅、光线运用、音响效果及装潢设计，为观众带来全方位的感官盛宴。这些审美元素不仅满足了人们对现实美的直接感受,更激发了人们对理想美的无限向往。置身于如此美好的运动环境中,人们不仅能够享受体育带来的乐趣,更能激发参与体育活动的热情,促进身心健康。

当代体育场馆建设,正朝着更加完美的方向迈进,力求在满足物质需求的同时,也能满足人们日益增长的审美鉴赏需求。建筑师们通过精心的设计与规划,使建筑与环境相互映衬,融为一体,共同营造出一种深远而广阔的美学意境,让体育建筑成为连接自然与人文、现实与理想的桥梁。

第三节 校园足球育人价值

校园足球作为校园教学的重要组成部分,具有不可替代的育人价值。作为竞技体育项目中的第一大运动,足球运动本身具有丰富的内涵与作用,在教学中可以发挥它的育人作用。

一、校园足球的健康价值

(一)促进学生的全面健康成长

校园足球的核心价值在于显著提升学生的身体健康水平,这构成了其最本质的作用。在足球教学的框架内,身体素质训练是不可或缺的关键环节。鉴于足球运动的激烈对抗与高强度竞争特性,学生若要深入掌握足球技巧、真正领略足球运动的乐趣,全面且卓越的身体素质成为必备条件。因此,校园足球活动对学生而言,不仅是运动技能的锤炼,更是健康成长的宝贵契机。

足球运动的竞技性与学生的天性——活泼好动不谋而合,使其成为遵循学生身心发展规律、激发潜能的理想选择。足球训练对体质的严格要求,促使积极参与者体格强健、体质坚实,同时在协调性、平衡感及灵敏度等方面实现显著进步。随着校园足球运动的蓬勃发展,其对学生健康成长的促进作用日益凸显。鉴于学生正处于生长发育的黄金阶段,适时引入科学训练与充足营养支持,无疑将为他们的健康成长铺设坚实的基石,引领他们迈向更加活力四射、健康强健的未来。[1]

（二）促进学生的骨骼发育

在学生身心尚未完全成熟的阶段，适时引入系统而规律的运动训练，如同为他们的成长引擎注入强劲动力，助力身体机能向更健康的方向迈进。骨骼，其形态与强度既根植于遗传的土壤，亦深受后天体育锻炼的滋养与雕琢。对于渴望拥有挺拔身姿的青少年而言，把握学生时代生长发育的黄金期，强化骨骼性能，无疑是塑造理想体型的关键。

足球运动，以其全面锻炼身体的特性，成为促进骨骼发育的理想伙伴。这项综合性极强的运动项目，涵盖了跑、跳、转、停等多种动作技巧，不仅能够全方位激活身体机能，更在潜移默化中促进骨骼的生长与强健。通过足球训练，骨细胞得以加速增殖，活力倍增，为青少年的骨骼发育铺设了坚实的基础，助力他们向着更加高大挺拔的目标迈进。因此，对于正值生长发育黄金期的学生而言，足球运动无疑是一剂促进身体全面发展的良药，尤其在骨骼生长与强壮方面，其效果尤为显著。

（三）加速学生的肌肉发育

1. 有利于全身肌群的发育

肌肉组织其强健与否直接关系到整体体质的优劣。而要实现肌肉组织的健康有力，持续且科学的训练是不可或缺的途径。校园足球教学，以其系统性与长期性，为学生提供了得天独厚的锻炼平台，对促进肌肉组织发展具有显著优势。在日常训练中，基础与专项素质训练的双重加持，不仅提升了学生在力量、耐力等方面的表现，更促使他们的肌肉组织日益发达。

针对青少年学生代谢活跃、发育迅猛的特点，科学合理的训练计划如同催化剂，加速了他们肌肉组织的成长与强化进程。把握这一身体发育的黄金时期，通过强化耐力、爆发力、速度等关键素质的训练，能够为学生打下坚实的体能基础。足球运动，以其全身性锻炼的特点，全面激活了青少年的力量、速度、敏捷性等多维度体能，同时在转身、加速、变速等技巧上亦有所精进。这一过程不仅增强了青少年的整体体能，还促进了全身重要肌群的均衡发展，带

---

[1] 殷晓辉. 足球训练技巧与教学实践 [M]. 天津：天津科学技术出版社，2019.

来了更为全面的运动收益。实践表明，长期投身于足球运动的青少年，其肌肉发展更加均衡且强壮，充分证明了足球运动在促进青少年体质健康方面的卓越价值。

2. 促进力量素质的发展

经常参与足球运动的青少年学生，普遍展现出卓越的力量素质，这得益于足球训练对体能全方位的锤炼。足球场上，从长时间的持续奔跑到快跑、中跑、慢跑乃至变速跑、快速启动与急停，多样化的奔跑训练模式有效锻炼了青少年的腿部及上肢力量，为他们的体能基础打下坚实基础。在远距离传球与射门环节，力量素质更是得到了极致考验，尤其是射门技术，作为比赛的核心目标，要求球员不仅爆发力强，还需要精准控制方向与力度，以在转瞬即逝的射门机会中一击即中，决定比赛走向。

日常训练中，射门技术的严苛训练体现了球员在关键时刻的冷静判断与精准执行，而传球过程中的力量掌控同样关键，它考验着球员对场上局势的敏锐洞察与团队配合能力，是创造进攻机会不可或缺的一环。此外，足球场上频繁的身体对抗，也强调了力量训练的重要性。在合理冲撞区域内，强大的身体素质不仅是保持球权的关键，更是避免受伤、提高对抗效率的保障。

3. 提升协同与速度素质

足球运动的迷人之处，在于其传带球、过人、射门等精湛技艺的展现，诸多球星正是凭借独步天下的绝技赢得举世瞩目。然而，这些技术的完美施展，离不开力量、速度、耐力等多维度身体素质的协同作用。良好的基础素质使球员在比赛中能够自如挥洒技术才华，使每一个动作流畅而有力。

因此，在校园足球训练中，强化学生的身体协同能力显得尤为重要。高度的身体协同性，是掌握复杂技术动作、提升技术运用效率的关键。试想，唯有在高速奔跑中仍能精准完成高难度动作，这些技巧才具备实战意义，其价值方能真正彰显。在比赛中，学生运动员需兼具敏捷的反应与持续的速度，在带球突破、精准传球与灵活移动间游刃有余，通过身体各部位的紧密配合，发起迅猛进攻，给予对手致命一击。

校园足球训练平台，正是锤炼青少年学生身体协同性与提升运动速度的绝佳舞台。在这里，他们不仅能够学习技术要领，还能在实战模拟中不断优化身

体各部分的协同运作，从而在足球场上绽放更加耀眼的光芒。❶

4.提高耐力和灵敏素质

足球运动以其广阔的场地和较长的比赛时长，对参与者的身体耐力提出了严苛要求。耐力，这一看似无形却重要的因素，往往在很大程度上塑造着球队的竞技实力。当比赛步入尾声，耐力不足的学生可能会面临反应迟钝、速度减缓、灵敏度下降等一系列连锁反应，进而影响其技术动作的准确性和判断力的精准度。因此，耐力水平的高低，直接关联着其他运动能力的发挥成效，成为决定比赛胜负的关键因素之一。

对于青少年而言，他们的耐力基础相对薄弱，但也正是通过科学训练加以提升的黄金时期。在校园足球教育中，将耐力与灵敏素质的培养置于重要位置，显得尤为关键。教师应根据学生年龄特征，量身定制耐力与灵敏性训练计划，旨在帮助学生构建起适应高强度比赛所需的体能基础。这样的训练不仅能在球场上带来显著的竞技优势，如提升球队稳定性、增强队员间协作默契，从而增加比赛胜算；更能在日常生活与学习中发挥积极作用，促进学生全面发展，提升他们的整体生活质量与学习效率。因此，将耐力与灵敏素质训练融入校园足球教学，是一项具有深远意义的举措。

（四）提高神经系统能力

足球运动对于足球训练学生及热爱此项运动的人群而言，是塑造强健神经系统的有效途径。尤其对于正处于生长发育黄金期的青少年而言，定期参与足球活动能显著促进神经系统的发育与成熟。通过系统而持续的足球训练计划，校园足球教学不仅助力青少年神经系统的健康成长，还全面提升了他们的身体素质与身体机能水平，为其身心健康奠定了坚实基础。

具体而言，足球运动对神经系统的影响体现在三个核心方面：首先，足球作为技术与战术并重的体育项目，其学习过程深刻激活并促进了大脑神经细胞的活跃与发展。在反复练习与策略规划中，青少年的大脑不断受到良性刺激，脑神经系统因而变得更加敏锐与高效。其次，长期、有规律的足球训练促进了机体内激素的积极分泌。高强度运动需求促使身体分泌生长激素等关键物质，

---

❶ 郭振.足球训练与执教方略[M].广州：华南理工大学出版社，2019.

这些激素不仅强化了青少年的体质，还赋予了他们更强的免疫力与积极向上的精神风貌。最后，足球运动以其全面性著称，有效锻炼了青少年的身体灵活度与多维度运动能力。从头部到脚踝，每个身体部位都在运动中得到了充分锻炼，不仅提升了身体的灵活性，更在协调、平衡与灵敏度上实现了质的飞跃。

二、校园足球的德育价值

校园足球的普遍开展还具有重要的德育价值。少年强则国强，这里不仅是指青少年的身体强健，也包含青少年的品德养成和精神意志水平。可以说，青少年的德育水平关乎民族和国家的文明延续和未来发展状况。在校园足球的教学中，应加强其德育价值的发挥。

（一）培养学生的坚强意志

1. 培养学生的情绪管理能力

意志品质，作为个人面对挑战、克服障碍的核心力量，是综合素质的深刻体现，涵盖自觉、自强、坚韧与自制等多重维度。在足球这项高强度对抗性运动中，对意志品质的考验尤为严峻。它不仅要求学生能够忍受日常训练的艰辛与单调，更需要在赛场上面对强敌时不屈不挠，保持精神上的坚韧与斗志，避免因意志薄弱而导致的状态下滑与心理崩溃。

校园足球活动，在增强学生体质、促进健康的同时，更是一座磨砺意志品质的熔炉。通过系统化的训练与激烈的竞赛，学生在高强度的体能挑战与精神压力下，学会了如何在紧张氛围中稳定发挥，如何在逆境中保持冷静与坚韧。这一过程，不仅是对身体机能的锤炼，更是对意志与情感的全面塑造。

校园足球教学以实践活动为核心，融合了身体锻炼、认知提升、情感表达、情绪调控与决策能力等多方面内容，为学生提供了一个全面发展的平台。它要求学生具备承受高强度训练负荷的能力，即便在体能极限边缘，也能保持积极心态；在赛场形势不利时，依然能够保持情绪稳定、思路清晰、行动果断。这种科学系统的训练模式，不仅锻造了学生顽强拼搏的精神风貌，还显著提升了他们的情绪管理与意志自控能力，为他们的全面成长奠定了坚实的基础。

2.培养学生的自我激励能力

校园足球的育人价值深远且多维，尤为显著的是其培养学生自我激励能力的作用。自我激励，作为人生旅途中不可或缺的内在动力，教会学生在无外界及时指导与理解的情境下，如何自我驱动、自我鼓舞，跨越重重难关。足球赛场犹如人生的缩影，每位球员不仅是团队中的一员，也是自我命运的掌舵者，需独立承担责任，即使跌倒亦能自我站起，因为赛场之上，教练的鼓励遥不可及，队友的援手亦非时刻相随。

鉴于此，校园足球教学双管齐下，既锤炼学生的意志品质，又注重培育其自我激励的习惯。通过模拟真实比赛的高压环境，利用赛事的竞技性与对抗性，为学生打造了一场场生动的体验式学习之旅。在这场旅途中，学生直面挑战，体验挫败，学会在逆境中自我激励，调整心态，以不屈不挠的精神状态迎接每一次挑战，力求为团队荣誉而战，不负众望。这一过程，不仅促进了学生的技能成长，更重要的是，塑造了他们坚韧不拔、自我驱动的人格特质，为未来人生路上的风雨兼程奠定了坚实的基础。[1]

（二）培养学生的协作意识

1.培养学生的团队精神

足球，这门艺术般的运动，其精髓在于团队间无间的协作与默契的配合。团队精神，作为足球文化的灵魂，要求每位成员超越个人，拥抱大局，以无私奉献的精神共同追求卓越。这种凝聚力的铸就，非一朝一夕之功，而是长期悉心培育与精心维护的结果。在足球场上，个人才华虽璀璨，但唯有融入集体，方能绽放最耀眼的光芒。漂亮的比赛、惊人的逆转，无一不是团队协作意识的辉煌展现，它们超越了技术与战术的层面，使足球运动具有了独特的魅力。

校园足球，作为这一精神的摇篮，见证着每一个成员间的相互扶持与紧密配合。在这里，个人目标与集体荣耀紧密相连，共同追求着利益的最大化。胜利的荣耀，从不独属于某一位球员，它是全队上下，包括教练团队、替补阵容、后勤保障等每一位贡献者的共同勋章。每一次精准的传球、灵巧的过人、果敢的射门、及时的抢断与英勇的扑救，都是场上队员间精妙配合与场下团队

---

[1] 吴小能.体育教师足球技能培养研究[M].武汉：华中科技大学出版社，2023.

成员默默支持的结晶。

2.培养学生的协作能力

在当今社会，个人的最大成功往往植根于集体价值的共同实现之中。足球运动，作为团队协作的典范，生动诠释了这一真理。即便是星光熠熠的超级球队，亦需全体队员的紧密协作方能铸就最终胜利。因此，校园足球将协作能力置于教学的核心位置，凭借其独特的优势，成为培养学生团队合作精神的沃土。

在足球教学中，每一项技术的习得都旨在服务于团队目标，而非个人炫耀的舞台。战术学习同样强调整体意识，促使学生认识到个人行动需融入集体策略之中。通过实施合作学习模式，足球教学直接而有效地促进了学生团队合作意识的觉醒与协作能力的提升。

足球，作为团队体育的杰出代表，要求个人与团队的无缝融合，而这一切建立在角色平等与集体目标共识的基础之上。在足球场上，每位球员都是不可或缺的一环，价值等同，分工各异，无高低贵贱之分。即便是巨星，也需依赖队友的默契配合方能闪耀。这一过程，不仅是对足球技艺的磨砺，更是对青少年道德品格的一次深刻塑造。

协作能力，如同其他任何技能，需经反复锤炼方能成熟。校园足球正是这样一座熔炉，它让学生在无数次传球、接应、配合中，学会倾听、信任与奉献，从而在不知不觉中锻造出卓越的团队协作能力。同时，足球运动还向学生传递了现代社会所需的角色认知、义务担当等价值观念，为他们未来更好地适应社会、融入集体奠定了坚实的基础。

（三）培养学生的责任意识

通过校园足球的教学活动，还可以很好地培养学生的责任意识。比如，无论学生在球队担任什么角色，负责什么位置，他们其实都担负着为球队赢得比赛和荣誉的责任，并非只是为自己而努力。因为肩负着更大的责任，也会让学生更有担当，培养出其对集体、对团队的责任意识。与团队精神和协作能力相比，责任感是一种更为高尚的道德情感，是令学生快速成长的有效途径。而且，责任感一旦产生就会成为一种稳定的心理品质而伴随学生的一生，使学生终身受益。❶

---

❶ 张利.足球运动健身理论与科学训练研究[M].长春：吉林人民出版社，2022.

纵观全球顶尖足球劲旅，无一不强调球员各司其职、精诚团结的重要性，深知唯有凝聚集体之力，方能铸就无坚不摧的战斗力，克敌制胜。足球训练与竞赛，恰似熔炉，使学生在其中逐步融入团队协作的轨道，深刻领悟到个人之于集体的渺小与责任之重。这一过程，实则是培育学生责任感的有效途径。

在校园足球的殿堂里，每位学生都被赋予明确的角色定位——前锋的冲锋陷阵、后卫的稳固防线、中场的穿针引线、守门员的铜墙铁壁，每一环都不可或缺。学生们在实践中能够认识到，唯有恪尽职守、全力以赴，方能汇聚成推动球队前行的强大动力。而当他们在比赛中展现出卓越的组织能力、精妙的助攻、绝妙的传球、震撼的射门或及时的抢断，为球队赢得宝贵优势时，那份由衷的成就感与责任感便油然而生，激励他们在未来的训练与比赛中更加尽心竭力，不负使命。

这份责任感，如同种子深植于心田，不仅滋养着学生在足球领域的成长，更在他们的生活与学习中绽放光彩。具备责任感的学生，能够在集体生活中发挥引领作用，成为值得信赖的伙伴；在职场上，他们同样能够担当重任，为团队贡献自己的力量，展现出卓越的职业素养与人格魅力。

（四）培养学生的逆商能力

竞技体育的舞台，变幻莫测，竞争既璀璨夺目又残酷无情，它教会我们一个永恒的真理：没有永恒的霸主，唯有不懈的追求。校园足球的教学与训练，正是这样一方试炼场，它巧妙地在学生心中播下面对挫折与失败的种子。每一场比赛，都是一次心灵的洗礼，胜利时，那是汗水与努力的甜蜜果实，激励着每位队员乘胜追击，勇攀新峰；失败时，则是成长的催化剂，提醒我们审视不足，勇往直前，无须沉沦于一时的失意，因为挑战与机遇并存，每一次跌倒都是为了更坚韧地站起来。

在此过程中，教师扮演着重要的角色，他们引导学生以乐观豁达的心态拥抱失败，理解人生之路本就布满荆棘，足球场上的胜负，正是生活挑战的微缩景观。在日复一日的艰苦训练中，学生们不仅锤炼了技艺，更在无数次跌倒与爬起间，学会了坚韧不拔，面对问题与挑战时能够冷静分析、持续奋斗。足球的竞技性、对抗性，如同生活的放大镜，让学生在模拟的逆境中提前历练，明白即使遭遇重大挫败，也不过是成长路上的一个插曲，未来仍有无限可能等待着他们去证明自我。

（五）培养学生的规则意识

在校园足球的广阔天地里，技能磨砺与规则意识的培养并行不悖，相辅相成。学生在精进足球技战术的同时，也需深刻理解并严格遵守每一项动作规范与竞赛准则，这不仅是对个人技艺的尊重，更是维护比赛公平公正的根本。竞技运动之精髓，在于其严谨细致的规则体系，它如同护航者，引领运动项目稳健前行，也为参赛者营造了一个公正无偏的竞技舞台。同理，社会的和谐与进步，亦离不开对规则的普遍遵循，它是秩序与稳定之根本。

因此，校园足球教学应当成为规则意识培育的沃土。教师在传授技战术之余，更应注重将足球规则精神融入日常训练之中，使二者相互渗透、相得益彰。通过足球竞赛规则、游戏规则、课堂纪律及技术动作标准等多元化途径，潜移默化地增强学生的规则意识，使其将规则视为行动的指南针。这种规则意识，不仅体现在足球场上对裁判判决的尊重与执行，更延伸至校园生活的每一个角落，乃至更广阔的社会空间，促使学生自觉成为遵守校规校纪、社会法纪的良好公民。

三、校园足球的智育价值

（一）开发学生的智商和情商

校园足球教学，作为促进学生智能发展的独特途径，其价值不可小觑。足球，这项集高难度技术与复杂战术于一体的运动，对参与者的智商与情商均提出了高要求。在足球场上，无论是细腻的过人、果断的抢断还是精准的射门，都考验着学生的判断力、洞察力、记忆力、决断力及应变能力，这些能力不仅是高智商的体现，更是推动学生智能不断跃升的强大动力。

因此，校园足球教学通过深化学生对足球技战术的学习与掌握，不仅促进了他们身体机能的协调发展，更成为智能教育的重要补充。相较于传统学科侧重于知识层面的教学，足球等体育学科以肢体动作为媒介，反向激活并刺激了学生的智能潜能，实现了对学生综合能力的全面锤炼。在比赛中，每一次因判断失误导致的失分，都是促进学生自我反思与总结的宝贵契机，促使他们在未来的对决中能够做出更精准的判断与应对。这一过程，不仅锻炼了学生的思考与分析能力,还教会了他们如何有效调用资源、解决问题,这些宝贵经验往往能跨越足球场的界限,惠及学生的日常学习与工作。

总之,面对赛场上瞬息万变的局势,足球教学应着重培养学生应对突发问题的能力,鼓励他们在实践中学会发现问题、分析问题,并最终自主解决问题。这一过程,不仅是对足球技艺的磨砺,更是学生心智成长的飞跃。

(二)刺激启发学生的求知欲

校园足球活动以其独有的魅力,成为推动青少年智力发育的重要驱动力。不同强度与频率的足球训练及赛事,如同精密调控的催化剂,对青少年的智力发展施以差异化影响。置身足球场,学生们不仅要掌握并适应繁复的比赛规则,还需敏锐捕捉场上瞬息万变的局势,精准洞察队友与对手的位置、状态及意图,并迅速作出明智反应。这一过程,实则是对学生观察力、注意力、想象力等智力要素的全面激活与深度锤炼,构成了一场智力与体力的双重盛宴。在足球比赛的激烈对抗中,学生们不仅经受了智力构成的全面考验,更在无形中经历了一场高效的智力训练,为他们的智力发展铺设了坚实的基础。

足球运动对学生智育的深远价值,可多维度地展现于以下三个方面:

①通过学习足球运动的基础知识,学生不仅掌握了运动本身,更激发了探索力学、人体运动学、运动医学及运动心理学等多领域知识的渴望,拓宽了学生的视野,点燃了其求知的火花。

②足球技战术的掌握过程,实质上是一场综合智能的全面提升之旅。它不仅锻炼了学生的感知敏锐度、逻辑思维与批判性思维能力,还强化了临场应变与团队协作的沟通组织能力,使学生的心智在实战与策略中茁壮成长。

③足球运动是创造力培养的沃土。尽管技战术源自教练的悉心传授,但赛场上的即兴发挥与创造性应用,则完全依赖于学生个体的智慧火花与身体协调能力的即时融合。面对比赛中的未知与挑战,学生需排除外界干扰,稳定情绪,敏锐洞察场上风云变幻,并迅速作出精准决策。这一过程,不仅是对既有知识与技能的高效整合与再创造,更是引导学生在日常训练中自主学习、积累经验、提升素养,从而在足球技艺上不断攀登新高峰的宝贵契机。

(三)提升学生的综合能力

在素质教育的大旗下,校园足球被赋予了更为丰富的智育内涵。作为现代竞技体育文化的缩影，足球运动以其严谨的规则体系，让学生在训练过程中潜移默化地接受着体育精神的洗礼。长期投身于足球训练的学生，往往展现出卓越的自律品质，也体现了其对高品质生活方式的深刻理解与践行。

足球训练不仅是体力的较量，更是智力的磨砺。通过系统的练习，学生的神经系统与感官系统得到全面锻炼，大脑活力被充分激活，为创造力的萌芽与茁壮成长提供了肥沃土壤。同时，这一过程也是对学生综合素质的全面提升，他们的洞察力、思辨力、情绪调控力及组织协调能力在足球场上得到了实战演练与显著增强。

四、校园足球促进学生社会化的价值

学生的社会化进程，标志着他们从受庇护的校园环境向复杂多变的社会舞台的跨越，这一过程伴随着身份认同的重塑与适应挑战的双重考验。步入社会后，学生需独立面对更多责任与义务，而少了往日的庇护与监督。为此，学校需未雨绸缪，通过多维度教育策略为学生铺设桥梁，助力他们平稳过渡，积极应对身份转变带来的种种挑战与机遇。

在此过程中，校园足球以其独特的魅力成为促进学生社会化的重要推手。它不仅是一场体育竞技的盛宴，更是一个微缩的社会实验室。在足球场上，学生学会了承担团队责任，明确角色定位，深化协作精神，这一系列转变促使他们逐渐从被动接受指令者转变为积极主动的问题解决者。通过足球运动，学生实践着自我管理与自我驱动，这些能力正是现代社会对人才的核心要求。

（一）校园足球培养学生的社会角色意识

1. 熟悉社会化角色

（1）通过足球活动熟悉社会化角色

在足球教学的广阔天地里，角色分工与职责明确成为一堂生动的社会化体验课。这一体系与社会中错综复杂的角色网络不谋而合，为学生搭建了从校园到社会无缝衔接的桥梁。通过学习竞赛规则、技术要领及战术布局，学生们不仅掌握了足球领域的游戏规则，更初步形成了对未来职业生涯中行业竞争规则的敏锐意识。更重要的是，这一过程深化了他们对角色权利与义务的理解，让他们认识到每个岗位虽目标一致，却承载着独特的使命与责任。

从教练到球员，再到裁判、观众乃至媒体，足球场上每一个身份都是社会角色的缩影，共同编织着足球运动的社会化图谱。这种多元角色的体验，无疑增强了学生的社会适应力，教会他们在任何环境中都能迅速定位自我，明确目标，并有效融入集体。同时，足球教学还强调团队协作的重要性，提醒学生在专注个人职责的同时，不忘与团队成员的紧密配合，共同为团队目标努力。

（2）通过足球活动实现个性化发展

校园足球教学，作为一项集专业性、教育性与娱乐性于一体的综合活动，其内涵丰富而深远。在专业性维度，它要求教师引领学生深入足球技艺的殿堂，掌握扎实的专业知识与技术，培养战术素养，为足球之路奠定坚实基础。同时，在教学任务层面，校园足球超越了单纯的运动范畴，它巧妙地将规则意识、竞争意识融入日常训练，为学生步入社会后的角色转变铺设了平滑的过渡带。通过模拟足球比赛中的多样角色与职责分配，学生在实践中学习沟通协作，为未来社会生活中的身份转换积累了宝贵经验。

面对社会对人才需求的不断升级，一精多专的复合型人才成为时代的新宠。校园足球活动正积极响应这一趋势，鼓励学生既成为足球领域的通才，全面了解游戏规则与团队运作，又致力于成为专才，在各自角色上精研技术与战术。这种全面发展模式促进了球员间的高效协同，保证了团队目标的顺利实现。在更深层次上，校园足球通过身体的律动，激发学生的精神潜能，推动他们在社会适应与个人成长之路上迈出坚实步伐。它不仅是体质的锤炼，更是心灵的觉醒与个性的绽放，引领学生踏上一段自我发现与超越的精彩旅程。[1]

2. 构建社会化通道

（1）通过校园足球搭建社会化平台

足球运动，这一集体力与智慧于一体的竞技项目，深刻诠释了团队协作的力量。在足球场上，每位学生都需要淋漓尽致地展现个人技艺，同时，更需要与队友间建立起无缝的默契配合，因为胜利的天平往往会向那些技术精湛且团队协作无间的队伍倾斜。校园足球，作为社会微缩景观，通过设定清晰的活动

---

[1] 文玉超，蔡正杰，沈寅豪. 高校足球理论教学与实践训练[M]. 北京：研究出版社，2020.

规则与形式，生动展现了成员间相互支持、协作共进的过程，这一过程不仅强化了集体意识与集体观念，更为学生搭建了通往社会的坚实桥梁。

因此，发展校园足球远非简单的体育活动，它是助力学生社会化进程的关键路径。足球教学，这一校园教育不可或缺的环节，不仅是知识与技能的传授场所，更是教育系统高效运转的重要推手，它为学生全面发展提供了广阔舞台。在这里，学生不仅锤炼了体魄，更在团队协作中学会了责任、沟通与领导，为其成长为适应未来社会需求的全能人才奠定了坚实基础。

（2）通过校园足球内化社会化行为

体育教学，作为一种融运动技能传授、文化精髓传承与人才培养为一体的综合教育形式，其核心价值深植于促进个体与社会和谐共生的土壤之中。面对学生在社会化进程中的被动、依赖与迷茫，以及适应社会实践路径的缺失，这无疑为社会和谐发展蒙上了一层阴影。鉴于此，校园教育亟须激活学生社会化的内驱力，而校园足球正是开启这扇大门的金钥匙。

在足球场上，足球训练不仅雕琢了学生的体魄，更在无形中赋予了他们社会生存的基本智慧与技能。这一过程，如同春风化雨，将外部社会的行为规范与价值准则悄然内化为学生的自觉行动指南。当学生踏上社会舞台，他们能够迅速调动这些内化的行动意识与能力，自信而从容地应对各种挑战。因此，校园足球不仅是体育教育的亮点，更是推动学生全面社会化、促进社会和谐发展的有力杠杆。

（3）通过校园足球积累社会经验

社会化，作为人类独有的历程，是每个人必经的成长蜕变。唯有经历社会化，个体方能将在校所学知识与技能转化为实际价值，确认并强化自身能力，进而激发自我教育、管理与服务的内在动力。面对现代社会对人才在责任、道德、人格及能力等多维度的新要求，足球教学成为一扇独特的窗口。

在足球课堂上，教师应匠心独运，营造出贴近社会的环境与氛围，让学生在实战演练中亲身体验、深刻理解并内化社会化、角色分工、权利与义务等核心概念。这一过程，旨在引导学生构建起个人发展与社会进步之间的紧密联系，自觉培养自我教育、精准角色定位及终身学习的能力，这些都是现代社会不可或缺的生存技能。

足球活动，作为学生接触社会、积累经验的宝贵平台，促使他们在汗水与欢笑中感知社会运行的规则与逻辑。随着经验的累积，学生将在未来的生活与学习中不断筛选、重构这些宝贵的社会认知，最终形成独具个人特色的价值取向与人生目标。这一过程，既是对社会经验的再创造，也是对个人经验的丰富与升华，更是激发创新思维、培育未来领袖的沃土。

3. 实现社会化发展

（1）提高教师的引导作用

鉴于我国当前国情，教育领域中学生成长的核心驱动力仍根植于教师的影响。尽管信息时代的浪潮汹涌，互联网与多媒体技术的飞速发展极大地拓宽了知识获取的渠道，教师作为知识传播者与成长引导者的角色依然不可撼动。在学生逐步迈向社会化的征途中，强化教师的引导职能显得尤为关键。这不仅要求教师持续自我充电，紧跟时代步伐，及时更新知识体系与教学技能，这样能给予学生精准、适时的指导；更需要教师深刻理解自身角色的深远意义，以高度的责任感引领学生完成从校园到社会的顺利过渡。

教师需将个人丰富的经验与深刻的反思，巧妙转化为教育实践中的隐性智慧，激发学生参与实践的热情，引导他们将内在潜能与社会需求相契合，鼓励学生将个人发展目标与社会最新趋势紧密相连，从而促进学生社会化进程的顺畅进行。这一过程，是教师智慧与学生潜力的双重绽放，共同绘制出学生成长道路上的亮丽风景线。

（2）激发学生的主动意愿

传统教育模式往往侧重于教师的单向传授，而学生则处于被动接受的位置，这在一定程度上抑制了学生的主动性和创造力。相较之下，校园足球作为非应试性质的体育教学活动，为学生提供了一个自由探索、主动学习的广阔舞台。在此平台上，我们鼓励学生培养自主学习意识，促使他们积极投身于社会化过程的思考、实践与反思之中，从而加速个人成长。

通过校园足球活动，学生不仅能够深化对现有体验与感悟的理解与分析，还能在挑战中激发潜能，学会灵活应对困境，制定策略解决问题。更重要的是，这一过程促进了学生自我学习、自我钻研能力的飞跃，使他们的知识体系更加系统化、完整化。如此，学生不仅能提升个人技能，还能在社会化进程中迈出更加坚实的一步。

（二）培养学生社会化的具体能力

1. 竞争

竞争，始终是推动人类社会向前发展的不竭动力。无论时代如何变迁，文明如何演进，竞争的核心地位始终未变。因此，学生在踏上社会化的征途之初，培养其强大的竞争能力显得尤为重要。校园足球，作为备受瞩目的体育竞技项目，其内在的竞争性为学生提供了天然的锻炼舞台。

在足球教学中，教师应敏锐捕捉这一契机，精心设计教学环节，激发学生的竞争意识，同时引导他们树立正确的竞争观念，塑造健康的竞争心态。通过模拟真实比赛场景，让学生在实践中感受竞争的激烈与魅力，从而在内心深处根植竞争意识。然而，值得注意的是，在强化竞争意识的同时，教师还需承担起营造良性竞争氛围的重任，使得学生在公平、公正的环境中展开竞争，这样的竞争才是有益且深远的，能够真正促进学生竞争能力的全面发展。

2. 合作

在足球教学的广阔天地里，竞争与合作犹如双生子，相互依存，共同构成了推动学生全面发展的重要力量。它们既是对立统一的矛盾体，又是相辅相成的整体，共同促进了社会生态的良性循环。在足球场上，学生不仅要学会如何在激烈的竞争中脱颖而出，更要深谙合作之道，方能共铸辉煌。

足球教学，作为这一理念的生动实践场，不仅体现了学生竞争能力的培养，更将合作精神的培育视为不可或缺的一环。通过精心设计的训练与比赛，学生在汗水与欢笑中磨砺了勇敢、顽强的意志品质，更在团队协作中学会了信任与依赖。这些宝贵的品质，如同璀璨星辰，照亮了他们前行的道路，也为他们未来适应社会、拥抱变化奠定了坚实的基础。

3. 自信

足球教学活动，作为塑造学生人格魅力的独特平台，巧妙地融合了体能锻炼与心理成长的双重价值。在这片足球场上，学生们不仅锤炼出强健的体魄，更在不懈的努力与奋斗中，悄然构筑起了自尊与自信。每一次精准的传球、每一次奋力的奔跑，都是对自我能力的肯定与超越，逐渐在他们心中播撒下自信的种子。

相较于其他体育活动,足球运动的激烈竞争性与团队协作性,更是为学生提供了难能可贵的成长契机。在持续的训练与比赛中,学生们学会了坚持与忍耐,体验了成功与失败,这些宝贵的经历如同磨刀石,不断磨砺着他们的意志,使之更加坚韧不拔。同时,面对挑战与困难,那份由内而外散发的自信与自尊,成为他们勇往直前的强大动力,让他们在未来的社会生活中,能够更加从容地面对各种未知与挑战。

4. 耐挫

竞技体育,无论其舞台大小,皆以精彩纷呈与严峻挑战并存而著称。校园足球,作为这一领域的缩影,其教学之旅同样布满荆棘与坎坷。在这片足球场上,学生们不仅享受着胜利的喜悦,更需直面失败的苦涩。胜利与失败的交织,构成了他们成长道路上不可或缺的风景。

面对失败,人性中的避损倾向往往让这份体验更加深刻,但正是这些失败的记忆,悄然间铸就了学生坚韧不拔的品格。在反复的挫折与挑战中,他们学会了如何承受压力,如何在逆境中寻找希望。这份耐挫能力,如同他们身上无形的铠甲,保护着他们在未来的社会生活中勇往直前,无惧风雨。

5. 应变

足球教学,作为培养学生综合素质的摇篮,尤为注重学生判断与应变能力的锤炼。在紧张激烈的训练与比赛中,学生们需迅速捕捉球速、角度、队友及对手站位等瞬息万变的信息,并据此作出精准决策,以谋求团队利益最大化。这一过程,不仅是技术与战术的展现,更是心智与智慧的较量,它要求学生在极短的时间内,完成细致观察、周密推断与综合判断,这正是顶尖球员所必备的素养。

在校园足球的课堂上,教师通过精心设计训练内容,引导学生反复实践,逐步提升应变能力。这种能力的培养,不仅限于足球场,更延伸至学生的日常生活与学习之中,成为他们面对复杂多变环境时的重要武器。判断准确、应变迅速,这样的能力将使学生在社会化进程中更加游刃有余,为他们的全面发展奠定坚实基础。

第二章 校园足球的系统训练

第一节 校园足球的体能系统训练

足球运动比赛较为激烈，进行足球训练时学生不仅需要不停地跑动，还要进行一定程度的身体对抗，这些都对校园足球训练学生的体能具有较高的要求。为了提高校园足球训练学生的体能水平，下面对足球运动的体能训练进行分析。

一、足球训练学生的体能特征

（一）足球训练学生的具体体能特征

1. 新陈代谢特征

在足球训练的背景下，学生的新陈代谢过程成为连接内外环境、驱动生物体内部物质与能量转换的关键环节。这一过程被细化为物质代谢与能量代谢两大维度，共同作用于学生身体机能的优化与提升。对于正处于青春发育期的足球训练生而言，他们的身体正经历着从青涩迈向成熟的转变，体内物质与能量的代谢速率均维持在较高水平。加之专业的足球训练，无疑为这一自然进程按下了加速键，促使新陈代谢速率进一步攀升，使身体机能始终保持在一种充满活力与潜力的状态。

2. 神经系统特征

在个体成长的轨迹中，神经系统的发育犹如先锋军，其速度之快、成熟之早，尤为引人瞩目，往往于少年时代便趋于完善。对于投身于足球训练的学生而言，把握这一神经系统快速发展的黄金期至关重要。尽管此阶段大脑皮质中的兴奋与抑制机制尚未达到完美平衡，兴奋过程常占据主导地位，抑制过程则稍显逊色，但通过持续不断的足球训练，学生能够有效促进大脑的深层次发育，提升神经过程的灵活应变能力，逐步使自身的神经系统机能向成人水平迈进。

尤为值得一提的是，在这一关键时期，学生的第二信号系统——处理抽象刺激信号（如语言、文字）的能力，正经历着飞速的发展，其成熟度与功能性远超第一信号系统（专注于具体刺激信号如声、光、电等）。这一转变标志着学生分析与综合能力的显著提升，为他们在足球领域乃至更广泛的学习与生活中，提供了更为强大而精准的信息处理与决策能力。

3. 心血管系统特征

人体的心血管系统，作为心脏与血管的和谐交响，扮演着新陈代谢中不可或缺的运输角色，其完全成熟的过程在机体内堪称最晚的篇章。这一系统的健康状态，是身体强健的鲜明标志。对于足球训练学生而言，他们的心血管系统尤为强健，这得益于长期不懈的足球运动训练。

在足球场上的每一次奔跑、每一次拼抢，都是对心血管系统的一次次锤炼。随着时间的推移，这些训练促使他们的心脏收缩能力显著增强，每搏输出量大幅增加，心率则趋向平稳，收缩压稳步提升。这一系列生理变化，使得他们的心血管系统能够高效应对日益增长的机体负荷，即使在高强度的运动下也能游刃有余，保证血液供应的充足与稳定。因此，足球训练使学生不仅拥有了一颗更加坚韧有力的心脏，也为其在运动与生活中创造无限可能奠定了坚实的基础。

4. 运动系统特征

人体的运动系统，这一精妙复杂的机械装置，由骨骼、关节与肌肉三大支柱共同构筑。骨骼，其发育进程往往延续至25岁方告完成。岁月流转间，骨骼内部的化学成分悄然蜕变，柔软的有机物与水分渐次流失，而坚硬的无机物则悄然累积，骨密质日益增厚，骨骼由此变得更为粗壮坚韧，能够承受更为沉重的负荷。

对于投身于足球训练的学生而言，这一过程更是得到了显著的加速与强化。在日复一日的刻苦训练中，他们的骨骼得到了前所未有的锻炼与刺激，促进了骨骼的进一步发育与完善。同时，关节囊与韧带的力量与伸展性也在训练中得到了显著增强,关节周围的肌肉变得更加细长有力,从而扩大了关节的活动范围,使他们在足球场上能够展现出更加灵活多变的身姿。

5. 呼吸系统特征

足球训练学生的呼吸系统,相较于普通人群,展现出了更为卓越的功能表现,其核心优势集中体现在惊人的肺活量上。这一显著特征,正是长期进行足球训练所带来的深刻烙印。在足球场上的不懈奔跑与激烈对抗中,学生的肺脏不仅在横径与纵径上实现了显著的扩张,肺泡的体积也随之得到了增大,为肺部提供了更为广阔的气体交换空间。

与此同时,呼吸肌群的力量在持续的训练中得到了显著增强,使得呼吸运动更加有力而高效。随着呼吸频率的逐渐减缓,每一次呼吸的深度却大幅增加,这种"慢而深"的呼吸模式不仅提高了氧气的吸收效率,还有助于减少能量的无谓消耗。在这样的生理变化下,学生的肺活量自然而然地得到了提升,呼吸系统的整体功能也随之迈上了新的台阶。

(二)足球训练学生的身体素质要求

1. 力量素质要求

参与足球运动,既是对耐力性力量的持久考验,也是对瞬间爆发力的极致追求。这要求学生在训练中全面提升红肌与白肌纤维的质量,尤其需要高度重视白肌纤维的强化,以应对比赛中的快速变化与高强度对抗。依据肌纤维活动规律,不同负荷下的训练策略应有所侧重:大负荷(超过个人最大力量的1/2)训练激活白肌纤维,主打爆发力;小负荷(低于个人最大力量的1/4)则侧重于红肌纤维的参与,促进耐力发展。

结合足球专项特性,采用中、小负荷练习不仅优化了中枢神经系统的功能调节,还增强了肌肉群间的协调配合。在此过程中,深入进行生物力学分析,使技术动作与练习手段达到骨杠杆的最佳机械效率,是提升训练效果的关键。为实现这一目标,需遵循以下原则:首先,全面锻炼参与运动的肌肉群,使训练效果达到最大化;其次,练习时的用力模式需紧密贴合专项动作中肌肉的实际收缩条件,以强化训练的针对性与实效性;最后,速度训练应置于优先地位,因为足球场上,无论是传球、射门还是防守,速度都是决定胜负的关键因素。

2. 速度素质要求

足球运动的速度素质训练应紧密贴近比赛实际，以满足实战需求为导向，全方位提升运动员的反应速度、位移速度和动作速度。具体而言，反应速度训练需频繁引入突发性信号刺激，如视觉与听觉的快速响应练习，以及移动目标与选择性练习，旨在强化中枢神经系统的敏锐性与决策能力。在位移速度方面，鉴于足球运动对高速奔跑与非乳酸无氧代谢的高度依赖，训练应注重提升运动员的非乳酸无氧供能效率与ATP再合成能力，使其在高强度奔跑中仍能保持速度与技术的完美结合。而动作速度的提升，则依赖于肌肉爆发力的增强与动作衔接技术的优化，通过专项训练提升肌肉快速收缩与协调转换的能力，使运动员在比赛中能够更快、更准确地完成技术动作。

3. 耐力素质要求

（1）有氧耐力

"有氧是无氧的基础"，良好的有氧耐力训练水平，能够使机体内能源物质得到充分的利用，同时，还能够有效提高机体的摄氧、输氧、用氧能力，对于较快消除非乳酸性和乳酸性氧债是较为有利的，能够起到延缓疲劳出现和加速机体恢复的重要作用。

发展有氧耐力要提高最大吸氧量。对最大吸氧量产生重要影响的因素主要是输氧能力，而对输氧能力起到决定性作用的是心肌收缩力。因此，有氧耐力训练的本质就是提高学生的心肌收缩力。[1] 具体来说，提高学生心肌收缩能力的方法主要有两种：一种是不间断匀速负荷法，即采用本人最大强度的70%左右持续跑；另一种是变速负荷法。

（2）无氧耐力

足球训练学生的无氧耐力水平，其核心在于卓越的无氧代谢能力，这具体涵盖了无氧糖酵解的高效运作、机体组织对抗乳酸堆积的强韧能力，以及关键能源物质（尤其是ATP与CP）的充足储备与对运动器官的有力支撑。在当前足球训练中，学生的肌肉耐力，特别是肌肉无氧耐力，已成为制约其体能提升的关键因素。鉴于此，我们亟须将焦点体现在学生肌肉无氧耐力水平的提升

---

[1] 朱永振. 高校足球教学与科学训练研究 [M]. 北京：北京工业大学出版社，2020.

上，通过针对性训练策略，全面增强其体能基础，为赛场上的卓越表现奠定坚实基础。

4.柔韧素质要求

一名优秀的足球训练学生柔韧素质是不可缺少的因素。关节特别是髋关节的骨结构，关节周围组织的体积，跨过各关节的韧带、肌腱、肌肉和皮肤等都在很大程度上影响着学生的柔韧素质。如果学生的柔韧素质较差，往往就会提高运动损伤的发生概率。

5.灵敏素质要求

灵敏素质对于足球训练学生而言，其重要性不言而喻。在激烈对抗的赛场上，若缺乏快速、精准、合理且协调的体位变换能力，将难以跻身优秀足球训练学生的行列。灵敏素质的高低，深受多重因素的深刻影响：

①中枢神经系统的灵活性。面对场上瞬息万变的局势，足球训练学生需凭借大脑皮层兴奋与抑制间的迅速转换，精准捕捉时间与空间的微妙变化，从而做出明智决策。

②观察力与反应速度亦至关重要。观察力构成了球场意识的基础，而敏捷的反应则是执行动作不可或缺的前提。二者相辅相成，共同铸就了灵敏素质的核心竞争力，使学生在训练中能够预见形势，迅速响应。

③运动技能的储备与熟练程度亦对灵敏素质产生深远影响。运动技能间的迁移效应意味着，广泛而熟练的技能掌握将增强大脑皮层的灵活性，为灵敏素质的提升开辟道路。

④综合素质的提升亦是关键。灵敏素质并非孤立存在，它与力量、速度、柔韧等多项素质紧密相连，相互促进。唯有这些基础素质均衡发展，灵敏素质方能实现质的飞跃，让学生在足球场上游刃有余，尽显风采。

二、力量素质训练

（一）足球一般力量素质训练

1.常用的足球一般力量素质训练方法

一般力量素质训练方法的种类有很多，在此选择七种较为常用的训练方法予以说明。

（1）深蹲跳跃

①姿势：站立时双脚与肩同宽，双臂交叉于胸前，背部挺直，头部自然抬起。

②动作：缓慢下蹲使大腿至少与地面平行，利用大腿力量爆发性向上跳起，尽可能达到最大高度。下落时呼气，起跳时吸气，保持动作连贯快速。

③组数与次数：进行2组，每组重复15次至30次，根据个人体能调整。

（2）阻力伸髋

①准备：面对装有滑轮阻力装置的钢索站立，一只脚踝固定于阻力带上。一手扶住稳定物以保持平衡。

②动作：保持背部直立，不弯曲，将固定有阻力的腿向后上方伸直摆动，感受髋部及大腿后侧肌肉群的拉伸与收缩。上摆时吸气，下放时呼气。

③组数与次数：左右腿各进行2组，每组重复15次。

（3）斜板屈膝仰卧起坐

①位置：躺在倾斜角度适中的斜板上，双脚固定以保持身体稳定，双膝弯曲约45°，双手置于头后。

②动作：缓慢后仰上体至腰部轻触斜板，然后用力提起上体至起始位置。后仰时吸气，坐起时呼气。

③组数与次数：进行1组至2组，每组25次至40次，视个人情况调整。

（4）俯卧挺身

①准备：双脚固定，身体俯卧于鞍马或高凳上，以髋部为支点，身体下屈至与地面垂直。

②动作：双手交叉于头后，用力挺身使躯干上抬至略高于水平位置，感受背部肌肉群的收缩。上抬时吸气，下落时呼气。

③组数与次数：进行3组，每组最多15次，若轻松完成可增加负重。

（5）窄握臂屈伸

①准备：站立于训练器械前，双手掌心向下，以较窄间距握住阻力钢索把手。

②动作：上臂贴近体侧固定，前臂沿半圆轨迹下压把手，再缓慢上抬至起始位置。下压时吸气，上抬时呼气。

③组数与次数：进行2组，每组重复10次至12次。

（6）宽握引体向上

①准备：双手掌心向前，以宽于肩的间距直臂握单杠悬垂。

②动作：用力上拉身体，使下颌尽量触及单杠，然后缓慢下放至起始位置。上拉时吸气，下放时呼气。

③组数与次数：进行3组，每组最多10次，若轻松完成可增加负重。

（7）垫高腿仰卧起坐

①准备：仰卧，将小腿置于长凳上，大腿与身体约呈45°，双手交叉置于头后。

②动作：用力提起上体至最大程度，感受腹部肌肉的收缩。提起时呼气，下放时吸气。

③难度调整与次数：可根据需要增加躯干负重，进行1组，重复25次至50次。

2. 足球力量素质训练注意事项

（1）一般力量训练与专项力量训练相结合

强调一般力量训练与专项力量训练的有机结合，保证全身力量的均衡发展，同时特别关注腰腹与腿部力量的强化，这是足球运动中的核心力量区域。

安全第一，训练前务必进行充分的热身活动，以提升肌肉温度、增加关节灵活性，减少受伤风险。训练过程中保持专注，遵循正确的动作要领，必要时采取保护措施，保证训练的安全性。

（2）超负荷训练

力量训练的本质在于挑战与超越，应根据运动员的适应情况逐渐增加训练负荷，以刺激肌肉力量的持续增长。负荷的增加应循序渐进，避免过度训练导致的伤害或过度疲劳。

（3）注意训练间隙

力量素质的训练效果需持续维护。建议每周安排2次至3次力量训练，间隔1天至2天，以便肌肉得到适当的恢复与重建。

在进行爆发性肌肉力量训练时，尤其要注意组间间歇的控制，避免疲劳累积影响训练效果及动作质量。

（4）做好放松训练

放松训练是力量训练不可或缺的一部分，它有助于肌纤维弹性的保持，减少肌肉阻力与能源消耗，延缓疲劳发生。在训练计划中穿插不同肌肉群的交替训练，以促进整体恢复。

训练后应采用多种恢复手段，如专业按摩、热水淋浴等，帮助学生加速恢复过程。同时，培养学生自我放松的习惯，让他们认识到放松对于提升训练效果的重要性。

（二）足球专项力量素质训练

1.各部位力量素质训练方法

（1）腿部力量素质训练

①做单腿或双腿起跳摸高或用头触球练习。

②做多球的连续跳起空中头顶球、空中敲球、空中传球练习。

③做连续向前并腿或单腿跳练习。

④做立定跳远、多级跳远、蛙跳、助跑跳远练习。

⑤肩负杠铃或手握哑铃连续向上跳。

⑥做双脚连续跳台阶、单腿交替跳台阶、向两侧跨跳、单腿连续跳练习。

⑦小腿负重踢球。要求在不影响正确动作规范的前提下尽力踢球。

⑧肩扛杠铃做提踵或脚掌走，肩负杠铃由站姿下降至深蹲。

⑨利用不同高度的凳子、桌子或跳台依次做杠铃深蹲、半蹲、提踵，壶铃蹲跳等练习。

⑩仰卧小腿屈伸：通过髋关节和膝关节发力使重物平台下降，膝关节屈曲90°后还原。

⑪腿部伸展：通过伸展膝关节使小腿上举至全腿伸直，还原后再做。

（2）腰腹力量素质训练

①做仰卧起坐、仰卧举腿、仰卧快速屈体练习。

②做原地或行进间收腹跳、向后展腹跳练习。

③俯卧撑收腹收腿，单杠悬垂举腿、悬垂双腿画圆圈。

④做侧卧体侧屈、俯卧体后屈练习。

⑤做跳起空中转体或收腹用力顶球练习。

⑥仰卧，两脚夹球离地 15～20 厘米，以腰为圆心画圆。

⑦做起跳后空中转体或收腹用力顶球练习。

⑧展腹跳。爆发起跳并充分展腹，爆发起跳并向后屈膝，两手触碰脚跟。

⑨肩负杠铃做体前屈或转体，抓举杠铃。

（3）颈部、上肢和肩背力量素质训练

①俯卧撑。俯卧撑向侧、前跳移。

②利用双杠双臂屈伸、单杠引体向上、杠铃推举。

③大力掷界外球、掷超重球、掷实心球。

④双杠双臂屈伸，单杠引体向上。

⑤在垫子上做颈桥并推举哑铃、壶铃或轻杠铃。

⑥两手扶头，在颈部转动时给予抵抗力。

⑦两人一组，进行推"小车"练习。一人俯卧，两臂伸直。另一人两手抬起其双脚，俯卧者用两手向前"行走"。

⑧两人一组，做重叠俯卧撑。一人保持俯卧姿势，另一人在其背上做俯卧撑，或二人同时做俯卧撑。

⑨两人一组，面对面坐地，两腿分开，抛、传实心球或足球。

⑩做哑铃和杠铃练习以发展足球力量素质。

（4）全身力量素质训练

①蹲跳顶球。取半蹲姿势，连续蹲跳中顶球。

②倒地起身。甲运球，乙从侧面铲球，乙在铲球倒地后尽可能快地起身去追球。

③抢夺球练习。二人合作相互进行抢夺球练习。

④做挺举练习，要求完成每一环节时都必须采取爆发性动作。

⑤合理冲撞练习。甲运球，乙贴身跟随并冲撞甲，甲要稳住重心，或两人同时争顶并在其间运用合理冲撞。

2. 力量素质综合训练方法

①对抗力量练习：在足球力量素质练习中，可利用跑动中为争夺控球权的合理冲撞、连续跳起争顶球、贴身紧逼对抗、身体挤压等方式发展力量素质。

②非对抗类力量练习：在日常训练中充分利用球发展个体的力量素质。

③负重练习：采用负重的方法，增加运动负荷，以发展力量素质。

三、速度素质训练

（一）足球一般速度素质训练

1. 常见足球一般速度素质训练方法

在速度素质训练中，多样化的方法对于提升运动员的反应速度、起动速度、位移速度及动作速度尤为重要。以下是几种精选且经过优化的一般速度素质训练方法。

①起跑姿势多样化训练：利用蹲踞式、站立式、背向、侧身、坐地、坐地转身、仰卧、俯卧等多种起跑姿势，结合视觉信号（如手势、球等）进行 10 米至 30 米的起跑练习，以增强运动员的反应灵敏度和起动爆发力。

②动态起动训练：在慢跑、小步跑、侧身跑、高抬腿跑及结合球技（如顶球、颠球、传球）等运动状态下，突然进行 5 米至 10 米的快速起动跑，模拟比赛中的即时加速场景，提升运动员的实战应变能力。

③运球变向变速跑：进行全速、变向、变速运球跑练习，强化运动员在控球状态下的速度变化与方向调整能力，提高场地适应性和技术灵活性。

④全速与加速跑训练：通过 60 米至 80 米、80 米至 100 米的全速跑和加速跑练习，直接提升运动员的最大速度和加速度能力，为比赛中的冲刺打下坚实基础。

⑤追球射门竞赛：组织两人一组的追球射门比赛，多名队员在中线两侧待命，根据教练员的指示快速起动追球射门，未控球队员紧追不舍并准备补射，既锻炼速度又增强补位意识。

⑥动作速度专项训练：

设定时间限制，快速完成传接球、运球射门等组合动作，促进快速动力定型的形成。

在连续奔跑中进行传接球练习，提升肌肉感觉的快速精确分析能力。

增加训练密度，如在小场地内进行 2 对 2、3 对 3 的传抢练习，强化快速决策与反应。

⑦速度障碍突破训练：采用快速小步跑、高抬腿跑、下肢跑和牵引跑等方

法，帮助运动员克服"速度障碍"，持续提高位移速度。

⑧信号反应训练：在快速跑中根据教练的手势或抛球信号，迅速做出急停、转身、跳跃、翻滚及变向等动作，提升运动员的即时反应与身体控制能力。

⑨爆发力训练：利用后蹬跑、单腿侧蹬跑、短距离转身跑及追逐球跑等手段，专门发展运动员的腿部爆发力，为快速起动和冲刺提供强大动力。

⑩绕杆跑训练：在20米距离内设置不同间隔和方向变化的标杆或锥体，进行绕杆跑训练，模拟比赛中的快速变向场景，提升运动员绕过对手的快跑技巧和敏捷性。

2.足球速度素质训练注意事项

①最佳训练状态：使学生在进行速度素质训练时处于高兴奋度、饱满情绪、充沛体力及强烈运动欲望的状态，这是提升训练效果的关键前提。

②强度与间歇管理：训练时应以最大强度执行，同时严格控制每次练习的持续时间与间歇时间。单次练习不宜超过10秒，以避免乳酸堆积导致的疲劳累积。

③模拟实战情境：鉴于足球比赛中全速跑的实际分布情况（25%的全速跑，其中60%持续时间短于4秒，10%持续约7秒），训练时应尽可能模拟比赛场景，使得训练内容与比赛需求高度契合，提升训练的实战应用价值。

④力量与柔韧性的协同提升：认识到快速能力受力量与柔韧性双重制约。快速力量的发展是提升快速能力的核心途径之一，而柔韧性的增强则有助于扩大力的作用范围并延长作用时间，进而促进运动速度的提升。因此，在训练中应同步重视力量与柔韧性的协同提升。

⑤肌肉放松的重要性：强调肌肉在收缩前的充分放松对于速度训练的重要性。放松状态有助于拉长肌纤维、减少肌肉黏滞性，从而节省能源物质并提高肌肉的工作效率。训练中应融入肌肉放松练习，帮助学生养成良好的放松习惯，为速度素质的提升创造有利条件。

（二）足球专项速度素质训练

1.常规速度训练方法

（1）位移速度训练

利用各种跑步练习提高足球位移速度，提高步频。

（2）反应速度训练

利用在各种不同身体姿态状况下的起动练习，发展反应速度和起动快跑能力。

（3）动作速度训练

利用下坡跑、顺风跑、牵引跑等方式提高动作频率，运用短距离、方向不规则的绕（或不绕）障碍的变向、变速跑提高学生重心转换速度和快速变向跑能力。

2.综合速度训练方法

①做全速、变速、变向运球跑练习。

②做60~80米、80~100米的全速跑、加速跑，提高位移速度的练习。

③在静止情况下，利用既定手势做各种姿势的起跑练习：采用蹲踞式、站立式、侧身式、坐地、坐地转身、俯卧、仰卧、滚翻后、原地跳跃等姿势做起跑练习，起跑10~30米即可。

④快速跑练习：反复练习小步跑、全速跑、加速跑、顺风跑、下坡跑、牵引跑、高抬腿跑等，促使学生突破"速度障碍"，提高位移速度。

⑤采用后蹬跑、单腿侧蹬跑、短距离转身跑、各种追逐球跑等，提高爆发力。

⑥在约20米的距离内，设置不同距离间隔和有方向变化的标杆或锥体，让学生以尽可能快的速度做绕杆跑，发展学生绕过对手的快跑能力。

⑦在活动情况下，利用既定手势做突然起动练习：在颠球、顶球、传接球、慢跑、侧身跑、小步跑、高抬腿跑等情况下做快速起动跑，跑5~10米即可。

⑧在教练员限定的时间内快速完成传—接—传，运—传—接—射门等动作，以建立快速动力定型，提高动作速度。

四、耐力素质训练

（一）足球一般耐力素质训练

提高高校足球训练学生一般耐力的基本途径就是提高学生的摄氧、输氧以及用氧的能力，保持体内适宜的脂肪存储量和糖原，并提高关节、韧带、肌肉等运动器官和组织承受长时间负荷的能力。[1]一般耐力素质训练方法的种类很多，在此选择几种较为常用的训练方法予以说明。

1. 肌肉耐力训练方法

肌肉耐力的练习内容与力量练习基本上是相同的，只不过其运动负荷强度相对较小一些，持续时间较长，重复练习的次数较多。

（1）仰卧起坐

仰卧两手抱头起坐，连续做 50 次为一组。起坐时要快，仰卧时要缓和一些，并连续不断地进行。此外，在起坐的同时，也可以将两腿屈膝上抬、收腹。

（2）收腹举腿静力练习

在吊环、垫子上或双杠上进行收腹举腿（直角支撑）动作时，每次要静止 1～2 分钟。在静止的过程中，大腿与躯干之间的夹角要小于 100°，静止时间可以从 30 秒开始进行练习，随着水平的提高，逐渐增加。

（3）连续引体向上或屈臂伸

在双杠上做屈臂伸或在单杠上做引体向上，动作要连续进行，做 4～6 组，每组 20～30 次。

（4）俯卧撑或俯卧律移动

在垫子上呈屈臂俯卧撑姿势，用双臂双脚进行左右移动，做 4～5 组，每组 20～30 次，移动时始终保持屈臂俯卧撑姿势；或在垫子上连续做俯卧撑，做 4～6 组，每组 30 次，做俯卧撑时身体要保持伸直。

（5）1 分钟立卧撑

从站立姿势开始，下蹲两手撑地，将两腿伸直呈俯卧撑状，然后收腿呈蹲撑，最后还原呈站立姿势。

（6）连续半蹲跑

呈半蹲姿势，向前跑进 50～70 米，不规定速度，走回来时尽量放松。

（7）连续深蹲跳

分腿站立，在草地上连续做向前深蹲跳或做原地深蹲跳起。在做动作时，

---

[1] 闫强.高校足球教学与训练创新设计研究[M].北京：北京工业大学出版社，2021.

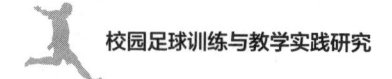

落地后要迅速起跳。

（8）重复爬坡跑

选择 15° 的斜坡道或在 15°～20° 的山坡上进行重复爬坡跑，练习次数为 5 次或者更多次，跑动距离要大于 250 米。

（9）连续跑台阶

在高约 20 厘米的楼梯上，连续跑 30～50 步。在跑动时，每次要跑 2 级台阶。在跑动的过程中，要注意动作的连续性，不能间断，但对时间没有严格要求，在向下走时要尽量使动作放松一些，当心率恢复到 100 次/分时，可以进行下一次练习。

（10）连续换腿跳平台

所采用的平台高度为 30～45 厘米，将一只脚放在平台上，另一只脚在地上支撑，两只脚相互交替跳上平台各 30～50 次。两手臂要相互协调配合，上体保持正直。

（11）后蹬跑

做后蹬跑，每次 100～150 米，或负重后蹬跑，60～80 米。

（12）逆风跑或负重耐力跑

遇到飓风天气（风力不超过 5 级）可以在公路或场地上做持续的长距离逆风跑，也可以进行 1000 米以上的重复跑。

（13）沙滩跑

在沙滩上做 500～1000 米的快慢交替自由跑，也可以穿沙背心跑，跑动速度的变化与要求可以根据自身的具体情况进行制定。

（14）原地间歇高抬腿跑

原地或前支撑做高抬腿跑练习。要求动作规范，不要求时间，但动作要不间断地完成。

（15）长距离多级跳

在跑道上进行多级跳练习，进行 3～5 组，每组跳 80～100 米，约 30～40 次，组与组之间的间歇时间为 5 分钟。在规定完成时间的情况下，运动强度会大大提高，注意组间的恢复情况。

（16）沙地负重走

在沙滩上，肩负杠铃杆，或背人做负重走。

（17）沙地后蹬跑或跨步跳

在沙地或沙滩上进行后蹬跑或跨步跳，每组 80～100 米。

（18）半蹲连续跳

在草地上连续做向前双脚跳练习，落地之后呈半蹲姿势，并迅速进行第二次起跳。

（19）负重连续转跳

肩负杠铃杆等轻器械做连续原地轻跳或提踵练习。

（20）水中支撑高抬腿

选择一个深 40～50 厘米的浅水池，将两手臂扶在池壁上前倾支撑做高抬腿练习，每组 50 次。也可与在水中行进间后蹬跑穿插进行。

（21）连续跳实心球

面对着实心球站立，在两脚正面跳过球后，迅速背对着球跳回，往返进行连续跳跃。

（22）连续跳推举

原地蹲立，两手握住杠铃杆，将杠铃提至胸前位置后，连续做跳推举杠铃杆练习。

（23）连续跳深

选择一个高 60～80 厘米的台阶或跳箱，双脚站在上面向下跳，落地瞬间迅速接着向上跳上高 30～50 厘米的台阶或跳箱上。

2. 有氧耐力训练方法

（1）定时走

在公路、场地或其他自然环境中，在规定的时间内进行自然走或稍快些的自然走练习，每次大约走 30 分钟。

（2）定时跑

在公路、场地、树林中进行定时跑练习，每次 10～20 分钟或更长时间。

（3）定时定距跑

在公路、场地上进行规定时间限制的固定距离的练习，如在 14～20 分钟

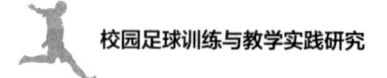

内跑 3600～4600 米。

（4）重复跑

在跑道上进行重复跑练习，根据专项任务与要求来制定重复跑的距离、次数和运动强度。发展有氧耐力素质，所采用的运动强度不应过大，跑动距离应加长一些。常见的重复跑距离主要有 600 米、800 米、1000 米、1200 米等。

（5）变速跑

在场地上进行变速跑练习，可根据专项要求或任务来制定慢跑阶段和快跑阶段的距离。通常以 400 米、600 米、800 米、1000 米等距离进行。如中距离跑学生通常是 200～400 米慢跑、600 米快跑或 200 米慢跑、400 米快跑的变速等进行训练。

（6）法特莱克跑

法特莱克跑可在田野、公路场地上进行，自由变速的越野性游戏或越野跑。通常在公园或树林中进行，持续时间约 30 分钟，也可以更长一些。

（7）越野跑

越野跑可在草地、树林、山坡、公路等场地上进行，所采用的距离通常在 4000 米以上，有的甚至达到 10000～20000 米。

（8）水中快走或大步走

选择一个深 30～40 厘米的浅水池，进行大步走或快速走练习，做 4～5 组，每组 100～150 步或 200～300 米。

（9）登山游戏或比赛

登山游戏或比赛，规定好山上的终点标记，在山脚下听口令起动，可以自由选择登山线路或按规定线路进行登山，可在途中安排一些游戏或进行登山比赛。

（10）连续踩水

在游泳池深水区，手臂露出水面做踩水练习。也可以要求肩部露出水面，加大难度。

（11）沙地连续走或负重走

在海滩沙地上进行徒手快走或负重走，徒手快走每组进行 400～800 米，负重走每组 200 米。

（12）水中定时游

对游泳的速度和姿势不作规定，只对水中游的时间进行规定，如不间断地游 15 分钟或 20 分钟等。

（13）3 分钟以上跳绳或跳绳跑

在跑道上两臂正摇绳跑 2 分钟，或原地跳绳 3 分钟。要求每组结束后，心率要达到 140～150 次 / 分，待心率恢复到 120 次 / 分后开始进行下一组练习。

3. 足球耐力素质训练注意事项 ❶

①无氧耐力的提升应建立在稳固的有氧耐力基础之上，对后者的高度重视是提升整体耐力的关键步骤。随着足球比赛日益激烈与全面，无氧耐力作为专项耐力的重要组成部分，其重要性不容忽视。进行无氧耐力训练时，由于活动强度大，准备活动和整理活动的充分性尤为关键，它们能有效预防运动损伤，确保训练安全顺利进行。同时，认识到不同训练强度对耐力发展的差异性，精准掌握有氧与无氧耐力的临界值，实施更具针对性的训练计划。

②在规划耐力训练的负荷时，我们需严格遵循循序渐进和因材施教的原则。高强度速度耐力的培养是重点，训练中应勇于挑战极限，力求超强度、超负荷，以期在训练后实现超量恢复，促进体能的飞跃。

③面对中等及以上负荷的耐力训练，学生往往会出现耗氧量超过供氧量的状况，此时呼吸方式的选择尤为重要。嘴呼吸易导致横膈膜升降的浅呼吸，不利于氧气的充分摄取；而鼻呼吸则能有效避免这一问题，使机体对氧气的需求得到满足。

④针对高校足球训练的学生群体，耐力训练的设计需充分考虑其承受能力，巧妙融入游戏与竞赛元素，以激发其参与热情。同时，医务监督的全程跟进也是必不可少的，它能为训练的安全保驾护航。此外，还应准确把握耐力发展的敏感期，集中资源进行强化训练，以最大化训练效果。

（二）足球专项耐力素质训练

1. 有氧耐力训练方法

① 12 分钟跑。

---

❶ 蔡春娣. 高校足球运动教学与系统训练研究 [M]. 北京：北京工业大学出版社，2021.

②100～200米间歇跑，400～800米的变速跑。

③进行3000米、5000米、8000米、10000米等不同距离的定时跑或越野跑。

④进行半场7对7控球对抗训练。要求每队传控好本方球，并全力破坏对方的传控。练习时可限制触球次数，可视情况调整场地或人数。

2. 无氧耐力训练方法

①进行5米、10米、15米、20米、25米折返跑练习。

②进行100～400米高强度的反复跑和做1～2分钟的极限动作练习。

③做原地快速跳绳练习。30秒×10，60秒×5（每次间歇30～60秒）。

④进行重复多次的30～60米冲刺跑练习。

⑤有持续时间的往返带球练习。

⑥1分钟内一对一追拍或一对一过人。

⑦短距离追逐跑练习。

⑧往返冲刺传球练习。甲往返冲刺在限制线之间，在限制线附近回传乙、丙分别传来的球，乙、丙离限制线约5米。

⑨做折线快跑20米—仰卧屈体5次—冲刺10米—突停转身铲球—向左右做旋风腿各1次—快跑中跳起用头顶球3次—冲刺射门两次—三级蛙跳的组合练习。

⑩不同人数传抢球练习。规定时间，1/4场地4对4传抢，1/2场地6对6传抢，全场9对9传抢。

⑪进行争球射门训练。12人分为2组，每组占用半个足球场地，每组1名守门员，2人一组，争教练发出的球，得球者攻，无球者防，交替进行。练习时间为15分钟。

⑫进行追逐游戏训练。每队各10人面对面站立，教练向其中2人抛球。红方得球，红追蓝；蓝方得球，蓝追红，阻止对方跑进标志线。练习时间为10分钟。

五、灵敏和柔韧素质训练

（一）足球训练学生的灵敏素质训练

1. 足球一般灵敏素质训练

（1）常用的足球一般灵敏素质训练方法

一般灵敏素质训练方法的种类很多，在此选择几种较为常用的训练方法予以说明。

①听信号的各种姿势起跑。

②按有效口令做动作。

③按口令做相反的动作。

④原地、行进间或跑步中听口令做动作，如喊数抱团成组。

⑤做动作或急跑中听信号完成突停动作。

⑥听信号或看手势做急跑、急停、转身、变换方向的练习。

⑦一对一面向站立，双手直臂相触，虚实结合相互推，使对方失去平衡。

⑧一对一弓箭步牵手互换面向站立，虚实结合互推互拉，使对方失去平衡。

⑨一对一背相互挽臂蹲跳进、跳转。

⑩向上抛球，转体2周、3周再接住球。

⑪在肋木上练习横跳、上下跳。

⑫绕障碍曲线转体跑。

⑬闭目原地连续转5～8周，然后闭目沿直线走10步，再睁眼看自己走的方向是否准确。

⑭原地跳转180°、360°、720°落地站稳。

⑮用手扶住体操棒，然后松手转身击掌再扶住体操棒使其不倒。

⑯脚步前后、左右、交叉地快速移动。

⑰做不习惯方向的动作。

⑱左右侧滑步、跨跳步的移动。

⑲以单脚为轴的前后、转体的移动。

⑳前滚翻、后滚翻、侧滚翻。

㉑两人前滚翻或后滚翻。一人仰卧，另一人分腿站在仰卧人的头两侧，两人相互用两手分别握住对方的脚踝，然后连续做双人前滚翻或后滚翻练习。

㉒"扫地"跳跃。将绳握成多段，由下蹲姿势开始，用绳子做扫地动作，两脚不停顿地进行跳跃练习。

㉓交叉摇绳。练习者将两手相互交叉进行摇绳，每摇一两次，就采用单脚或双脚跳长绳一次。

㉔追逐拍、救人。学生分散站在场内，指定4名引导人为追逐者，其他学生闪躲逃跑。当有人被追到时，需马上原地站立，两手侧平举。此时，同伴则可去拍肩救他，使之复活逃脱。

（2）足球灵敏素质训练注意事项

①当足球训练学生处于身体疲劳状态时，应避免进行灵敏素质训练，因为此时进行此类训练不仅难以达到预期效果，还可能增加受伤风险。通常，灵敏练习应被安排在足球课程的基本部分之初，此时学生精力充沛，反应最为敏捷。同时，为了保持训练效果与学生的注意力集中，练习重复次数应适度控制，避免练习过多导致疲劳积累。练习期间应设置充足的间歇时间，一般建议练习与休息的比例为1∶3，来保证学生有足够的时间恢复体力与精神状态。

②鉴于灵敏素质是多种身体素质的综合体现，尤其是与速度、力量素质紧密相连，因此在安排训练内容时，应注重与其他素质的融合与结合。训练要求必须明确具体，以便学生能够准确理解并执行训练计划。通过综合性的训练，可以全面提升学生的灵敏素质，使其在比赛中能够迅速、准确地做出反应。

③为了激发学生的训练兴趣与积极性，足球灵敏素质的训练方法应富有趣味性和竞争性。在注重动作质量的同时，也要强调动作的及时性、准确性、轻松感与协调性。通过设计富有挑战性与趣味性的训练内容，可以使学生在轻松愉快的氛围中提高灵敏素质。

④灵敏训练应注重动作的多样化与实战化。应尽可能结合比赛中会遇到的各种动作灵敏特点来设计训练内容，使学生在训练中就能适应比赛中的实际需求。同时，在训练环境中也应力求模拟比赛中的背景条件，如场地布置、对手压力等，使学生能够在接近实战的环境中提高灵敏素质与应变能力。

2.足球专项灵敏素质训练

足球专项灵敏素质训练方法主要有以下几种。

①进行身体各部位的颠球练习。

②带球过杆练习。

③进行各种挑反弹球。

④将球踢向身后,然后迅速向前绕过障碍折回接反弹球练习。

⑤距墙约10米远,利用两个球,快速、连续地对墙踢。

⑥带球跑。做带球跑练习,并在运球的过程中做各种颠耍、虚晃、起动、拨挑、回扣等动作。

⑦"扫地"跳跃训练。将绳握成多段,从下蹲姿势开始,将绳子做扫地动作,两脚不停顿地做跳跃练习。

⑧冲撞躲闪。2人一组,慢跑中试图冲撞对手,对手尽可能躲闪。

⑨跳波浪绳训练。教练与一名队员双手握一根长绳子,并把绳子上下抖成波浪形,队员必须敏捷地从上跳过,谁碰到绳子就与摇绳者交换。

⑩虚晃摆脱。3人一组,甲传球,乙盯防,丙利用左右虚晃动作突然摆脱乙或利用前跑反向要球。练习中甲与丙相距5米左右,乙紧逼丙,三人轮换职能。练习中丙要注重动作的突然性及身体在各种姿势下的控制能力。

⑪进行多种障碍跑训练,在一区域内设置各种障碍,要求队员用跳、爬、滚翻、跑等动作尽可能快地完成。

(二)足球训练学生的柔韧素质训练

1.足球一般柔韧素质训练

足球一般柔韧素质训练方法的种类很多,在此选择几种较为常用的训练方法予以说明。

(1)腿部柔韧性训练方法

①跪坐压脚面。

②压腿。将脚放在一定高度上,另一条腿站立脚尖朝前,然后正压(勾脚)、侧压、后压。

③弓箭步压腿。

④摆腿。进行向内摆腿或向外摆腿。

⑤踢腿。原地扶把杆或者行进间做正踢（勾脚）、后踢、侧踢。

⑥前后劈腿。既可以一个人前后振压，也可以将腿部垫高，由同伴帮助进行下压。

⑦左右劈腿。练习者要仰卧在垫子上，采用直腿或屈腿均可，由同伴扶住腿部进行不断下压练习。

⑧控腿。手扶支撑物体，前控、侧控、后控。

⑨在特制不同形状的练习器上练习脚腕不同方位的柔韧性。

⑩负重深蹲，脚跟不离地使脚尽量弯曲。

（2）手指手腕柔韧性训练方法

①握拳、伸展反复练习。

②手腕屈伸、绕环。

③两手五指交叉直臂头上翻腕，掌心朝上。

④用左手掌心压右手四指，连续推压。

⑤两手五指相触用力内压，使指根与手掌背向呈直角或小于直角。

⑥左、右手指交替抓下落的棒球（或小铅球）。

（3）腰腹部柔韧性训练方法

①向后甩腰练习。

②弓箭步转腰压腿。

③体前屈手握脚踝，尽量使头、胸、腹与腿相贴。

④站在一定高度上做体前屈，手触地面。

⑤两脚前后开立，向左后转，向右后转，来回转腰。

⑥分腿坐，脚高位体前屈，同伴可适当用力压其背部助力压。

⑦肩肘倒立下落呈屈体肩肘撑。

⑧分腿体前屈，双手从腿中间后伸。

⑨后桥练习，逐渐缩小手与脚距。

⑩双人背向，双手头上握或互挽手臂互相背。

（4）肩关节柔韧性训练方法

①手扶在一定高度做体前屈压肩。

②面向墙一脚距离站立，手、大小臂、胸触墙压肩（逐渐加大脚与墙的

距离)。

③双人手扶对方肩,体前屈直臂压肩。

④两人互相以手搭肩,身体前倾,向下有节奏地肩压。

⑤双人背向两手头上拉住,同时做弓箭步前拉。

⑥背对肋木坐,双手头上握肋木,以脚为支点,挺胸腹前拉起呈反弓形。

⑦背向肋木站,双手反握肋木,下蹲下拉肩。

⑧侧向肋木,一手上握另一手下握肋木向侧拉。

⑨体前屈坐垫子上,双手后举,同伴握其两手向前上推助力拉。

⑩转肩。用木棍、绳或橡皮筋做直臂向前、向后的转肩(握距逐渐缩小)。

⑪吊肩。杠悬垂或加转体;单杠负重静力悬垂;单杠各种握法(正、反、反正、翻等握法)的悬垂摆动;单杠悬垂,两腿从两手间穿过下翻成后吊。

(5)胸部柔韧性训练方法

①墙面辅助压胸法。站立于墙面之前,双手臂高举并轻轻扶于墙上。随后,进行抬头挺胸的动作,并尝试将胸部逐渐贴近墙面。在此过程中,下压的幅度由小至大,逐渐增加,以感受胸部的拉伸与伸展。此方法旨在通过墙面的支撑与反作用力,有效增强胸部的柔韧性。

②虎伸腰压胸法。采用跪立的姿势,两手臂自然放置于地面,并稍微向前伸展。随后,主动用力伸臂,同时挺胸并尝试向下压胸。此动作需要注意的是,整个过程中应保持身体的稳定与平衡,避免因动作不当而受伤。虎伸腰压胸法能够有效拉伸胸部肌肉与韧带,提高胸部的灵活性。

③同伴辅助拉肩振胸法。练习者双腿并拢坐于垫子上,双手臂高举过头。此时,可由同伴站在练习者身后,用脚轻轻蹬住其肩背部以提供稳定的支撑。接着,同伴用手握住练习者的双手,并缓缓向后拉动,同时练习者需配合进行向后拉肩与振胸的动作。这一方法通过同伴的辅助力量,能够更深入地拉伸胸部肌肉群,促进胸部柔韧性的提升。

④俯卧背屈伸挺胸法。练习者采取俯卧姿势,保持腿部不动并紧贴地面。随后,用力抬起上半身,同时挺胸并尽量向上延伸。在此过程中,动作要流畅与连贯,避免使用过多的腰部力量。俯卧背屈伸挺胸法能够全面锻炼胸部的肌肉与韧带,增强其柔韧性与力量感。

（6）足球柔韧素质训练注意事项

①训练时机与准备。足球柔韧素质的训练通常应安排在课程准备部分的后期，此时身体已初步预热，更易于进行柔韧性的拉伸。当身体处于疲劳状态或练习部位存在损伤时，应避免进行柔韧训练，以免加重负担或导致伤害。此外，训练前必须充分进行准备活动，使身体各部位逐渐进入运动状态，训练时动作幅度应由小逐渐增大，节奏由慢到快，以避免突然的大幅度拉伸导致肌肉或韧带拉伤。训练结束后，应进行适当的放松练习，帮助肌肉恢复，减少酸痛感。

②柔韧与力量的平衡。在柔韧素质训练中，需要特别注意柔韧与力量的关系。柔韧性的提升不应以牺牲肌肉力量为代价，而应追求肌肉的弹性与力量的并存。因此，在训练过程中，应避免单纯消极的被动拉伸，而应通过积极的拉伸动作，使肌肉在保持柔韧性的同时，不失其收缩力量。这样，球员在比赛中才能既柔韧又充满力量。

③持续巩固与敏感期把握。柔韧素质虽然相对容易发展并见效，但其消退速度也相对较快。因此，为了保持和提升柔韧素质，必须经常进行巩固训练。同时，应抓住柔韧素质发展的敏感期，充分利用这一时期进行针对性的训练，以取得事半功倍的效果。

④循序渐进与综合考量。柔韧训练应遵循循序渐进的原则，根据球员的实际情况和训练进展，逐步调整拉伸力量的强度、重复次数和练习时间等因素。在训练过程中，要注意观察球员的反应和表现，及时调整训练计划，避免过度训练导致的伤害。

⑤结合比赛需求。为了提高柔韧素质在比赛中的实际应用效果，柔韧练习应尽可能与比赛中对柔韧素质要求较高的技术动作结合进行。这样不仅可以使球员在训练中更好地模拟比赛场景，提高训练的针对性和实效性；还可以使球员在比赛中更加自如地运用所学技术动作，提高比赛表现。

2.足球专项柔韧素质训练

足球专项柔韧素质训练方法主要有以下11种。

①以膝关节为轴，做小腿用力向后踢、内踢、外踢的练习。

②做弓步、踢腿、仆步压腿、下腰练习。

③做正面或背向肋木前、后压腿练习。

④做各种踢球、顶球和抢截球等技术动作练习。

⑤做脚尖、脚内侧、脚外侧行走练习。

⑥做站立（或靠墙站立）体前屈下压，做背伸、展腹屈体、腿肌伸展练习。

⑦模仿内扣、外扣动作，单腿连续做内转、外转。

⑧模仿内、外侧颠球动作，单、双腿连续做内翻、外翻。

⑨模仿和结合球的大幅振摆腿、铲球、摆腿、踢侧身凌空球、倒钩射门等练习。

⑩跪在垫子上，利用体重前后移动压足背，也可将足尖部垫高，使足背悬空做下压动作，增加练习难度。

⑪跪压正脚背（上体后仰、轻轻振压）及全脚背着地的俯卧撑，以拉长脚背韧带和小腿前肌群。

第二节　校园足球的技术系统训练

在足球运动过程中，高校足球训练学生通过运用各种技术动作来达到相应的攻防目的，其技术水平的高低在一定程度上决定了足球运动的水平。因此，下面对高校足球运动的技术训练进行分析和研究。

一、足球运动技术概述

（一）足球技术概述

足球技术，作为足球训练学生长期实践、逐步完善与发展的精髓，涵盖了进攻、防守及队员间精妙配合所需的一系列合理动作。这些技术不仅是球员在足球场上采取有效行动、达成比赛目标的基础，更是随着足球运动日新月异的发展而不断进化，趋向于全面性、速度与实用性的高度统一。

足球技术的复杂性在于其囊括了丰富的有球与无球技巧，每一项技巧都要求球员在激烈的对抗环境中，保持高度的专注与应变能力，精确无误地执行。此外，球员在场上的角色定位与位置差异，也决定了他们需要掌握并精通各自位置特定的技术要领。因此，对于足球训练学生而言，不仅要熟练掌握多样化的技术动作，还需根据比赛形势与个人职责，灵活调整策略，以应对瞬息万变的赛场局势。❶

（二）足球技术的基本分类

足球运动包括锋卫队员技术和守门员技术，而这两类技术都可分为有球技术和无球技术两类。

二、足球运动有球技术及其训练

（一）传接球技术及其训练

1. 传接球技术

（1）脚内侧接空中球

面对来球，需迅速判断并移动至最佳接球位置。对于抛物线较低的平空球，应灵活选择接球点高度，使脚内侧能够准确对准球路并主动前迎。在脚接触球的瞬间，迅速向后下方撤引，以控制球的落点与力度，使球能稳稳落在所需位置。

（2）脚背外侧接反弹球

根据球的反弹落点，迅速调整站位，使支撑脚位于落点侧后方，为接球提供稳定支撑。接球动作中，除触球部位（脚背外侧）外，其余环节（如站位、重心分布等）与脚背外侧接地滚球相似，需保持身体平衡与动作流畅。

（3）脚背正面接抛物线来球

针对高空下落的抛物线来球，需提前预判球的落点并移动到合适位置。脚背正面主动上迎下落中的球，同时调整脚与球下落速度的同步下撤，使得接触瞬间力量适中。在此过程中，大腿、膝关节、踝关节及脚趾均需保持适度紧张，脚尖微翘以更好地控制球的方向与力量，将球准确接到所需位置。

（4）挺胸式接球

面对来球，双脚可采用左右或前后开立姿势，两膝微屈以降低重心，增强稳定性。上体后仰，下颌微收，两臂自然张开以维持身体平衡。在球接触胸部

---

❶ 易剑东，袁春梅. 中国足球发展指数研究 [M]. 天津：南开大学出版社，2022.

的瞬间，迅速伸直膝关节，双脚蹬地发力，胸部轻托球的下部使球弹起于胸前上方，便于后续动作衔接。

（5）头部接球

针对高空来球，需准确判断球的运行路线并面向来球站立。用前额正面中部稍偏下的位置接触球的中下部，同时下颌微抬，两臂自然张开以增加稳定性。触球瞬间，全脚掌着地并提踵伸膝以缓冲球的力量，同时屈膝、塌腰、缩颈等全身动作协调配合，将球稳稳接在所需区域。

2.传接球技术训练

在推动高校足球发展的过程中，传接球训练应采用科学且富有挑战性的方法，特别注重从青少年阶段就开始培养学生的关键技能与意识。

（1）抛接球训练

两人一组，面对面站立于相距约5米的起始位置，这一距离旨在提供一个相对安全且适合初步练习的空间。训练开始时，一人负责用手抛球，模拟比赛中的传球动作，而另一人则专注于练习接各种来自空中的球，调动包括大腿、腹部、胸部和头部等身体部位。

随着训练的深入，可以逐步增加两人之间的距离，以挑战接球者的反应速度、判断能力和移动灵活性。同时，抛球者也可以逐渐加大抛球的力量，甚至增加球的旋转，以模拟比赛中更为复杂多变的来球情况。这样的训练安排有助于接球者适应不同速度、力度和旋转的球，提升其接球的稳定性和准确性。

（2）跑动中传接球训练

训练时，两人保持一定距离，在限定的范围内自由跑动，通过不断地传球与接球来锻炼技能。这一过程中，重点要求接球者尝试使用多种不同的方法来接球，包括脚内侧、脚背、大腿、胸部、头部等，以此提高身体的灵活性和接球的全面性。

同时，传球者也被鼓励传出各种性质的球，如直线球、弧线球、高吊球、低平球等，以适应不同距离和接球者位置的变化。当两人距离较近时，以地滚球为主，强调传球的准确性和控制力；而当距离较远时，则更多地采用空中球，锻炼接球者的判断力和空中接球能力。

（二）踢球技术及其训练

1.踢球技术

（1）脚背正面踢球

①脚背正面踢定位球。助跑与支撑：采用直线助跑方式，最后一步步伐应适当加大，支撑脚积极着地，置于球侧面10厘米至12厘米处，膝关节微屈，为踢球做准备。

踢球动作：踢球腿随跑动自然向后摆动，支撑瞬间以髋关节为轴心，大腿带动小腿快速前摆。当膝关节摆至球正上方附近时，小腿爆发式前摆，脚趾屈紧，以脚背正面精准击中球的后中部。击球后，身体与踢球腿自然随球前移。

②脚背正面踢地滚球。助跑与支撑：同样直线助跑，最后一步步伐加大，支撑脚积极踏在球侧方10厘米至15厘米处，脚尖对准出球方向，膝关节微屈。

踢球瞬间：踢球腿同时向后摆动，膝部弯曲。支撑脚着地瞬间，大腿带动小腿快速前摆，以髋关节为轴旋转，膝盖摆至球垂直上方时，小腿加速前摆，脚背绷直，脚趾紧扣，击打球的后中部。踢球后，身体跟随前移，并顺势跨出一两步以维持平衡。

③脚背正面踢体侧凌空球。判断与准备：准确判断来球路线，确立击球点。身体侧向出球方向，上体向支撑脚侧倾斜，为踢球创造良好姿势。

踢球动作：球落至髋部高度时，踢球腿大腿高抬至接近平行地面位置，以大腿带动小腿急速挥摆，脚背正面准确击中球中部，实现有力且精准的凌空抽射。

④脚背正面踢反弹球。预判与准备：根据来球速度和轨迹，精准预判球的落点、落地时间及反弹路线。身体正对反弹方向，支撑脚踏在球侧方。

踢球时机：球即将落地时，踢球腿小腿急速前摆，于球刚反弹离地瞬间，以脚背正面踢球的后中部，确保力量与方向的精准控制。

⑤脚背正面凌空踢倒钩球。选位与起跳：依据来球速度及轨迹，精准选择击球点并迅速移动到位。以踢球腿为起跳腿蹬地起跳，同时另一腿上摆，保持身体平衡。

空中踢球：身体后仰腾空过程中，蹬地腿离地后迅速上摆，另一条腿向下摆动以维持空中平衡。脚背正面于最高点踢球的后部，使得力量与角度完美结合。

落地缓冲：踢球后，两臂微屈手掌向下，手指指向头部反方向准备着地，随后屈肘、背部、腰部至臀部依次滚动式安全着陆，减少冲击伤害。

（2）脚背内侧踢球

①脚背内侧踢定位球。助跑与支撑：采用斜线助跑方式，助跑方向与出球方向约呈45°，最后一步步伐需适当加大。支撑脚积极着地，脚尖明确指向出球方向，并置于球内侧后方20厘米至25厘米处，膝关节保持微屈状态。

踢球动作：在支撑脚着地的同时，踢球腿已完成充分后摆，并开始以髋关节为轴心，大腿引领小腿由后向前快速摆动。当大腿摆至与支撑腿几乎处于同一水平面时，小腿执行爆发式前摆，脚背绷直且脚尖向外旋转，精准运用脚背内侧部位击球的后中部。击球瞬间后，踢球腿及身体自然随球前移，保持动作连贯性。

②脚背内侧踢空中球。判断与准备：依据来球的速度与运行轨迹，精准预判击球点并迅速移动到位。身体侧向出球方向站立，采用来球异侧脚作为支撑脚，脚尖对准出球方向，身体自然向支撑脚一侧倾斜，腹部展开以增加稳定性。

踢球瞬间：支撑脚稳固站位后，大腿带动小腿自后向前迅猛摆动。当大腿轨迹接近与击球点成直线时，小腿实施爆发式前摆，利用脚背内侧精准触击球的后中部。同时，身体随击球动作向出球方向扭转，目光始终锁定在球上。踢球后，踢球腿顺势前摆，帮助维持身体平衡。

③脚背内侧削踢定位球。技术特点：削踢定位球强调脚背内侧对球后中部的精准击打，但摆腿轨迹不直接穿过球心，而是沿弧线轨迹前摆。这一技巧旨在使球产生侧旋，沿特定弧线运行。

踢球细节：在击球瞬间，踝关节需用力向内旋转，这是产生侧旋效果的关键。通过这一细微动作，脚背内侧不仅击打球的后中部，还赋予球以侧旋力量，使其按照预定弧线轨迹飞行。整个过程中，踢球腿的摆动轨迹、踝关节的旋转力度以及击球点的精确控制共同决定了球的飞行轨迹与旋转效果。

（3）脚内侧踢球

①脚内侧踢定位球。助跑与支撑：采用直线助跑方式，支撑脚前的最后一

步应适当加大步幅,以稳定重心并积蓄力量。支撑脚稳稳站在球的侧面,距离约15厘米,脚尖精确对准出球方向,支撑腿膝关节微屈,保持身体平衡。

踢球动作:在支撑脚触地的瞬间,踢球腿的大腿迅速带动小腿由后向前摆动,同时大腿外展,为踢球创造有利条件。当膝关节摆动至接近球的正上方时,小腿执行爆发式前摆,触球前将脚跟送出,保证脚内侧形成的平面与出球方向垂直。踢球脚脚底平行于地面,脚尖微微上翘,踝关节功能性紧张,固定脚型。触球后,身体自然跟随移动,髋关节向前推送,完成整个踢球动作。

②脚内侧踢地滚球。站位与准备:面对来球,支撑脚迅速踏在预计踢球点的侧方,距离约15厘米,膝盖微屈以稳定身体。踢球腿以髋关节为轴心,轻微向后摆动,为前摆蓄力。

踢球瞬间:前摆时,膝关节外转,带动脚迅速外转约90°,脚尖微微翘起,脚掌保持与地面平行。踢球时,脚腕用力绷紧,以脚内侧精准触击球的后中部。触球后,踢球腿随球前摆,但幅度不宜过大,以免失去平衡。

③脚内侧踢反弹球。判断与站位:根据来球的落点,迅速调整支撑脚的站位,使其与踢定位球时相对于球的位置保持一致。通过快速移动,使球反弹前到达理想击球点。

踢球动作:踢球腿的摆动方式与踢定位球时相同,注重大腿带动小腿的快速前摆。在球触地并刚弹离地面的瞬间,迅速用脚内侧击球的中部。触球时机与力度的掌握是关键,需保证在球反弹力量达到最大之前完成击球,以获得最佳的击球效果。

(4)脚背外侧踢球

①脚背外侧踢定位球。技术基础:脚背外侧踢定位球的技术基础与脚背正面踢球相似,包括助跑、支撑脚站位和踢球腿摆动三个关键环节。

触球细节:关键在于脚触球时使用脚背外侧部位。要求膝关节与脚尖内转,脚背紧绷,脚趾紧屈并提膝,以形成稳定的击球面。触球瞬间,力量通过脚背外侧传递至球上,随后身体随踢球腿的摆动自然前移。

②脚背外侧踢地滚球。技术要点:与踢定位球相比,踢地滚球时支撑脚的站位需特别考虑球的滚动速度。通过调整站位,在脚触球的瞬间,支撑脚与球的相对位置符合技术要求,以保证踢球的准确性和力量。

应用场景：地滚球踢法灵活多变，适用于踢向前方、侧前方、正侧方及侧后方滚动的地滚球，为球员在比赛中提供了丰富的传球选择。

③脚背外侧弹踢球。动作特点：弹踢球强调以膝关节为轴，小腿进行爆发式的弹摆动作。摆动方向多样，包括前摆、侧前摆和侧摆，以适应不同的传球需求。

优势与应用：由于踢球腿摆幅小且以小腿摆动为主，弹踢球具有动作迅速、突然且隐蔽性强的特点。在快速运球过程中，这种踢法常被用于出其不意的传球，有效打乱对方防守节奏，提高球队的进攻效率。

（5）脚跟踢球

脚跟踢球作为一种独特的踢球方式，以其力量虽小却方向突变、隐蔽性强的特点，在足球比赛中也能发挥独特作用。

①脚跟踢内侧球。动作描述：踢球时，踢球脚自然且流畅地跨至球的前方，随后屈膝提腿，为踢球动作蓄力。在准备充分后，小腿迅速而有力地执行向后摆动，同时脚尖向上翘起，形成一个稳固且有力的击球点。此时，利用脚后跟精准地击球的前中部，将球向后踢出，实现出球方向的突变，增加对手预判的难度。

技术要点：强调动作的突然性与隐蔽性，通过小腿的快速后摆与脚尖的翘起，使得脚后跟能够准确且有力地接触到球的前中部，实现有效的踢球效果。

②脚跟踢外侧球。动作描述：踢球脚首先自然向前摆动，当摆动至超过支撑脚的位置时，迅速且果断地向支撑脚一侧进行交叉后摆。在这一过程中，脚尖依然保持翘起状态，以形成稳定的击球面。随后，利用脚后跟精准地击球的前中部，将球向后踢出，同样实现出球方向的突变，为球队创造进攻机会。

技术要点：关键在于交叉后摆动作的迅速与准确，以及脚后跟对球前中部的有力一击。这一技巧要求球员具备良好的身体协调性与空间感知能力，使得在快速变化的比赛环境中仍能准确执行踢球动作。

2.踢球技术训练

（1）无球模仿训练

在地面目标前，我们首先进行无球状态下的跨步踢球动作设想，模拟足球运动中的初步触球准备。随后，逐渐过渡到包含几步慢速助跑的踢球模仿练习，这一阶段旨在培养身体协调与节奏感，同时体会助跑对踢球力度与准确性的正面影响。

随着练习的深入，我们需将慢速助跑提升至快速助跑，模拟比赛中的真实场景，进行快速助跑踢球的模仿动作训练。在这一阶段，尤为重要的是要始终保持对"设想球"的清晰感知，即在脑海中构建一个虚拟的足球位置与运动轨迹，这有助于提升预判与反应能力。

（2）踢固定球训练

在足球训练中，一位球员首先将球稳稳地踩在脚下，保持球的静止状态，以便另一位球员能够专注于脚部触球的练习。随后，第二位球员开始用脚的不同部位，如脚尖、脚内侧、脚外侧以及脚背等来尝试踢球，通过实际接触来深刻体会每个部位触球时的感觉与效果。

这种练习方式有助于球员精确地掌握脚部不同位置对球的控制力、旋转度以及飞行轨迹的影响。通过反复尝试与调整，球员能够逐渐熟悉并熟练运用各种脚法，从而在比赛中根据场上形势灵活选择最合适的踢球方式。

（3）对墙踢定位球训练

在提升足球踢球技术的训练中，练习者首先面对一堵稳固的墙站立，将球平稳地放置于地面上作为起始点。随后，练习者以不同的跑步姿势迅速接近球，并运用多样化的踢球技术动作，如脚尖轻挑、脚内侧推射、脚外侧拨球以及脚背抽射等，轻轻地将球踢向墙面。这一过程中，练习者需全神贯注于脚与球的接触瞬间，使球能按照预期的方向和力度反弹回来。

随着练习的深入和技术的日益熟练，练习者可以逐渐增大自己与墙之间的距离，并尝试加大踢球的力量，以挑战更高的难度和更远的距离。然而，无论距离和力量如何变化，始终都应将重点放在脚触球部位的正确性上，因为这是决定踢球效果和精度的关键因素。

（4）射门训练

在足球射门训练中，练习者站在罚球区线上，面对球门，而在球门与练习者之间，巧妙地设置了两面小旗作为障碍物，旨在增加射门的挑战性。训练初期，不设定具体的射门方向，练习者需运用各种脚法，灵活绕过小旗，将球射入球门即可。这样的设置旨在让练习者熟悉射门流程，同时锻炼其观察、判断及应变能力。

（5）突然变向后的踢球训练

在足球传球与运球结合的训练中，两人组成一组，彼此间保持约40米的距离站立。在训练场地的两端，各自设有一对相距约3米的标志物，它们以斜线方式排列，为练习者设定了明确的绕行路径。

训练开始时，有球队员首先进行运球，快速而敏捷地绕过自己一侧的标志物，随后在保持速度的同时，迅速起脚完成踢球动作，将球精准地传向对面等待的队友。对面队员在接到球后，同样需要展现出快速的反应和稳定的控球能力，立即开始运球并绕过自己一侧的标志物，紧接着也完成一次流畅的踢球动作，将球传回给对面的队友。

（三）运球技术及其训练

1. 运球技术

（1）正脚背运球

正脚背运球，这一技巧强调跑动中的身体前倾与步幅放大。运球脚在提起的瞬间，膝关节需适度弯曲，脚尖朝下，利用脚背的正面区域以推拨的方式推动球体前进。此技术适用于开阔场地上的快速带球推进。

（2）脚背内侧运球

脚背内侧运球，此技术对身体放松度与步幅控制有较高要求。运球时，身体自然放松，步幅宜小，上体需略向运球方向倾斜。运球脚在提起时，膝关节微弯，脚跟抬起，踝关节向外展开，脚尖斜向下方，以脚背内侧区域轻柔推拨球体前行。此技巧在需要精细控球或改变方向时尤为有效。

（3）脚内侧运球

在运用此技术时，支撑腿需向前跨出一步，落于球体侧前方，膝关节微屈以维持平衡，重心则完全置于支撑脚上。上体适度前倾，以指向带球方向，同时，运球脚内侧应准确推拨球体的后中部，使球体能够平稳前进。该技术适用于密集防守区域或需要频繁变向的场合。

（4）脚背外侧运球

脚背外侧运球，该技术对身体自然放松状态有较高要求，上体需轻微前倾，两臂自然摆动以维持身体平衡，步幅不宜过大。运球脚在提起瞬间，膝关节弯曲,脚跟提起,踝关节向内旋转,脚尖指向内侧斜下方,利用脚背外侧区域推拨球体前行。

(5)运球过人

作为运球技术的综合运用与升华,运球过人要求球员在掌握上述运球技巧的基础上,结合场上形势与对手防守态势,灵活运用身体假动作、变速变向、传球与射门等多种手段,以突破对方防守并完成进攻任务。这需要球员具备出色的技术功底、敏锐的观察力、快速的反应能力以及良好的心理素质。

2.运球技术训练

(1)拨球训练

拨球训练,设定一个固定的练习区域,球员在固定区域内自由运球以热身。听到教练哨声后,立即以一只脚为固定支撑点,另一只脚则交替使用脚背内侧与外侧进行拨球,围绕支撑脚做圆周运动。

(2)跑动中运球训练

跑动中运球训练,将球员分为两组,每组队员相距12米至15米相对站立,每人持一球。训练开始时,一组的第一名队员直线运球向前冲刺,到达场地对面边线时,另一组的第一名队员反向启动,形成往返运球的竞赛氛围。为增加挑战性,可要求球员在跑动中交替使用左右脚运球,或设定更快的速度标准、延长运球距离等,以全面提升球员的跑动运球能力。

(3)拉球训练

拉球训练,在指定区域内自由运球后,听到哨声指示,球员一只脚为稳定支撑,另一只脚用脚前掌轻触球顶,进行拉球动作,使球绕支撑脚做圆周运动。训练初期可缓慢进行,逐步加快拉球节奏与频率,强化球员对球的控制与脚下力量的精准度。

(4)扣拨组合训练

扣拨组合训练,设置折线跑道,球员沿折线运球前进。在折点处,运用右脚脚背内侧进行扣球动作,紧接着以右脚为支撑,左脚脚背外侧迅速向斜前方拨球,完成一次变向。随后,可依据需要选择继续运球或稍作停顿,再次以左脚为支撑,右脚脚背外侧推拨球进行下一次变向。此训练旨在提升球员的快速变向与双脚协调能力。

（5）快速转身运球训练

快速转身运球训练，两队球员保持适当距离并排站立，每队前方10米至15米处放置一根旗杆作为标志物。训练时，两队最前端的球员同时运球冲向旗杆，到达后迅速转身绕过旗杆并返回，将球交给本队下一位队员。通过反复练习，增强球员的快速转身与运球连贯性。

（6）运球过人训练

运球过人训练，在20米×30米的长方形场地内，两队球员分别站在对边线外。每队选派一名球员进入场地，一方持球进攻，试图突破对方防守到达对方边线；防守方则利用抢断技术阻止进攻。一旦球权转换，双方角色立即互换，直至一方成功将球运至对方边线。此训练模拟实战场景，提升球员的运球过人技巧与防守意识。

（7）运球变向训练

运球变向训练，利用圆锥形标志物划定一个边长为20米的正方形场地，分为四组进行。每两组正对而立，每组持有一个球。训练开始时，持球队员带球跑向对面队列，传球后迅速跑到对角线上的队列中等待。通过不断变换传球与跑动方向，增强球员的运球变向能力与团队协作意识。

（四）颠球技术及其训练

1. 颠球技术

（1）正脚背颠球

正脚背颠球，要求球员在颠球时，脚部向上方做有力的摆动，利用脚背正面（即跖骨与趾骨连接处）准确击中球的下部。击球瞬间，踝关节需保持固定，保证力量的直接传递与球的稳定性。颠球过程中，两脚可以交替颠球，以保证球能持续在空中，也可以单脚支撑，另一只脚连续颠球，以锻炼单脚控制力。整个颠球动作应流畅自然，用力均匀，使球始终保持在身体周围可控范围内。

（2）脚内、外侧颠球

脚内、外侧颠球，这项技术需要球员抬腿屈膝，将身体重心移至支撑脚上，然后利用脚的内侧或外侧（即脚弓或脚外侧）向上摆动，准确击球的下部。颠球时，两脚可以内侧或外侧交替颠球，模拟踢毽子的动作，也可以单脚连续击球以增加难度。此技术不仅考验球员的脚部灵活性，还有助于提升其双脚控球能力的均衡发展。

（3）大腿颠球

大腿颠球，强调抬腿屈膝的同时，将身体重心移至支撑脚上，随后用大腿的中前部位（即大腿肌肉最为发达的区域）向上击打球的下部。颠球过程中，两腿可以交替颠球，以保证球能持续在空中，也可以单脚支撑，用另一侧的大腿连续颠球以锻炼大腿力量与控球能力。大腿颠球要求球员具备良好的身体平衡感与腿部力量控制。

（4）肩部颠球

肩部颠球，需要球员在球下落至接近肩部高度时，迅速耸肩并用肩部（通常是上肩部或肩胛骨附近）击球的下中部，使球向上颠起。颠球时，两臂自然下垂或微屈肘以辅助维持身体平衡，两脚自然开立以保持稳定。肩部颠球对球员的身体协调性与空间判断能力要求较高，是提升全身控球能力的一种有效方式。

（5）头部颠球

头部颠球，此技术要求球员两脚开立，膝盖微屈以降低重心，同时用前额部位连续顶击球的下部。顶球时，两眼需紧盯球体以判断其运动轨迹与落点，两臂自然张开以维持身体平衡。头部颠球不仅能够锻炼球员的头部控制力与身体协调性，还能提高球员在空中的视野与判断能力。

2. 颠球技术训练

（1）一人一球颠球训练

①原地颠球：每位练习者手持一球，选择脚背正面、脚内侧或其他身体部位开始颠球。初期可专注于单一部位的颠球练习，以感受触球部位与力量的控制。随后，可尝试脚背正面与脚内侧交替颠球，以及高球与低球的交替练习，即先以正常高度颠球数次后，突然用力将球颠高，随后再降低颠球高度，如此反复。这种变化不仅增强了练习的趣味性，还能有效提升练习者的控球能力与反应速度。

②行进间颠球：在掌握原地颠球技巧后，练习者可尝试在移动中颠球。开始时，可缓慢前行，保持身体平衡与颠球的稳定性，尽量使球不落地。随着技

能的提升，可逐渐提高移动速度，增加颠球的难度与实战应用性。

（2）两人一球颠球训练

合作颠球，两位练习者面对面站立，相距适当距离，用脚背、大腿、头部等身体部位进行颠球。双方需准确掌握触球的力量与时机，确保球在空中稳定传递，尽量不让球落地。练习过程中，每人可在触球一次或多次后传给对方，通过不断地配合与调整，提升双方的默契度与控球能力。

（3）四五人一组颠球训练

①围圈颠双球：4～5人组成一个小组，围成一个圆圈，每人手持一球进行颠球。小组内可设定规则，如每人每次触球次数、触球部位等，也可自由发挥，根据个人喜好与技能水平进行颠球。在颠球过程中，需注意观察队友的动态，避免将球传给正在颠球的队员，保证练习的顺利进行。

②围圈颠传抢：同样由4～5人组成一个小组，但此次只使用一个球进行颠传抢游戏。小组内选出一名抢截者站在中间，其余队员围圈颠球并尝试将球颠传给同伴。抢截者需积极移动，尝试触球或使颠球者失误导致球落地。一旦抢截者成功触球或颠球者球落地，两者即交换角色，继续游戏。

（五）抢断球技术及其训练

1. 抢断球技术

（1）正面抢球

①正面跨步堵抢：在准备实施正面跨步堵抢时，抢球者需保持两脚前后开立，身体微微前倾，重心降低并均匀分布于两脚之间，以稳定的姿态迎向运球者。当双方距离缩小至抢球者能够跨出一大步触及球的范围时，应密切关注运球者的触球动作。一旦运球者触球脚即将落地或刚刚落地，抢球者应立即启动，后脚用力蹬地并向前跨步，同时用脚内侧迅速封堵球路。若成功堵住球，另一只脚应迅速跟进作为支撑，而抢球脚则在不脱离球的情况下轻柔提拉，使球从对方脚下滚过，同时抢球者身体重心紧随球动，来有效控制球权。

②正面铲球：当需要采取更为激进的防守方式时，抢球者可选择正面铲球。此时，需保持膝关节微屈以降低重心，快速向控球者逼近。在控球者触球脚即将完成触球动作但球尚未落地之际，抢球者应果断双脚沿地面滑铲而出，

准确击中球体。铲球完成后，应立即用手撑地翻滚缓冲，随后迅速起身准备下一个动作。

（2）侧面抢球

①异侧脚铲球：在侧面防守中，若双方均处于高速跑动状态且难以用常规动作触球时，防守者可考虑采用异侧脚铲球。根据与球的距离和角度调整步伐，利用同侧脚蹬地产生的力量使身体跃出，同时异侧脚沿地面向球快速滑出，以脚底精准铲球。铲球后，可根据情况选择小腿外侧、大腿外侧依次着地缓冲或直接向铲球腿一侧翻滚起身，使动作流畅且迅速恢复到防守姿态。

②合理冲撞抢球：在并肩追球的过程中，防守者可巧妙运用合理冲撞技巧来干扰对手并争取球权。此时应适当降低重心以增强稳定性，同时靠近对手的一侧手臂紧贴身体以减少空气阻力。当观察到对方同侧脚离地的瞬间抓住时机利用肘关节以上部位（避免使用肘部以下可能导致犯规的动作）适度冲撞对手相应部位造成其失衡。在此基础上迅速上前控制球权实现抢断。合理冲撞不仅要求技术精准还需要具备良好的判断力和场上意识以确保防守行为既有效又合规。

2. 抢断球技术训练

抢断球技术训练应与实战相结合，在激烈的对抗情况下进行训练，才能收到理想的效果。

（1）原地抢球训练

两人一组，甲脚前放球，乙与甲相距2米，乙上步做正面脚内侧堵抢训练，当乙脚内侧触球瞬间甲也用脚内侧触球。让乙体会上步动作及触球部位。两人轮换训练。

（2）运动抢球训练

两人一组，相对站立，甲运球跑向乙（慢速），乙选择好时机进行正面脚内侧抢球；当甲、乙在训练中同时触球时，乙立即提拉球，将球拉过甲的脚面并控制住球，甲、乙体会抢球提拉时机。两人轮换训练。

（3）合理冲撞训练

两人一组，两人同方向慢跑，在跑的过程中两人做合理冲撞，体会冲撞的时机、部位、用力等。

（4）合理冲撞争抢球训练

两人一组，球在两队员前 5 米处，听到口令后两人同时向球跑去，跑进过程中选择适当的位置和时机合理冲撞将球控制。

（5）铲球训练

练习者将球放在前面某一位置，从原地跑出做铲球动作。动作熟悉后，练习者可将球沿地面缓慢抛出后追球跑进将球铲掉。

（6）抢截球训练

抢截球技术可与射门或传球技术结合训练，在训练过程中根据不同的训练任务，对攻守方分别提出不同的要求。

（六）头顶球技术及其训练

1. 头顶球技术

（1）前额正面头顶球

①前额正面原地头顶球。站立准备时，身体正面迎向来球方向，双脚自然分开站立（可选择左右开立或前后开立），膝关节微屈以保持身体平衡，重心稳定地置于两脚之间或略微偏向后脚，双臂放松并自然下垂或微张以维持身体姿态。当球接近并即将垂直于地面的瞬间，迅速做出反应，身体前倾摆动，双腿同时用力脚蹬地，头部微收以调整角度，颈部在触球刹那进行快速而有力的振动，保证前额正面精准击打球体中部，随后上体随球势自然前移。

②前额正面原地跳起头顶球。首先，降低身体重心，双膝微屈，做好起跳准备。紧接着，双脚猛然蹬地发力，带动身体向上跃起，同时双臂屈肘向上摆动以辅助提升高度。在身体上升过程中，腹部与胸部展开，背部形成自然的弓形，双眼紧盯来球轨迹，双臂保持张开状态以维持空中平衡。当球到达额头前方适宜位置时，迅速收腹并前摆上体，颈部进行爆发性振动，用前额正面果断顶出球。顶球后，双腿顺势向前摆动，随后屈膝屈踝平稳落地。

③前额正面跑动跳起头顶球。针对来球的速度与轨迹，预先判断并选定最佳起跳位置，迅速调整步伐跑向起跳点。在起跳前，最后一步步伐稍大，以便积蓄更多力量。起跳时，起跳脚猛然蹬地发力，同时非起跳腿屈膝上提，双臂屈肘自然上举以辅助身体起跳。之后的动作流程与原地跳起头顶球相似，即在身体上升阶段准确判断来球位置，适时收腹前摆上体，颈部发力振动前额正面

顶球，顶球完成后双腿前摆并屈膝屈踝安全着陆。

（2）前额侧面头顶球

①前额侧面跳起头顶球。起跳阶段与前额正面跳起头顶球无异，均要求迅速有力地蹬地起跳，双臂辅助提升高度，并在上升过程中保持身体平衡。然而，在前额侧面跳起头顶球中，关键在于身体上升时的侧摆动作。随着身体的上升，上体需主动向出球方向的相反侧倾斜摆动，为接下来的迎球动作做准备。当身体达到最高点时，上体需迅速向来球方向反方向摆出，同时颈部进行强有力的扭摆甩头动作，用前额侧面精准击中来球的后中部，将球顶向预定的区域。完成顶球后，注意身体落地时的缓冲，屈膝以降低冲击力，并保持身体平衡，避免跌倒。

②前额侧面跑动头顶球。前额侧面跑动头顶球的动作要领与原地额侧头顶球基本相似，但需在快速跑动中完成。因此，对球员的反应速度、预判能力和身体协调性提出了更高要求。在跑动过程中，球员需根据来球的方向和速度，提前调整跑动路线和起跳位置。起跳瞬间，起跳脚有力蹬地，同时非起跳腿屈膝上提以增加腾空高度。在空中顶球时，同样执行侧摆、反方向摆出和甩头等动作，用前额侧面击中球的后中部。完成顶球后，注意身体的平衡控制，避免因快速跑动和顶球动作而失去稳定。落地时同样需做好缓冲，以保护膝盖和脚踝等关节免受损伤。

2. 头顶球技术训练

（1）个人练习

①双手举球在头前，用前额正面或侧面去触击球。

②做各种头顶球的模仿动作练习。

③利用吊球进行练习。改变吊球架上足球的高度进行各种顶球练习。

④自抛球由墙弹回时，进行各种顶球练习。

（2）两人练习

①两人一组一球，面对面站立，间隔10米，一人抛球，另一人原地和跳起头顶球。

②两人一球，相距20米左右，甲脚传头顶球飞向乙，乙头顶回给甲。数次后轮换传、顶球。

③鱼跃头顶球练习。先进行鱼跃落地动作练习，较好掌握落地动作后，一人抛球，另一人在垫子上进行鱼跃头顶球练习。

④顶球射门练习。顶球队员站在罚球弧附近，掷球队员站在球门内或球门侧面将球抛至罚球点附近，顶球队员跑上顶球射门。

（3）多人练习

①向后顶球

组织形式：三人组成一个小组，站成一路纵队，彼此间保持6米至8米的间距。分别命名为甲、乙、丙。

练习内容如下。

基础向后顶球：甲首先用脚或手将球抛向乙，乙在接球后，不采用跳起方式，直接用前额将球向后顶给丙。丙在接到球后，同样采用非跳起方式将球抛回给乙，形成一个连续的向后顶球循环。

助跑跳起向后顶球：在基础练习熟练后，可增加难度，要求乙在接球后进行助跑跳起，用前额将球向后顶给丙。丙同样助跑跳起接球，并将球抛回给乙。

远距离高球向后顶球：为进一步提升练习效果，甲可以踢出远距离高球，乙需助跑跳起向后顶球，使得球能准确传至丙处，丙再抛回或踢回给甲。

②争顶球练习

组织形式：三人一组，其中一人担任传球队员，站在场地一侧，另两人则站在距离传球队员约20米开外的地方，分别扮演进攻者和防守者角色。

练习内容如下。

基础争顶球：传球队员向两人之间传出高球，进攻者与防守者同时启动，争抢头顶球。根据比赛规则，进攻者需尝试将球顶向特定区域（如边线外或另一指定点），而防守者则尽力阻止。两人轮换角色进行练习。

门前争顶球：将练习场景移至球门区域，传球队员站在球门一侧，向罚球点附近的两人传出高球（或模拟角球）。其中一人尝试向外顶球以转移进攻方向，另一人则全力向球门内顶球，模拟实战中的攻门场景。两人同样需轮换角色进行练习。

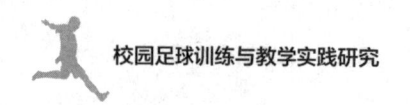

三、足球运动无球技术及其训练

（一）足球无球技术

1.起动

（1）原地起动

原地起动是足球比赛中，球员在经历一次高强度对抗或体能调整后，根据场上瞬息万变的局势，迅速调整自身状态，准备进入下一轮跑动的重要环节。起动瞬间，球员需展现出高度的敏捷性和爆发力。

（2）运动中起动

运动中起动则要求球员在行走或慢跑等持续位移过程中，根据场上形势变化，迅速调整步伐和速度，以适应比赛节奏的变化。

2.跑动

足球比赛中的跑，要求学生必须随时能够起动、急跑、急停或减速，并通过扭转虚晃身体来及时改变运动方向。足球比赛中的跑需要随时改变速度和方向，必须使身体重心降低并使脚接近地面；双臂的摆动应比正常冲刺跑的幅度小，这样有助于身体平衡及敏捷地调整步法。[1]

（1）快跑与中速跑

快跑与中速跑的策略需根据场上即时战况灵活调整。当旨在创造空间或寻找进攻机会时，应采用中速跑以维持体力与场上视野；而一旦发现对方防守出现"空当"，则应立即转换为快跑乃至全力冲刺，迅速插入并利用这些空间。在执行快跑与中速跑时，不仅要求动作规范，还需使身体重心稳固，通过降低前腿与膝盖的高度来增强稳定性和敏捷性。两臂的摆动需自然适度，既助力推进又保持平衡，同时需注意腿部动作的速度控制，避免不必要的腾空以减少能量损耗。

（2）冲刺跑

冲刺跑，它往往是后场抢断后迅速转守为攻的关键环节。此时，无球队员需敏锐洞察场上形势，选择最佳进攻路径，以爆发性的冲刺速度抢占最有利的

---

[1] 张洪江.踢球者青训营校园足球情境化训练课设计[M].长春：吉林大学出版社,2021.

位置，准备接应队友传球，给予对手致命打击。在冲刺过程中，动力源自强有力的蹬地动作，运动员应保持身体适度放松，头部稳定不晃动，摆臂快速有力但避免过度紧握导致肌肉紧张，从而保证冲刺的连贯性与高效性。

3. 晃动

晃动技巧，作为一种身体战术，其核心在于上身的有意识侧倾及围绕身体垂直轴的灵活扭转，旨在通过这些动作欺骗对手，诱导其重心偏移，进而失衡，最终达到突破防守的目的。在无球状态下，面对对手的紧密盯防，球员同样需运用晃动策略，巧妙利用肩、腿、髋及手臂的虚假动作，营造出即将发起进攻的假象，以此迷惑对手，创造空间。

晃动的效果，很大程度上依赖于球员对急停、起动及转身等无球技术的掌握程度。这些基本技术的纯熟运用，能够为晃动提供坚实的支撑，使得动作更加流畅自然，欺骗性更强。而稳定性，则是实现上身大幅度且逼真虚晃动作的关键。若缺乏足够的稳定性，晃动时的身体控制效果将大打折扣，不仅影响动作的执行效果，还会限制假动作的多样性和逼真程度，从而降低其战术价值。

4. 跳跃

（1）双足跳

把身体重量均匀地分布于前脚掌，两脚基本与肩同宽，身体稍向前倾，头不要向前伸得太远，有力地向上甩臂，寻求最佳的屈膝角度以跳得更高。

（2）单足跳

起跳时起跳腿置于身体前且脚跟先着地，身体稍向后倾以协助制动，起跳腿屈膝以便用力蹬地，后腿随屈膝动作摆起，同时两臂用力前上摆，力求全力向上，避免向前。

5. 保护

（1）倒地保护

倒地时不要硬撑，而是要迅速团身转体顺势滚动，然后迅速站起。

（2）跳起落地倒地保护

落地时身体失去平衡倒地，不要用手硬撑，而要迅速屈膝、团身、转体、顺势滚动，然后迅速站起。

（二）足球无球技术训练

1. 跳跃训练

在足球训练中，学生经常会采用以下八种训练方法进行练习。

①背向启动追球：学生背向教练员坐或蹲，教练从背后随机掷球，学生需迅速反应，起身并全力追赶球。此练习强调瞬间反应与爆发启动能力。

②多姿态起跑练习：采用头、脚、左侧身、右侧身等多种俯卧姿态面对起跑方向，接到教练视觉信号后迅速起身疾跑25～30米。训练间歇由初始的5分钟逐步缩短至30秒，每次递减10秒，以增强连续爆发力。

③翻滚起动跑：面对、背向、侧向起跑方向做滚翻动作后，立即起身疾跑25～30米。同样采用间歇递减法，从5分钟开始逐步缩短至30秒，提升反应与起身速度。

④特殊地面疾跑：在沙地、锯末地、泥泞地等特殊地形上进行25～30米疾跑，增强腿部力量与不同地面适应能力。

⑤坡度跑训练：进行在5°～10°的上坡站立式起跑或25～30米的斜坡跑，根据教练视觉信号启动，间歇时间递减，锻炼腿部力量与耐力。

⑥模仿跑与变速跑结合：在队长带领下，进行5组×10米的模仿跑，每组间歇180秒，恢复体力；随后在300～500米场地上进行变速跑，根据教练指示灵活调整速度，提高心肺功能与速度耐力。

⑦追逐摆脱游戏：在15米×15米区域内，两人一组进行追逐与摆脱游戏，每6分钟变换角色，锻炼战术意识、灵活性与反应速度。

⑧绕杆变速跑：设置高度不低于1.5米的立杆，间距由远及近（如从2.5米逐渐缩短至1.5米），进行30米绕杆跑。此练习强调变向能力与身体控制。

2. 变向变速训练

①全力冲刺与急停训练：进行15米全力冲刺训练，并在到达预设固定目标时迅速执行急停动作，重点练习减速与平衡控制。

②突然起动与转身变向：根据教练员手势，在10米至20米距离内突然起动，并执行向左、向右90°、180°或360°的转身下蹲及跳跃训练，提升反应速度与身体灵活性。

③反向跑动训练：在20米×20米的区域内，依据教练员手势进行与手势

方向完全相反的全力跑动，强化空间感知与反应能力。

④背向足球墙起动追球：两名学生背向足球墙，采用坐、俯卧、仰卧或下蹲等姿势准备。听到教练踢球撞墙的声音后，立即起动并全力追球，锻炼听声辨位与快速起动能力。

⑤跟随训练与综合动作：在中圈内，一名学生紧密跟随另一名学生进行突然起动、起跳、急停及卧倒等综合性动作训练，增强身体控制与实战应对能力。

⑥正方形绕圈跑：以全力状态沿 3 米边长的正方形路径进行连续绕圈跑，每次转弯需保持流畅与速度，提升变向技巧与耐力。

⑦"折回跑"竞赛训练：进行 30 米折回跑训练，可采用两人竞赛形式增加趣味性，或设定定时、定间歇的训练计划，强化变向速度与心肺功能。

⑧绕立柱追逐跑：设置间距为 2.5 米的立柱，两名学生进行 50 米绕立柱追逐跑训练。此训练不仅考验速度，还强调路径规划与变向技巧，对提升实战中的突破与防守能力大有裨益。

3. 起跳训练

①"蛙跳"追逐赛：组织学生进行"蛙跳"形式的追逐比赛，不仅能锻炼腿部爆发力，还能增加训练的趣味性和竞争性。通过设定明确的终点或圈数，激励学生全力以赴。

②"袋鼠跳"挑战：实施定距离或定时的"袋鼠跳"训练。定距挑战可设为 50 米至 80 米，定时挑战则为 120 秒至 180 秒，根据学生体能状况灵活调整。此训练强化腿部肌肉力量与耐力。

③跑动中连续顶吊球：在 30 米至 50 米的跑道上，每隔 5 米悬挂一个吊球，学员需在跑动中连续跳跃并用头顶触吊球。此训练综合了跑动、跳跃与协调性，提升实战中的高空球处理能力。

④体操凳"单脚跳"障碍跑：布置 4 个至 5 个体操凳呈直线排列，学员在跑动中需交替使用单脚踏上体操凳和地面，增加腿部力量与平衡能力。此训练强调身体控制与转换能力。

⑤体操凳上下跳/跨越跳循环：进行 150 次至 200 次的体操凳上下跳或跨越跳练习，分 3 组至 5 组完成，每组之间休息 5 分钟至 10 分钟，使得充分恢

复。此训练全面提升下肢爆发力与耐力。

⑥体操桌上双脚连续跳：在稳固的体操桌上进行30次至50次的双脚连续跳训练，注意控制训练时间不宜过长，避免疲劳积累。此训练强化脚踝力量与空中姿态控制。

4. 假动作训练

①中圈快速曲线跑：在训练场的中圈内，随机布置8根至12根立杆，要求学生在无固定路线的情况下进行中圈内的快速曲线跑训练。此训练旨在提升学生在复杂环境中的变向能力、敏捷性以及身体控制力。

②两脚交替跨跳练习：在训练场上绘制一条1米至1.5米宽的折线跑道，并在每个拐弯处标记一个圆圈。学生需沿折线快速奔跑，并在到达圆圈时执行两脚交替跳入圈内的动作，继续向前推进。强调在跨跳过程中保持低重心，起跳角度尽量小，以增强稳定性和连续跳跃能力。

③穿插跑训练：将学生分成若干组，每组学生间隔3米至4米站立成纵队。队尾的学生需全力加速，从队伍中的两名队员之间穿插跑过，直至到达队首。此训练不仅考验学生的速度和爆发力，还强调其观察、判断和反应能力。

④追逐与躲闪游戏：在罚球区半场范围内，设置一人追逐三人的游戏。被追逐的三名学生需充分利用各种假动作进行灵活躲闪，但不得跑出训练场地边界。一旦某名学生被抓，则立即转换为追逐者，继续游戏。

四、足球运动守门员技术及其训练

（一）守门员技术

1. 接球

（1）上手接球

上手接球是一种常用于迎接高空来球的技术。面对来球时，球员应迅速调整身体位置，两臂自然上伸，双手拇指相对形呈"八字形"，其余四指则轻微弯曲，掌心面向来球方向，以形成最佳的接球角度。在球达到最高点即将触手的瞬间，手指与手腕需适度发力，通过微妙的调整来缓冲球的冲击力，并稳稳地将球接住。接住球后，顺势转动手腕并微屈手肘，将球轻柔地拉向胸前，完成接球动作，为后续的传球或控球做好准备。

（2）下手接球

①直腿式下手接球。面对来球，球员需保持身体平衡，两膝伸直，两腿自然分开，分开的距离应严格控制，不超过球的直径，以免漏球。双手掌心朝上，手指自然张开，准备迎接来球。在球即将触手的瞬间，双手迅速前伸并主动迎球，利用双手和胸部的力量将球稳稳抱住，随后顺势将球揽入怀中，使球不会脱落。

②跪撑式下手接球。以接左侧来球为例，球员需迅速调整身体姿态，左腿弯曲，右腿跪撑于左脚附近，两腿之间的距离同样不得超过球的直径。双手的准备动作与直腿式接球相同，掌心向上，手指微张。接球时，双手主动前迎，利用跪撑的稳定姿态和双手的协调动作将球牢牢抱住。若需接右侧来球，则动作相同，但方向相反，即右腿弯曲，左腿跪撑。跪撑式下手接球特别适用于需要快速降低重心以稳定接球的场合。

2. 发球

（1）抛踢球

抛踢球技术包含两种主要方式：踢自抛的下落空中球与踢自抛的反弹球。这两种发球方法的执行动作与脚背正面踢球技术有许多共通之处。

①踢自抛的下落空中球：球员将球高高抛起，随后迅速调整站位，以脚背正面迎击下落中的球体。抛球的高度和角度应根据个人习惯和比赛需求灵活调整，在球下落至最佳击球点时能够准确触球。踢球瞬间，脚背需绷紧，使力量充分传递至球体，同时控制好击球的方向和力度。

②踢自抛的反弹球：此技术要求球员将球轻轻抛向地面，待球反弹至适宜高度时，再以脚背正面快速击出。抛球时需掌握好力度和角度，使球能在预期位置反弹。踢球时，需准确判断球的反弹轨迹和速度，迅速调整脚步和身体姿态，以脚背正面迎击反弹球，完成发球动作。

（2）手抛球

①单手肩上掷球：抛球前，球员需保持两脚前后开立，两膝微屈以降低重心，增强稳定性。持球手臂屈于肩上，准备掷球。抛球时，持球手臂后引并伴随身体侧转，重心转移至后脚。随后利用后脚蹬地产生的力量带动身体旋转和挥臂动作，同时手指和手腕迅速发力将球掷向预定目标。抛球后需保持身体平

衡，以防失去控制。

②勾手抛球：此技术要求球员两脚前后开立并侧对出球方向站立，持球手臂后引并微屈肘关节以蓄力。抛球前重心移至后脚以增强稳定性。抛球时利用后脚蹬地产生的力量推动身体旋转和重心前移同时持球手臂沿弧线摆至肩上并用力将球抛出。整个动作需流畅连贯，抛球后需保持身体平衡并准备应对后续比赛情况。

3. 托球

接近来球的一侧，迅速伸出手臂以迎接球的到来。在触球的一刹那，手腕自然地向后仰起，利用手掌的根部作为发力点，进行强有力的顶推动作，将球稳妥地向侧面或上方托出。这一连串的动作需要迅速、准确且有力，保证球能够按照预期的方向和力度被传出。

4. 扑球

（1）倒地侧扑球

①扑脚下球：紧密注视对手动态，精准判断其射门意图及方向。在对手即将起脚射门的瞬间，迅速降低身体重心，果断出击迎球。利用敏捷的反应和爆发力，快速倒地并向球侧扑出，以封堵射门路线。无论是接住球还是将其挡出，都需立即执行屈膝团身动作，以保护自身免受伤害。

②扑两侧球：全神贯注于来球轨迹，保持身体重心稳定于两腿之间，双脚随时准备蹬地发力。在扑球过程中，异侧脚内侧进行强有力的侧蹬，同侧脚则迅速屈膝跨出迎球，上体顺势前压以加速倒地动作。双臂同时前伸迎球，手腕内扣以增强控制力，用手掌挡压控球。触球后，迅速屈臂将球抱于胸前，并快速起身准备后续动作。侧倒过程中，利用小腿、大腿、臀部、肩部及手臂外侧依次着地缓冲，确保安全。

（2）腾空跃起侧扑球

在准确判断来球路线后，立即降低身体重心，并向球侧倾斜移动以占据有利位置。同侧脚迅速侧上步，利用脚掌外侧强有力蹬地，使身体获得水平向前的腾空动力。双手同时快速前伸迎球，身体充分展开以扩大防守范围。接球时，双手形成稳定的球窝状结构，通过压腕和手指的精细控制将球牢牢控住。落地瞬间，双手紧按球体以保持稳定，随即屈肘以前臂、肩部、上体侧面及下肢依次着地缓冲。整个过程中需注意屈膝团身以保护球权并减少冲击伤害，最后顺势抱球起身准备后续比赛。

5. 拳击球

（1）双拳击球

双拳击球时，两臂屈肘握拳于胸前，两拳相拢，拳心相对，当跳起接近最高点即将触球的一刹那，两拳同时快速冲击，以拳面将球击向预定的目标。

（2）单拳击球

单拳击球时，屈肘握拳于肩前，身体跳起接近来球，在击球前的一刹那，快速冲拳，以拳面将球击向预定的目标。

（二）守门员技术训练

1. 基础技能强化训练

①接踢来球专项练习：设置场景，让守门员从模拟比赛中常见的蹲伏防守姿势出发，跃起接从队友踢来的高球，强化空中接球能力。

②脚下球扑救技巧：安排进攻球员一对一逼近守门员，模拟实战中的近距离射门，守门员需准确判断并快速扑救脚下球，提升反应速度和扑救技巧。

③低平球扑救训练：利用特设的小球门和标志物，进行低平球的连续扑救练习，重点训练守门员的滑步移动和倒地扑救技术。

2. 高级技能提升训练

①吊球应对训练：从无人干扰到逐渐增加防守压力，直至在对抗环境中完成吊球扑救，提升守门员在高空球处理上的预判和反应能力。

②鱼跃扑高球专项：通过特定设置的鱼跃扑救练习，如教练员抛球给蹲地队员旁的守门员，强化守门员的鱼跃扑救和空中拳击球技术。

③连续扑救循环赛：分组进行连续扑救比赛，每组守门员需面对来自不同方向和角度的连续射门，考验其耐力和连续作战能力。

3. 实战模拟训练

①多向球速与性质适应训练：增加踢球人数，从不同角度和方向踢出地滚球、平空球和高球，模拟比赛中的复杂情况，提升守门员在快速移动中综合处理球的能力。

②守门综合实战演练：在 5 人制足球场地内进行，模拟真实比赛场景，通

过不断变换守门员与射门者的角色，让每位练习者都能体验到守门与射门的双重挑战，全面提升守门员的实战应对能力和心理素质。

4. 心理素质与体能训练

强调守门员在训练中的心理调适，如集中注意力训练、压力管理技巧等，以增强其在关键时刻的稳定表现。

结合守门员技术特点，制订专项体能训练计划，包括爆发力、敏捷性、耐力等方面的提升，使得守门员在整场比赛中都能保持最佳状态。

第三节 校园足球的战术系统训练

足球战术是足球训练学生在比赛过程中对足球技术的实际运用，即使自身的技术水平相对较差，如果能够合理使用各种战术，则往往能够反败为胜。下面对校园足球训练学生的战术系统训练进行分析和研究。

一、足球战术基本理论

（一）足球运动战术的概念和本质

1. 足球战术的概念

足球战术，是指在足球竞技过程中，学生依据赛场瞬息万变的局势，通过个体技能的发挥与团队协作，旨在战胜对手而采取的一系列策略与方法。学生的技术娴熟度、身体素质及心理素质共同构成了战术实施的基础，直接影响战术的有效性。在比赛中，学生需敏锐洞察场上动态，灵活调整战术布局，以实现预定的竞技效果与目标。

2. 足球战术的本质

在足球比赛中，场上的局势瞬息万变，为取得胜利，学生能够合理地运用自身所掌握的足球知识、技能，并充分发挥自身潜能，为了得分或阻止对手得分，就要合理地运用战术，这也是足球战术的最终目的。双方通过对抗来限制对方活动，争取时间和空间的优势，这是足球战术的本质。[1]

---

[1] 刘杰. 足球运动教学与训练探索[M]. 北京：现代出版社，2020.

足球战术本质上是对时间与空间优势的极致追求。在足球比赛中，无论是进攻还是防守战术的制定与执行，其核心均围绕如何有效创造并利用这些优势展开。

具体而言，进攻方致力于在场上创造出更为开阔的空间，通过精准的跑位与配合撕扯对方防线，为进入对方禁区创造机会。一旦获得空间优势，进攻队员需迅速而熟练地运用个人技术，如传球、突破等，将空间优势进一步转化为时间优势，即在对手反应不及的瞬间完成射门，从而达成得分目标。

反观防守方，其核心策略则是对持球队员的紧密逼抢，旨在通过高强度的压迫降低对手的进攻节奏与效率，为全队快速回防、重组防线赢得宝贵时间。在布防过程中，每位防守队员需明确个人职责，紧密盯防各自对位的进攻球员，有效限制其活动范围，竭力压缩对手的进攻空间，确保球门不失。

（二）足球运动战术的分类和特点

1.足球战术的分类

清晰界定足球战术的分类，并对其进行系统而科学的层次划分，对于学生深入理解足球运动战术精髓、指导科学训练具有不可或缺的意义。鉴于现代足球比赛的高强度对抗特性，攻守矛盾贯穿全场，且攻守态势不断转换，构成了比赛的动态核心。据此，足球战术可自然划分为进攻与防守两大相辅相成的系统。

在进攻系统中，战术被进一步细分为个人进攻战术与集体进攻战术。个人进攻战术强调球员个人的技术运用与突破能力，如盘带、射门、传球等，以直接威胁对方球门。而集体进攻战术则侧重于球员间的默契配合与战术执行，通过跑位、传球、穿插等集体行为撕开对手防线，创造得分机会。

2.足球战术的特点

足球战术的基本特点是对足球时空对抗的经验总结的反映，是对高校足球运动更深层次的理解，同时对高校足球训练学生能力的培养和训练产生了深远的意义。足球运动的快速发展，并与高校科学技术的相互融合，使足球战术也有了质的飞跃。具体来说，高校足球战术特点主要表现在以下五个方面。

（1）时空对抗激烈

争夺时空优势是足球竞技中的鲜明特色，它不仅是通往胜利的关键所在，更是全体队员通过精妙技战术协同作战的直接成果，对于夺取比赛桂冠具有举足轻重的意义。在足球场上，控球权的掌握与全面控制，无疑是各队角逐胜利的根本。因此，攻守双方围绕这一核心目标，展开了激烈的身体对抗，从身体冲撞、带球突破、争顶高球到贴身紧逼，各种高强度对抗手段层出不穷，旨在打破对方防线，争夺宝贵的空间资源。

现代足球比赛中，超过半数以上的技战术实施均伴随着直接对抗，这深刻反映了当前足球运动对抗性的显著增强。这一现象不仅表明创造并利用空间优势日益艰难，每一次空间上的微小优势都可能转瞬即逝，更意味着防守端的对抗强度与策略布局达到了前所未有的高度。防守队员通过更加严密的协防、更快速的反应与更精准的预判，对进攻方的时空优势构成了严峻挑战，从而进一步加剧了比赛的紧张氛围与对抗激烈程度。[1]

（2）比赛节奏快速、多变

校园足球运动正经历着比赛节奏日益加快的重要变革，这一趋势不仅体现了足球比赛的本质特征，也对学生运动员的战术节奏转换能力提出了更高要求。在激烈的对抗中，快速执行进攻与防守战术成为提升竞争力、是攻防效率的关键。然而，片面追求速度而忽视控制力，往往会削弱技战术的执行效果与团队协作的紧密性，这并不符合校园足球发展的实际需求。

校园足球比赛的攻防高速，实际上是在攻防转换的瞬间爆发出的高强度与高效率，它要求学生运动员在意想不到的方向、位置迅速占据优势，这种对时间与空间的精准把握，不仅增加了比赛的挑战性，也极大地提升了观赏性。比赛节奏的管理，实质上是在限定的时空框架内，通过球员有球与无球活动的巧妙编排，将速度、宽度、纵深等要素有机融合，形成多变而协调的战术体系。

（3）全攻全守的快速运用

足球比赛的快速节奏要求双方队伍采取全攻全守的策略，并灵活调整战术，不再局限于固定位置的角色扮演，这种战略思维在争夺时间与空间优势上展现得淋漓尽致。具体体现在以下三个方面。

①中场力量的强化：中场已成为校园足球竞技中的战略要地，各队纷纷在

---

[1] 蔡向阳. 校园足球裁判员知识宝典 [M]. 福州：福建人民出版社，2021.

阵型设计上强化中场配置，如广泛采用的"三五二""四五一"等阵型，旨在通过增加中场人数来增强控制力与进攻威胁。战术层面，中场逼迫成为常态，旨在直接在中场区域赢取时间与空间的主动权，为后续进攻或防守奠定坚实基础。

②构建紧密的集体攻防体系：随着攻防转换速度的加快，前、中、后三线必须紧密衔接，形成坚不可摧的整体。在局部区域实施以多打少、以多防少的策略，有效扩大并占据攻防空间。这种紧密的集体配合，是应对快节奏比赛的关键。

③攻守力量的灵活调配：校园足球比赛对学生运动员的实战能力提出了更高要求，他们需要成为能攻善守的"多面手"，能够在不同位置上发挥关键作用。这种灵活性不仅促进了场上攻守平衡的动态调整，还极大地丰富了战术变化。学生运动员通过频繁换位与扯动，创造出宝贵的空间机会，随后由其他位置的队友快速插入，完成战术意图。这种高度机动且隐蔽的战术打法，充分利用了每个球员的能力与特点，最大限度地争取时间与空间优势，特别是在面对密集防守时，通过一线牵制与二线突袭相结合的方式，有效打开进攻局面。

（4）要求学生具备优良的体能素质

随着足球运动的持续演进，比赛强度日益加剧，学生运动员在高速竞技中承受着前所未有的运动负荷。在紧张激烈的赛场上，学生们不仅要应对上百次的突发性爆发动作，且其中过半动作均在激烈的对抗环境下完成。这一现状对校园足球运动提出了更为严苛的要求，即学生必须具备卓越的体能素质，以在比赛中保持并扩大竞争优势。

具体而言，高校足球训练对学生的体能素质提出了全面而专项化的要求。这不仅要求学生全面发展力量、速度、耐力、灵敏度和柔韧性等基础身体素质，还特别强调在特定战术执行中的专项体能表现。[1]

（5）要求学生具备高水平的心理素质

在复杂多变的足球比赛中，足球训练学生若能拥有高度集中的注意力和创

---

[1] 岳抑波，谭晓伟.高校足球运动理论与战术技能研究[M].长春：吉林人民出版社，2019.

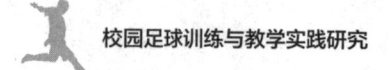

造性思维，将极大地促进他们灵活驾驭比赛节奏的能力。这两项素质使学生能够在瞬息万变的赛场上，根据实时情况审时度势，冷静分析并迅速作出精准判断与果断行动。

（三）足球运动战术的阵型与战术

足球战术的阵型设计与实施，旨在为球队在比赛中创造优势，实现最佳战术效果。学生运动员需根据比赛具体情境，灵活调整阵型与战术的契合度，以充分发挥整体与个体的潜能。合理的阵型不仅能优化战术执行，还能促进全队攻守平衡，创造更多空间与机会，提升战术效率。

随着足球运动的演进，阵型设计也经历了多次革新，以下是一些在校园足球比赛中常见且影响深远的阵型及其战术特点。

1. "WM" 阵型

经典的三后卫体系，强调位置固定与盯人防守，前锋交叉换位增强进攻灵活性，20世纪中期风靡一时。

2. "3-5-2" 阵型

中场兵力集中，攻防转换迅速，适合追求中场控制权的球队。

3. "4-2-4" 阵型

强化进攻线同时保持一定防守密度，边后卫助攻成为亮点。

4. "4-4-2" 阵型

攻守兼备，灵活换位，适合技术全面、能快速适应位置变化的球员。

5. "4-3-3" 阵型

中场三人组与前锋紧密配合，攻守转换中蕴含突然性，对球员跑动与默契要求高。

6. "4-5-1" 阵型

由 "4-4-2" 阵型演变而来，强调防守稳固，边后卫区域与盯人防守结合，中锋回撤策应成特色。

7. "1-3-3-3" 阵型

引入"自由人"概念，增强防守深度与灵活性，但中场力量相对薄弱，需高度协同。

8. "3-4-1-2" 阵型

攻守平衡，变化多端，要求队员间默契极高，能适应快速阵型转换。

9. "1-1-9" 阵型

早期足球战术的代表，重攻轻守，现代足球中已较少采用。

10. "1-2-3-5" 阵型

适应规则变化，强调局部配合与进攻，但中场控制力相对不足。

11. "1-4-2-4" 阵型

攻守平衡，前锋活动频繁，要求高素质前锋与中场策应。

12. "1-4-3-3" 阵型

弥补中场薄弱，灵活变换位置，增强战术多样性。

13. "1-4-4-2" 阵型

中场与后卫频繁套边，创造进攻机会，防守时强调回位与协防，全队调动性强。

每种阵型都有其独特的战术价值与适用场景，学生运动员需通过不断实践与理论学习，掌握多种阵型的运用，以应对复杂多变的比赛环境，保持竞技水平的持续提升。

二、足球战术意识的构建

（一）校园足球战术意识构建过程

战术意识，作为决定比赛胜负的核心要素，是学生运动员在比赛中根据场上态势，自发且目标明确地展开心理活动，它体现在攻守交锋时，学生运动员能够迅速且合理地选用技战术策略的能力上。这一能力的发挥，依赖于学生运动员深厚的战术素养，包括战术的灵活运用、方案的即时调整以及策略的多样化变换，这些均植根于学生运动员扎实的战术意识基础。

在校园足球赛事中，面对瞬息万变的比赛形势，学生的战术执行实则是一个集思考、决策与实践于一体的复杂过程，这一过程正是其足球战术意识逐步构建与完善的体现。在构建战术意识的过程中，每一项战术决策都遵循着内在的逻辑与规律，它们不仅根植于学生运动员对战术内容的深刻理解，还需通过严谨的理论分析来指导实际行动。因此，学生运动员需不断提升自己的战术认知，学会在复杂多变的比赛中迅速捕捉信息，精准判断，果断决策，从而实现战术行动的有效实施，最终实现比赛目标。[1]

具体来说，学生对某一个比赛场景的意识构建和行为决策过程主要包括以下四个过程。

1. 对场上环境形势熟知的知觉过程

学生需全面且敏锐地感知场上环境，包括本队与对手的战术布局、球员位置、球的动态、比赛节奏以及双方的整体状态等。这一过程是对场上复杂信息的综合收集与处理，为后续决策提供坚实的数据基础。学生需明确比赛目标，并基于当前环境评估自身及团队的优势与劣势，为后续行动规划方向。

2. 对目标信息有意注意的判断过程

在全面感知环境后，学生需根据比赛目标和当前形势，有意识地筛选出关键信息。这一筛选过程高度个性化，不同学生对信息的重视程度及解读方式各异，导致决策差异。即便在信息不完整或判断准确性受限的情况下，学生仍需基于现有信息进行合理预测，并作出有利于实现战术目标的判断。关键在于能够迅速识别并利用对实现本队战术意图有利的信息点。

3. 汲取经验比对当下场景的决策过程

学生从个人记忆库中调取相关比赛经验，与当前场景进行比对分析，从而制定出最合适的战术策略。这一过程体现了经验积累的重要性，学生的过往训练和比赛经历成为指导其当前决策的关键。成功的经验被巩固为新的图式，失败的尝试则能促使学生反思调整，不断优化决策过程。

4. 通过决策采取战术行动的实践过程

学生需将决策转化为实际行动，通过运动技能展现战术意图。执行效果将及时反馈，成功则积累经验，失败则促进反思与改进。学生需具备快速适应和灵活调整的能力，面对变化迅速作出新的决策并付诸实施。这一过程循环往复，不断丰富学生的战术意识信息库，推动其战术意识与能力结构的持续提升。

---

[1] 陈恒兴. 高校足球教学设计与训练研究 [M]. 长春：吉林大学出版社，2021.

（二）校园足球战术意识构建策略

在校园足球训练与比赛中，对学生战术意识的培养是一个循序渐进、长期积累的过程，它要求在日常训练中融入多维度的干预措施，来实现技术与战术的紧密结合，提升实战效能。

1. 加大训练对抗实践强度

鉴于当前训练中对抗性元素不足的问题，应显著增加对抗性训练的比例。在传球、切球、停球、射门等基本技术练习中融入防守压力，模拟比赛中的真实场景。通过友谊赛、分组对抗等形式，让学生在激烈的对抗中体验技战术的运用，提升其在复杂环境下的适应能力与应变能力。同时，注重心理辅导，帮助学生减轻比赛压力，以更放松的心态投入比赛，从而激发其技战术潜能与创造性思维。

2. 观看高水平比赛和录像

定期组织学生观看世界顶尖球队的比赛录像，分析其战术布局、球员跑位、配合默契等要素，引导学生从中获取灵感，领悟战术意识的精髓。鼓励学生结合个人特点，探索适合自己的战术思路。对于本队比赛录像的回顾分析同样重要，它能帮助学生直观看到自己的不足与进步空间，从而更有针对性地改进技战术表现。[1]

3. 鼓励学生创造性发挥

足球运动的魅力在于其不可预测性与创造性，教练应鼓励学生在比赛中敢于尝试新想法，即兴发挥。通过设立开放性问题、模拟比赛情境等方式，激发学生的思考与分析能力，培养其独立思考与解决问题的能力。对于学生在比赛中展现出的创意配合或独到见解，应及时给予正面反馈与表彰，以激励更多创新行为的发生。

三、足球进攻战术及其训练

（一）个人进攻战术及其训练

1. 个人进攻战术

个人进攻战术是足球比赛中，球员为达成整体进攻目标所采取的个人行动

---

[1] 赵永峰.新时代中国足球运动改革发展的思考[M].长春：吉林科学技术出版社,2020.

策略，涵盖了传球、射门、运球突破及摆脱跑位等多个关键环节。这些个人技能的发挥不仅关乎球员个人的技术水平，更直接影响团队的整体战术执行效果。

（1）传球

传球是组织进攻、变换战术及创造射门机会的核心手段。有效的传球要求球员具备精准的传球目标选择、传球时机的把握、传球力量与落点的控制，以及必要的旋转应用。传球不仅是将球传递给队友那么简单，它更是一种战术智慧的体现。

①传球战术要求：明确传球目的，快速反应与判断；灵活运用多种传球方式（如横传、回传），结合赛场形势选择最佳传球路线；注重传球时机、力度与落点的精准配合，保证传球的有效性。

②传球注意事项：优先考虑中距离传球以加快进攻节奏并减少失误；把握传球时机，避免被对方抢断；根据天气与场地条件调整传球策略，如顺风时减少直接长传，逆风时增加传球力度等。

（2）射门

射门是进攻战术的最终目标，也是比赛中最激动人心的瞬间。有效的射门要求球员具备强烈的射门欲望、敏锐的时机捕捉能力及合理的射门方式选择。

①射门战术要求：保持"快"与"准"的原则，射门动作迅速且目标明确；善于观察守门员位置与移动情况，快速做出判断并抓住射门机会；在罚球区附近或面对少量防守时，果断选择射门。

②射门注意事项：射门前务必确保射门角度与力量的精准控制；面对防守压力时，保持冷静与果断，避免错失良机；在前场有利位置优先考虑射门选项。

（3）运球突破

运球突破是球员个人技术与战术智慧的集中展现，尤其在对方防守密集区域，运球突破能创造宝贵的进攻空间与射门机会。

①运球突破战术要求：根据对手的特点灵活选择突破方式（如变速突破、变向突破等）；保持与防守者的适当距离以控制突破节奏；在突破成功后迅速衔接传球或射门动作。

②运球突破注意事项：鼓励球员在前场积极尝试运球突破，但需掌握多种有效突破技巧；对对手特点有深入了解，避免盲目突破；注意突破时机的把握与突破方向的选择；避免在本方后场随意带球突破以防失误导致对方反击。

2. 个人进攻战术训练

个人进攻战术主要有以下五种训练方法。

①在 40 米 × 40 米方块场内。进行同时多人、多球的传球与接应练习。最重要的是对传球目标选择的训练，要注重培养队员观察、与同伴呼应等技巧。随着练习的熟练，可以增加练习用球的数量和限制触球次数。

②移动接球训练。接应队员避开障碍物旗杆，向两边空当接同伴的传球。接球后再回传给同伴，向另一边移动接球，以此重复练习。可定时交换练习。

③一抢二训练。在长 25 米、宽 15 米的范围内进行一人抢球、二人传控的练习，控球一方的无球队员要积极选位接应。防守者抢到球即成为控球一方，由失误的队员担任防守者。可计时交换位置重复进行练习。

④交叉换位训练。将人员分成两组，在前场进行交叉换位跑动，队员 A 与队员 B 交叉换位后接队员 C 的传球，再进行配合射门。

⑤第二空当跑位训练。接应者队员 A 快速跑向由队员 B 拉出的第二空当，接队员 C 的传球射门。

（二）局部进攻战术及其训练

1. 局部进攻战术

足球局部进攻战术训练，作为提升比赛中局部区域战术配合能力的关键途径，对于球队整体战术执行与比赛胜利至关重要。局部配合不仅是集体战术所需要的，更是决定比赛走势的关键因素。在任何比赛时段与场地位置，有效的"二过一"或"二过二"配合都能为球队创造进攻机会，而这些配合的质量直接反映了球队的战术素养。

（1）传切"二过一"配合的深度训练

①局部传切配合

多样化线路：除直传斜切、斜传直切外，可引入更多线路变化，如横传直切、斜传横切等，增加防守难度。

距离与诱导：强调两名进攻队员需保持灵活且适当的距离，控球队员应善用假动作吸引防守，为切入队员创造空间。

反应速度：通过快速反应训练，提高球员在实战中对传切时机的把握能力。

②长传转移切入配合

视野与预判：训练球员在快速转移时的视野开阔度与防守预判能力，使得长传精准到位。

接应技巧：切入队员需掌握多种接应方式（如胸部停球、脚底拉球等），迅速衔接下一个动作。

团队协同：强调一侧受阻时全队的沟通与协作，保证长传转移的及时性与有效性。

（2）交叉掩护"二过一"配合的创新训练

①身体运用

不仅限于简单的交叉换位，还可引入更多身体对抗与掩护技巧，如利用背部、肩部阻挡防守视线。

②空间感知

培养球员对场上空间的敏锐感知，使其在交叉掩护过程中能够精准判断防守者位置与移动轨迹。

③速度与节奏

通过变速、变向等练习，提升掩护配合的速度与节奏变化，让防守者难以捉摸。

（3）"三过二"配合的高级策略

①连续配合

设计多种连续配合模式，如三角传递、轮转换位等，提升球员间的默契与战术执行能力。

②决策能力

在复杂防守环境下，训练球员快速分析形势、做出正确决策的能力，保证每次配合都能有效突破防守。

③实战模拟

利用模拟比赛场景进行"三过二"配合训练，增加对抗强度与心理压力，提升球员在实战中的表现稳定性。

2. 局部进攻战术训练

在进行局部进攻战术训练时，常用的有以下几种方法。

①两人传球，进行踢墙式配合训练。

②3人一组分两队，相距横向5～8米，纵向15～20米，进行训练。

③各种"二对一"射门训练。

④在罚球区前10米×10米范围内进行"二过一"配合射门练习。

⑤在10米×20米场地上设两个球门进行"二对二"练习。防守方须有一人为守门员，在规定时间里互相开展攻守。

⑥连续进行"二过一"练习。

⑦进行打第二空当训练。

⑧在20米×20米的方块场地进行"二对二"加一名中间人练习。中间人协助一方形成"三对二"。

⑨在20米×30米场内进行"三对三"训练，设两个球门。守方一人做守门员形成"三对二"，连续往返攻守。

⑩在训练中要设置规则，最多3次传球，必须射门。

⑪在罚球区前10米×10米范围内进行"二过一"配合射门训练。

⑫在10米×20米场地上设两个球门进行二对二练习防守，须有一人为守门员，在规定时间里相互展开攻守。

⑬各种无固定配合吸纳率的踢墙式"二过一"训练。

⑭半场中路进行"三对二"射门训练，规定最多3次传球之后必须射门。

（三）集体进攻战术及其训练

1. 集体进攻战术

（1）阵地进攻战术

阵地进攻面对的是密集防守，关键在于通过灵活的空间调动迫使对方出现防守漏洞。

①中路渗透。

前场发动：利用前锋后撤留下的空当进行反切插入，特别是在罚球区附近，通过"踢墙式二过一"配合突破对方中路防守。

中场发动：前卫队员承担组织进攻和插上进攻的双重任务，通过短传配合和"二过一"战术摆脱防守，寻找进攻机会。

后场发动：守门员和后卫利用长传或精准的手抛球直接发起进攻，快速穿越中场，威胁对方球门。

②边路传中：利用边路空间优势，通过下底传中或45°斜传等方式，为中路和异侧队友创造射门机会。传中的最佳时机包括对方后卫线与守门员之间出现空当、队友已插上或包抄到位、对方守门员位置不当等。

③中边转移：当中路渗透受阻时，及时将球转移至边路，利用边路突破吸引防守注意力，再寻找机会转回中路，打乱对方防守布局，创造进攻空间。

（2）快攻战术

快攻战术强调速度与效率，利用对方防守未稳之际迅速发动进攻。

①中前场抢断快攻：在中前场成功抢断对方脚下球后，立即组织快速反击，通过简洁有效的传递配合直捣黄龙。

②任意球快攻：利用任意球快速发出，形成局部人数优势，通过直接射门或二次进攻威胁对方球门。

③守门员发动快攻：守门员在接到球后，迅速观察场上形势，若对方防线靠前，则利用脚踢或手抛球直接找到前场队友，发起快速反击。

实战应用策略如下。

灵活应变：根据场上形势和对手特点灵活选择进攻战术，避免一成不变。

团队配合：强调球员之间的默契与协作，通过精准的传球与跑位打破对方防线。

快速决策：在进攻过程中要求球员具备快速决策能力，抓住稍纵即逝的进攻机会。

简练实用：进攻动作力求简练有效，减少不必要的盘带与传球，提高进攻效率。

体能保障：球员应具备良好的体能，以支持高强度、快节奏的比赛需求。

2.集体进攻战术训练

集体进攻战术的训练方法主要有以下6种。

（1）边路进攻训练

专注于利用边路空间，通过边锋或边后卫的套边跑动，提供传中或内切的机会。

（2）快速反击训练

训练球队在防守转换到进攻时的速度和效率，强调快速传球和跑动。

（3）中路渗透训练

通过短传配合，穿透对方防线的中路，创造射门或传球机会。

（4）定位球战术训练

定位球战术训练包括角球、任意球、点球等定位球的进攻战术，训练球员在这些情况下的跑位和传球技巧。

（5）区域进攻训练

在特定区域（如对方禁区前）进行进攻配合，通过快速传递和跑位打破对方防守。

（6）"二过一"配合训练

练习球员之间的"二过一"配合，通过快速的传球和跑动来摆脱防守。

四、足球防守战术及其训练

（一）个人防守战术及其训练

1. 个人防守战术

个人防守战术是为控制对手所采用的个人战术行动。个人战术行动可以体现出整个战术的特征。

（1）选位与盯人

①选位策略。选位，即防守队员在防守时选择并占据合理的位置，是构建稳固防线的第一步。

抢占先机：防守队员应预判进攻队员的动向，提前移动到有利位置，抢占防守的主动权。这不仅要求速度，更需要准确的预判能力和出色的位置感。

三点一线原则：在选位时，防守队员应遵循"进攻队员—防守队员—本方球门中点"三点一线的原则，尽量使这三点处于同一直线上。这有助于保持适当的防守距离，既不过于贴近导致失位，也不过远而失去对进攻队员的有效控制。

兼顾全局：在专注于盯防特定进攻队员的同时，防守队员还需时刻留意场上其他球员的位置以及球的位置变化，做到"眼观六路，耳听八方"。这种全局观念是高水平防守的重要标志。

灵活应变：面对以多打少或以少防多的不同情况，防守队员应根据场上形势灵活调整选位策略。例如，在人数处于劣势时，可以通过压缩防守空间、加强相互之间的协防来弥补人数不足的问题。

②盯人策略。盯人，即防守队员在选位的基础上，对特定的进攻队员实施严密监控，限制其进攻行动。

紧逼与松动结合：盯人防守并非一成不变，而是应根据场上实际情况和防守任务灵活调整盯防的松紧度。在对方持球进攻或处于危险区域时，应采取紧逼盯人，不给对方留下任何进攻空间；而在对方远离球门或处于非威胁区域时，则可适当放松盯防，以保持体力并观察场上其他动态。

持续观察与调整：盯人防守要求防守队员具备高度的专注力和敏锐的洞察力。在盯防过程中，要持续观察进攻队员的动作、眼神和意图，并根据其变化及时调整自己的防守位置和动作。同时，还要时刻留意周围队友和对手的位置变化，以便在必要时进行协防或换位防守。

心理战术的运用：除身体对抗和技术比拼外，盯人防守还涉及心理层面的较量。防守队员可以通过眼神交流、肢体语言等方式向进攻队员施加压力，干扰其判断和决策。同时，保持冷静和自信也是成功盯防的关键因素之一。

（2）断球

断球，作为足球比赛中由守转攻的关键战术手段，其核心在于精准预判与果断行动，旨在从对方传球过程中截获球权或破坏传球线路，从而为球队赢得宝贵的反击机会。以下是对断球战术实施要点的深入剖析。

①精准预判与意图洞察。断球的首要前提是对对方持球队员与潜在接应队员意图的准确判断。这要求防守球员具备出色的观察力和分析能力，能够迅速捕捉场上动态，包括球员的跑位、眼神交流、身体语言等微妙线索，从而预测传球的可能时间与路线。这种预判能力不仅依赖于球员的个人天赋，更离不开长期的比赛经验和战术理解。

②合理选位与灵活移动。在精准预判的基础上,防守球员需迅速占据有利位置,即"选位"。理想的位置应能最大限度地缩短与传球路线的距离,同时保持对对方持球队员和潜在接应队员的双重监控。在选位完成后,防守球员应根据场上形势灵活调整移动方向,偏向有球一侧以压缩传球空间。这种移动不仅是线性的,还可能是横向或斜向的,目的是在对方传出球的瞬间能够迅速切入传球路线。

③抓住时机,果断出击。断球的关键在于抓住那稍纵即逝的传球瞬间。当防守球员观察到对方持球队员准备传球,且预测到传球路线时,应毫不犹豫地启动加速,先于对方接应队员到达传球路径上。此时,防守球员需保持高度的专注与冷静,使得在身体接触前以最小的动作幅度完成断球动作,避免犯规。一旦成功断球,应立即转化为快速反击,利用对方防守尚未稳固的时机制造威胁。

④团队协作与后续跟进。断球并非孤立行为,它需要场上其他队友的紧密配合与后续跟进。当防守球员成功断球后,队友应迅速前插接应,形成局部人数优势,为快速反击创造更多选择。同时,断球队员本身也需具备出色的带球推进或传球能力,以便在第一时间将球权转化为进攻威胁。

(3)抢球

①精准站位,切断突破路线。抢球的首要步骤是精准站位。防守球员应位于持球对手与本方球门之间的关键路径上,这通常是对方运球突破的主要方向。通过占据这一位置,可以有效限制对方的运球空间,为抢球创造有利条件。当对方试图向两侧移动以规避防守时,防守球员应迅速调整站位,保持对持球对手的持续压迫。

②保持适宜防守距离。在抢球过程中,与持球对手保持最适宜的距离至关重要。过近可能导致身体接触频繁,增加犯规风险;过远则可能失去对球的有效控制。因此,防守球员需根据场上形势和对手特点,灵活调整与持球对手的距离,既要能够迅速反应进行抢球,又要避免给对手留下轻松传球或射门的空间。

③把握抢球时机,果断出击。抢球的关键在于把握时机。防守球员应密切关注对手的控球状态,寻找其在接、控球不稳或控、运球动作衔接不连贯的瞬

间。这些时刻往往是抢球的最佳时机。一旦捕捉到这样的机会，防守球员应果断出击，利用身体对抗、脚法技巧等手段迅速将球抢下或破坏掉。在抢球过程中，保持冷静、专注和决心很重要，以实现行动的成功。

2. 个人防守战术训练

个人防守战术训练的方法主要有以下四种。

①结合位置的诱导性进行有球训练。在半场内全队按照比赛阵型一人多方向控球，其他人分别站好各自的位置，各位置随球方向的变化做选位练习。

②诱导性有球训练。进攻队员在离球门 16～20 米距离内做横向运球，防守队员练习选位。

③一对一盯人训练。在半场内，两人一组，进攻队员向球门做变向与变速运球，防守队员进行盯人练习。

④无球结合球门的训练。两人一组，面对面站立，相距 2 米左右，一攻一守，进攻队员做摆脱跑动，防守队员做选位盯人练习。

(二) 局部防守战术及其训练

1. 局部防守战术

局部防守战术，作为集体防守战术的基础，依赖于两名或多名防守队员之间的紧密配合。其核心在于通过保护、补位与围抢等策略，构建稳固的防守体系，以遏制对手的进攻威胁。

(1) 保护战术

保护战术的核心在于为紧逼持球对手的同伴提供有力支持，防止对手利用防守空隙实施突破。保护队员需选择适当位置，形成斜线站位，既能给予逼抢同伴心理与行动上的双重支持，又能对持球对手形成心理压迫，扰乱其进攻节奏。一旦逼抢失败，保护队员需迅速补位，阻断进攻路线或夺回球权。若逼抢成功，保护队员则应及时接应，参与反击。

(2) 补位战术

补位战术强调防守队员间的相互协作与弥补漏洞。在比赛中，队员需根据场上形势灵活调整位置。例如，当边后卫助攻上前时，应有同伴及时补位，防止因防守空当被对手利用。此外，守门员出击时，后卫队员需回撤至球门线附近，以防万一守门员出现失误，对方趁机射门。若同伴被突破，保护队员须立即补位防守，夺回球权，而被突破的队员则应迅速转化为保护角色，继续参与防守。

（3）围抢战术

围抢战术是一种高效的局部防守手段，通过多名防守队员的默契配合，对控球对手实施围堵与抢断。围抢的最佳时机往往出现在对方进攻推进缓慢、局部配合过多或缺乏有效转移时。在实施围抢时，防守队员需确保人数优势、距离紧凑且思想统一，以形成强大的防守压力。围抢地点通常选择在边线、角球区或对方球门前等关键区域，利用对手身体方向与观察角度的受限，果断实施围堵与封堵。特别是在对方控球不稳、附近无接应队员的情况下，围抢的成功率更高。

2.局部防守战术训练

局部防守战术训练的方法主要有以下几种。

①"二对三"攻守练习，在 10 米 ×20 米的场地上进行，当进攻者突破一名防守者时，在邻近的两名防守者之间进行补位练习。

②练习在 30 米 ×20 米的 6 个方格内进行：每方格内有两名队员，其中包括一名守门员。两端设球门，在进攻队员距离球门较近，射门无阻拦时，鼓励队员多射门，以增加其信心和勇气。要求防守队员必须严密紧盯对手，阻止其射门。

（三）集体防守战术及其训练

1.集体防守战术

当球队失去控球权时，全队需迅速转入防守状态，从前锋至门将，层层布防，形成坚不可摧的防线。集体防守战术根据形式与打法的不同，可细分为多种策略，旨在最大限度地限制对手的进攻威胁。

（1）人盯人防守

人盯人防守是一种高度个性化的防守策略，要求每位防守球员紧密盯防各自指定的进攻对手，从而全面封锁对手的进攻路线，控制其活动范围与传控球配合。此战术的核心在于给予进攻对手持续的心理压力，使其难以自如发挥，同时使场上每一个进攻者都处于被严密监控之下。

（2）区域盯人防守

与人盯人防守不同，区域盯人防守侧重于划分明确的防守区域，每位防守球员负责守护特定区域，当对手球员进入该区域时即展开积极防守。此战术通过明确各防守球员的职责范围，促进队员间的协同作战，以提升集体防守的有效性。区域盯人防守尤为重视区域交界处的防守，以避免因职责不明导致的防守漏洞，让进攻者无机可乘。

（3）混合防守

混合防守战术则是人盯人防守与区域盯人防守的巧妙结合，根据比赛实际情况与对手特点灵活调整防守策略，以充分发挥两种防守方式的各自优势。这种战术要求教练与球员具备高度的战术意识与应变能力，能够在比赛中迅速识别并应对对手的进攻模式，从而制定出最有效的防守方案。混合防守的成功实施，关键在于防守球员之间的默契配合与快速适应能力，以形成坚不可摧的集体防线。

2. 集体防守战术训练

为了有效提升球队的集体防守能力，以下是一系列精心设计的训练策略，旨在通过多样化的练习手段，增强球员间的默契配合与战术执行能力。

（1）无对抗的区域防守基础训练

在标准足球场的一半或缩小区域内，组织7人区域防守训练。训练时，明确每位球员的防守区域与职责，包括守门员、两名中后卫、两名边后卫以及两名中场球员。通过无对抗环境下的反复练习，使球员深刻理解并熟悉自己的防守区域，掌握基本的站位与移动技巧，为实战中的高效防守打下坚实基础。

（2）有对抗的区域盯人防守实战模拟

为了进一步提升防守实战能力，引入"六攻七"对抗性训练。在此练习中，进攻方利用"套边"、中路渗透及灵活跑位等多种配合方式发起进攻，而防守方则需积极抢断，紧密盯防对手。特别地，进攻方通过"套边"战术，即边路球员从后场启动，绕过防守线后方接球，以此考验防守方的阵型保持与快速调整能力。这种高强度的对抗训练不仅能够检验球员的个人防守技能，更能促进全队防守战术的协同执行，为比赛中的稳固防守提供有力保障。

第三章　校园足球的心智训练

第一节　校园足球训练学生的心理发展特征

校园足球训练学生是我国足球运动的重要后备人才，因此加强其培养和培训非常重要。在研究校园足球训练如何对学生进行培养与培训前，先探讨一下校园足球训练学生的心理发展特征。

一、校园足球训练学生"注意"的发展

"注意"是心理活动对一定对象的指向与集中，是进行信息加工和认知活动的条件与保证。一般来说，注意不仅包括对目标的指向，还包括对分心信息的抑制，即注意具有促进和抑制两种功能。❶

对于校园足球训练学生而言，他们正处于青春发育的时期，其注意的发展特征主要表现在以下四个方面。

①从以无意注意为主向以有意注意为主过渡。

②抑制分心的能力有很大提高，更能将注意力集中到目标事物上。

③注意品质不断改善，表现为注意的稳定性不断增强，在学生青春发育的中晚期，其注意水平与成年人相比已相差无几。

④引起无意注意的原因由以外部为主转变为以内部为主。有意注意逐渐向有意后注意转化，即转变为自觉的、不需要付出意志努力的自动注意。这属于一个由低级到高级的发展过程。

---

❶ 徐汝成.校园足球可持续发展战略与系统训练研究[M].北京：中国书籍出版社,2019.

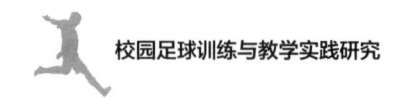

二、校园足球训练学生思维的发展

处于青春发育期的校园足球训练学生,其思维发展正处于形式运算阶段的关键转折期,标志着从形象思维与抽象思维逐步迈向辩证思维的过渡。这一转变遵循了人类思维发展的自然规律。在这一阶段,校园足球训练学生的思维展现出独特的特性:他们能够摆脱具体事物的束缚,运用假设进行逻辑推演,实现了思维形式与内容的有效分离;同时,他们开始具备从多角度审视问题的能力,思维广度与深度不断拓展,展现出日益全面的分析视角;此外,经过一段时间的训练与成长,这些学生在概括能力、自我反省意识以及思维控制力上均实现了显著提升,这些进步对于塑造和提升他们的足球意识具有重要的价值。

三、校园足球训练学生创造力的发展

(一)创造力发展的影响因素

1. 生理基础

创造力的发展根植于个体的生理构造,特别是神经系统的成熟与功能,其中大脑的结构与功能,为创造力提供了必要的物质基础。神经元的连接与功能状态对创造力水平具有深远影响。

2. 年龄阶段

随着年龄增长,人的认知能力与创造力均呈上升趋势。幼儿期创造力的种子便已萌芽,小学阶段则开始显现创造性行为,至青春期,创造力更趋成熟,表现出更强的现实性、主动性和目的性。然而,创造力的发展并非无限增长,通常在 25 岁至 40 岁达到巅峰,随后逐渐减缓。对于青春期的足球训练学生而言,此阶段正是发展创造力的黄金时期,对足球意识的培养尤为关键。

3. 性别差异

性别是影响创造力发展的一个显著变量。尽管存在生理层面的差异,但社会文化因素同样不可忽视。在开放包容的社会环境中,男女创造力的发展差异趋于缩小;反之,在性别角色刻板印象严重的社会环境里,男女创造力差异则更为显著。

4. 知识积累与灵活性

创造力离不开坚实的知识基础，但单纯的知识积累并不等同于创造力。能够灵活运用知识，进行创造性转化，才是创造力的核心。僵化的知识结构反而可能抑制创造力的发展。

5. 动机驱动

无论是内部动机还是外部动机，都对创造力具有推动作用。然而，内部动机，即源自个人兴趣、挑战感及成就感的动机，更能激发持续且高水平的创造力。对于足球训练学生而言，当训练和比赛本身成为满足与挑战的来源时，他们往往能展现出更高的创造力与竞技水平。

6. 环境塑造

（1）家庭环境

作为个体成长的起点，家庭氛围、教养方式及家庭成员的榜样作用对创造力发展尤为重要。

（2）学校环境

学校是创造力培养的重要阵地。教师的引导、课堂氛围、课程设计、教学模式等共同构成了影响学生创造力的学校生态系统，其中教师的角色尤为关键。

（3）社会文化环境

一个鼓励创新、尊重个性的社会文化环境，能够为创造力的发展提供肥沃的土壤。相反，封闭保守的社会氛围则会限制创造力的释放。因此，构建一个开放、多元、包容的社会文化环境，对于促进足球训练学生乃至全社会成员的创造力发展具有深远意义。

（二）校园足球训练学生创造力发展的特点

对于校园足球训练学生而言，其创造力发展的特点主要体现在以下三个方面。

1. 创造性思维结构的日益成熟

①处于青少年时期的学生，其创造性思维结构正逐步趋于完善。发散思维成为主导，同时与聚合思维相辅相成，共同促进学生的创造力发展。

②发散思维的三大特征——流畅性、变通性和独特性，均得到了显著提

升，使得学生在面对问题时能够迅速生成多种解决方案。

③抽象逻辑思维能力显著增强，学生能够运用更为复杂的逻辑框架来分析和解决问题，标志着他们开始步入高级辩证思维的门槛。

2. 现实性与主动性的显著结合

①校园足球训练学生的创造力发展紧密关联于现实生活，他们的创造性想象和思维往往由实际训练中遇到的具体问题所触发，旨在解决这些实际问题，展现出强烈的现实导向性。

②在创造过程中，学生不仅能够主动提出问题，更能够积极寻求解决方案，展现出高度的主动性和坚持性，面对挑战不轻言放弃。

3. 创新意识与创造热情的双重高涨

①随着经验的积累和智力的提升，青少年学生对于新事物充满无限好奇，他们勇于创新，敢于突破传统框架，展现出强烈的创新意识。

②青少年学生的创新意识伴随着高涨的创造热情，使他们不畏艰难，勇于探索未知领域。尽管其创造力可能尚未达到成人那般严密的科学性和高价值，但其思维的敏捷性和灵活性却为未来的创造力发展奠定了坚实的基础。

四、校园足球训练学生情绪的发展

相对于成年人来说，青少年的情绪起伏要大一些，通常来说，处于青春期的校园足球训练学生其情绪发展呈现出以下五个特征。

（一）冲动性特征

进入青少年阶段，随着个体活动领域的拓宽，自我意识显著增强，对外部世界的感知也变得更为敏锐。这一时期，儿童时期构建的认知框架常难以迅速适应并整合新获取的知识信息，促使青少年的认知结构经历着快速的变革与重构。伴随这一心理变化，青少年情绪易波动，反应较为强烈，显示出较高的情绪敏感性。由于自我监控能力尚待成熟，加之生理激素的波动影响，青少年在情绪调节方面常感到力不从心，易表现出冲动性特征。面对相同情境刺激，成年人可能保持相对冷静，而青少年则可能经历更为剧烈的情绪起伏。这一现象部分归因于青少年相对有限的社会经验与人生阅历，使其在应对复杂情感时缺乏足够的策略与韧性。[1]

（二）丰富性特征

随着青少年自我意识的觉醒与深化，其情感世界亦呈现出前所未有的丰富色彩。对于参与校园足球训练的学生而言，这一情感丰富性尤为显著。他们不仅体验着自尊、自卑、自负等多样化的自我情感，还开始涉足爱情的微妙感受，并逐渐形成强烈的社会责任感、民族自豪感以及使命感，这些复杂情感的交织，共同勾勒出青少年情感世界的广阔图景。

这种情感的丰富性，根植于青少年不断扩大的需求体系之中。随着个体的成长，社会性需求日益凸显，并逐渐占据主导地位，由此催生的社会性情绪成为青少年情绪生活的核心。学习、工作、人际交往等社会活动不仅深刻影响着青少年的日常情绪体验，也是其情感发展的重要驱动力。社会性情绪在青少年情绪生活中的占比及其发展水平，成为衡量其社会成熟度与精神生活丰富程度的关键指标。当社会性情绪占据更大比例，且展现出更高层次的表达时，不仅标志着青少年更加成熟的社会适应能力，也预示着其精神世界的日益充盈与深化。

（三）两极性特征

青春发育期的学生，其情绪世界犹如波涛汹涌的海洋，起伏跌宕，展现出鲜明的两极性特征：时而热情如火，时而冷漠如冰，情绪转换之迅速令人咋舌。这一现象的成因错综复杂，可从以下四个方面深入剖析：

①青春期生理的剧变是情绪波动的直接推手。随着性腺功能的逐渐成熟，性激素的大量分泌促使下丘脑的兴奋性增强，进而扰乱了大脑皮层与皮下中枢原有的平衡状态，导致足球训练学生们的情绪如同脱缰的野马，难以驾驭，呈现出显著的两极性。

②身心发展的不平衡也是情绪动荡的重要诱因。青春期的学生，身体快速成长，心智却尚未完全成熟，这种身心发展的脱节使得他们面临着诸多内在矛盾，如理想与现实的差距、自我认知与外界评价的冲突等，这些矛盾如同暗流涌动，时刻冲击着他们的情绪堤坝。

---

[1] 黄晓.健康中国背景下校园足球科学发展之路[M].北京：中国原子能出版社,2021.

③自我认知的局限加深了情绪的敏感性。青春期的孩子正处于自我认同的探索阶段，他们极其重视外界对自己的看法，尤其是来自教练、队友及家人的评价。正面的反馈如同甘霖滋润心田，让他们精神焕发；而负面的评价则如同寒冰刺骨，引发其急躁与不满，情绪波动由此加剧。

④外部环境的多变性与不确定性更是为青春期情绪添上了几分不可预测性。社会、家庭、学校等多重因素交织影响，如同一场场突如其来的风暴，不断冲击着青少年脆弱的心理防线，使得他们的情绪如同海上孤舟，随波逐流，难以安定。

（四）文饰化特征

文饰化现象，即情绪的外在表现与内心真实感受之间的脱节，是足球训练学生心理封闭特性的显著标志之一。随着年岁的增长，学生们在情绪表达上展现出更多样化的方式，同时自我情绪调节能力也日益精进，这促使了他们倾向于采用文饰化的方式处理情绪。在此情境下，外界往往难以窥探其真实的内心世界与想法。

文饰化特征的形成，深层次原因在于足球训练学生社会意识的觉醒与自我意识的发展。他们开始意识到，在特定社会情境中，情绪的表达需兼顾适当性，避免损害个人形象或影响外界对自己的正面评价。学生们渴望展现真实的情感与体验，却又顾虑于如何平衡自我表达与社会认同之间的关系，这种矛盾促使他们选择将复杂的内在情绪封闭起来，转而以更为普遍化甚至略显叛逆的情绪面貌示人，作为自我保护的屏障。

然而，这一情绪发展特征无疑为学生的身心健康评估增设了障碍，阻碍了教育者对学生真实状态的全面了解。因此，采取积极干预与引导措施，帮助学生建立健康、开放的情绪表达模式，消除文饰化带来的隔阂，对于促进学生全面发展尤为重要。

（五）心境化特征

心境化，作为一种情绪表现的特征，体现在人的情绪反应趋向持久且稳定，即情绪反应的时间跨度显著延长。在部分学生群体中，这一现象尤为普遍。心境化的具体表现，一是情绪反应启动后的持续性，二是反应过程本身的延展。这种心境化的趋势，实质上是个体情绪发展从稚嫩走向成熟的标志。学生们逐渐摆脱了儿童时期情绪反应迅速、多变且缺乏稳定心境的特点，学会了对情绪进行一定程度的自我调控，使原本强烈的情绪波动得以缓和，转化为更为平稳的心境状态。然而，这一过程中也难免出现调控不足的情况，导致情绪偶尔仍以激烈的形式爆发出来。

足球训练学生作为这一成长阶段的代表，其情绪多变的特点尤为明显。面对学生的心境化情绪及偶尔的情绪爆发，教练员扮演着重要的角色。他们需具备敏锐的洞察力与耐心的引导力，及时识别学生训练时的情绪状态，通过有效沟通、心理疏导及正面激励等手段，帮助学生恢复平稳心态，以积极向上的精神面貌重新投入训练之中。

五、校园足球训练学生自我意识的发展

（一）少年期自我意识的发展

少年期自我意识发展的特点主要表现在以下四个方面。

1. 自我意识高涨

自我意识高涨，标志着个体在成长过程中，自我认知与自我体验的发展速度及深度均达到了前所未有的高度。人的一生中，自我意识经历两次显著的飞跃，首次出现于婴幼儿时期的1岁至3岁，而第二次则发生在少年期，尤其是进入青春发育阶段后。

对于足球训练学生而言，自我意识的高涨具体体现在以下三个方面。

（1）独立意识的觉醒

少年期学生开始在理性层面上坚信自己已具备独立解决问题的能力，渴望摆脱依赖，追求自主决策与行动的自由。这种信念驱使他们积极面对挑战，勇于承担责任。

（2）主观性与挑战精神的彰显

少年时期的学生普遍展现出强烈的主观意识，他们不满足于被动接受，而是敢于表达个人观点，勇于质疑既有观念，甚至挑战权威。这种个性特点使他们在足球场上展现出非凡的领导力与创造力。

（3）内省能力的增强

随着自我意识的深化，足球训练学生越来越倾向于进行内省，利用业余时间深入反思自己的表现与行为。他们不仅关注技战术层面的提升，更重视心态、情绪管理等方面的自我完善，力求在各方面实现全面成长。这种内省精神是他们不断进步的重要动力。

2.自我体验的发展

在少年期的诸多自我体验中，自尊感、自卑感以及成人感对自我意识的发展最有影响力。

（1）自尊感

自尊感，这一深层次的情感体验，源自个体自尊需求与社会评价体系之间的互动。随着岁月的积淀与知识的累积，自尊感在少年期个性塑造中占据了举足轻重的地位。他们渴望在品德、人格与能力等方面获得外界的认可，同时追求内心的自我肯定。当自尊得到满足时，青少年往往洋溢着自信与喜悦；反之，若自尊受挫，则可能陷入自我怀疑与贬低之中。

（2）自卑感

自卑感，作为一种对自我某方面能力的否定体验，常常伴随着抑郁与沮丧。少年时期，正是自卑感可能悄然萌芽的阶段。由于这一时期性格发展尚不稳定，自卑感若得不到及时干预，便可能根深蒂固，对个体成长造成长远影响。然而，幸运的是，少年时期的自卑感也具有较强的可塑性。通过正确的引导与支持，少年能够逐步克服自卑，重拾自信。因此，教育者应敏锐捕捉少年的自卑信号，及时提供必要的帮助与鼓励。

（3）成人感

随着年龄的增长，少年的成人感日益增强，他们渴望摆脱稚嫩，拥抱成熟。这种成人感不仅表现为对成年人生活方式的向往，更蕴含了对独立探索世界的深切渴望。然而，成人感的发展并非一帆风顺，它也可能引发对成人权威的反抗心理。当少年的观点与成人相左时，冲突与不满便可能随之而生。面对这一现象，教育者需以开放包容的心态倾听少年的声音，尊重他们的独立意愿，同时引导他们在尊重与理解的基础上与成人世界建立和谐的关系。

3.自我评价的发展

自我评价是指对自己的思想、愿望、行为和个性特点的判断和评价。学生的自我评价主要体现在以下三个方面。

（1）抽象性

与儿童时期相比，少年期的自我评价不再仅仅局限于外部表现或具体行为结果，而是开始从内部动机、个人信念等更深层次的角度审视自我。他们能够透过现象看本质，从具体行为中提炼出自我特性的抽象概括，使自我评价更加深入和全面。这种抽象性的增强，标志着少年思维能力的成熟与深化。

（2）独立性

随着自我意识的觉醒，少年在自我评价过程中逐渐摆脱了对成人的过度依赖。他们开始形成自己的独特见解，对自我评价充满自信，不再盲目接受外界的意见。同时，他们更加重视同龄人的评价，这种对同龄人认同的需求反映了少年社交心理的发展特点。然而，值得注意的是，少年在追求独立评价的同时，也应学会平衡同龄人与成年人意见的重要性，以免陷入片面或极端的自我评价误区。

（3）全面性

少年时期，随着道德观念和社会行为准则的内化，个体开始能够依据这些内在标准来全面审视和评价自己的思想与行为。这种全面性不仅体现在对自我优点的认可上，更在于能够勇于面对并批判性地评价自身的不足。少年逐渐形成了自我批评的意识，这种意识随着年龄的增长而不断加强，成为推动他们不断完善自我、追求进步的重要动力。

4. 自我控制的发展

少年自我控制的发展呈现出以下特征。

（1）稳定性有待提高

相较于成年人，少年的自我控制能力在稳定性方面尚显不足。这种不稳定性源于他们尚处于心理与生理的快速发展期，自我调控机制尚未完全成熟。然而，这一阶段的波动与变化正是成长的一部分，随着年龄的递增和社会经验的累积，他们的自我控制能力将逐渐趋于稳定，展现出更强的持久性和一致性。

（2）主要依靠内部动力发展

与儿童时期显著不同的是，少年时期在自我控制方面开始更多地依赖于内部动力而非外部约束。这一转变标志着他们自我意识的深刻觉醒与独立性的增强。少年开始学会倾听自己内心的声音，用内在的价值观、目标和信念来指引和调控自己的行为。这种由内而外的自我驱动，不仅提升了他们的自我控制水平，也为他们未来的成长与发展奠定了坚实的基础。

（二）青少年时期自我意识的发展

随着年龄的增长，青少年的自我意识逐渐成熟，与少年期相比主要呈现出以下特点。

1. 自我意识的分化与统一

（1）自我意识的分化

在青少年阶段，自我意识经历了一场深刻的分化之旅，这一过程始于少年时期，并随着成长而愈加显著。主观自我与客观自我的分化，标志着个体开始以主体的视角审视并评价作为客体的自己，这是自我认知深化的重要一步。进一步地，自我意识细化为理想自我、现实自我与投射自我3个维度。

①理想自我：它代表了青少年内心深处的向往与追求，是那个他们渴望成为、梦想达成的完美形象。理想自我是激励与引导青少年不断前行的灯塔。

②现实自我：它是当前状态下真实的自我写照，它可能并不完美，却是最贴近青少年实际情况的一面镜子。

③投射自我：反映了青少年对自身在他人眼中形象的认知，是他们对社交环境中自我形象的构建与理解。

这种分化的自我意识促使青少年以更加全面和深入的方式认识自己，理解自己在不同情境中的角色与定位。❶

（2）自我意识的统一

自我意识的整合，是青少年在分化认知基础上的更高层次发展。它要求理想自我、现实自我与投射自我之间保持合理的差距与平衡，使青少年能够理性地看待并妥善处理三者之间的矛盾与冲突。

①差距的合理化：青少年逐渐认识到，理想自我与现实自我之间的差距是成长的动力，而非阻碍。他们学会接受不完美的现实，并以此为基础设定切实可行的目标。

②矛盾的积极处理：面对自我认知中的矛盾与冲突，青少年展现出更加成

---

❶ 何晨阳. 校园球类运动开展的理论与实践 [M]. 天津：天津人民出版社，2021.

熟的心态与策略，通过自我反思、寻求支持或改变行为等方式，逐步缩小理想与现实之间的距离，促进自我成长。

③统一评价的形成：在分化与整合的过程中，青少年逐渐建立起一个综合、全面的自我评价体系。他们不再片面地看待自己，而是能够整合不同维度的自我认知，形成一个既符合实际又充满希望的自我形象。

自我意识的分化与整合是青少年成长过程中不可或缺的内在探索过程。它不仅帮助青少年更深入地了解自己，还为他们走向成熟、实现自我价值奠定了坚实的基础。

2. 独立性的发展与成熟

随着岁月的流逝，青少年的独立性格日益凸显。步入这一成长阶段，他们不仅展现出较强的换位思考能力，还积累了更为丰富的情感体验与社会阅历。这些成长使得青少年能够更加敏锐地洞察父母的辛勤付出与教师的谆谆教诲，深刻理解并共鸣于他人的情绪起伏。因此，多数青少年学会了以更加尊重和理解的态度与人相处，这不仅是其心理成熟度提升的重要标志，也直观地反映了其独立性的显著增强。这一变化，标志着青少年正逐步走向更加自主、更加和谐的人际交往模式。

3. 自我评价的成熟

随着青少年的茁壮成长，其认知能力实现了质的飞跃，自我评价机制亦日趋完善，展现出全方位的成熟迹象。他们开始能够以更加独立的视角审视自我，并运用更加全面、客观及辩证的方法进行自我分析与评价。值得注意的是，这一时期的青少年在自我评价上展现出更高的稳定性，即他们的自我认知在不同时间点间保持了一致性和连贯性。这一自我评价的成熟过程，有力地促进了自我监督、调控及改造能力的提升，为青少年的全面发展奠定了坚实的基础，对其健康成长产生了深远的积极影响。

4. 自我同一性的发展与同一性危机

青少年自我同一性的发展可以说是一种复杂的内部状态，这一状态主要包括以下四个方面的内容。

（1）个体性

个体性这一维度强调青少年逐渐增强的自我意识，即认识到自己作为独特、独立个体的存在。随着年龄与经验的积累，他们对这种独特感的认识愈加深刻，更加珍视并坚持自我个性。

（2）整体性和整合性

整体性和整合性这一过程涉及将个体内心纷繁复杂的自我认知片段，整合成一个连贯、有意义的整体。青少年开始有能力将不同的自我表象统一起来，形成对自我全面而深刻的理解，体现了其内在世界的和谐统一。

（3）一致性和连续性

青少年在这一阶段，不仅关注当下的自我认知，还渴望在过去与未来之间建立一种内在的联系和延续感。他们追求生命历程中的连贯性，明确个人目标，并为此不懈努力，展现出对生命意义和未来发展的深刻思考。

（4）社会团结性

社会团结性维度关注的是青少年与社会群体的关系。他们开始寻求并认同某一社会群体或文化的理想和价值观，从中获得归属感、支持感和认同感。对于足球训练学生而言，这种社会团结性尤为重要，不仅关乎他们在团队中的角色定位，还影响着他们在更广泛社会中的自我认知与价值实现。

第二节 校园足球训练学生的心理能力训练

心理训练是整个运动训练系统的重要内容，在平时的训练中要注意这一方面的训练，下面重点设计校园足球训练学生的心理能力训练的方法与比赛心理的调整与训练。

一、心理训练的目的与任务

在足球这项高强度对抗的运动中，心理层面的较量同样激烈，因此，将心理训练融入日常足球训练体系很重要。心理训练体系大致可划分为一般心理训练与专项心理训练两大支柱。

一般心理训练旨在全面提升学生的心理素质，构建坚实的心理基础，使他们能在足球训练和比赛中保持稳定的心理状态。而专项心理训练则更加体现足球运动的特性，旨在解决特定场景下的心理问题，如比赛压力、关键时刻的决策等，以增强球员的适应性和应变能力。

足球运动心理训练的核心任务包括：培育具备坚韧心理素质的球员；维持并优化这种心理状态的持久性；激发球员正确的训练动力，树立积极向上的训练态度；强化球员的心理调适能力，以应对各种突发情况；重视缓解球员的心理疲劳，保障其长期发展与表现。

鉴于每位球员的心理特质各异，且同一球员在不同情境下的心理状态亦会有波动，心理训练必须高度个性化，避免"一刀切"的做法。面对不利局面时，有的球员能冷静应对，积极寻求转机；而有的球员则可能陷入慌乱。针对这些差异，应采取差异化的训练策略，以满足每位球员的独特需求。

此外，自我心理调节能力的培养同样不容忽视。在比赛中，球员需具备快速自我激励与调整的能力，以独立应对挑战。因此，心理训练应融入内部激励技巧、自我对话与命令等策略，帮助球员在关键时刻实现自我引导。同时，对于过度兴奋的球员，也需进行适当的心理干预，防止其因情绪失控而做出不当行为。[1]

二、校园足球心理训练常用方法

（一）目标设置训练法

在足球心理训练中，明确并科学设置训练目标是保证训练成效的关键。目标设定不仅关乎学生的动机激发与维持，还深刻影响着其操作表现及个性发展，这一理念在管理心理学及运动心理学领域均得到了广泛验证。

根据运动心理学的基本理论，学生心理技能训练中不同类型目标的设置如下所述。

1. 长期目标与短期目标

长期目标代表着学生对未来成就的憧憬，如几年后在大型赛事中摘金夺银的愿景。而短期目标则更加具体且易于达成，它是学生日常训练与短期内可实现的里程碑，如一周内提升某项技术指标的熟练度。理想作为推动个体不断前行的精神动力，往往更为长远且抽象；而目标则更加在于中短期内可操作的具

---

[1] 刘江宏，王晓芳. 校园足球[M]. 长春：吉林大学出版社，2020.

体步骤。学生需学会将宏大的理想细化为一系列切实可行的短期与中期目标，这样不仅能保持训练的持续动力，还能通过不断实现小目标来积累自信，为最终理想的实现奠定坚实基础。

2. 现实目标和不现实目标

清晰区分这两者至关重要。现实目标基于学生当前的能力水平及合理预期，通过不懈努力可实现；而不现实的目标则远超出个人能力范围，无论付出多少努力均难以企及。设定现实目标能够帮助学生建立自信心，激发训练热情，因为这样的目标既具挑战性又不至于遥不可及，能有效促进学生技能与心理素质的双重提升。相反，不切实际的目标只会挫伤学生的积极性，导致训练动力不足。

（二）表象训练法

1. 表象训练法的概念

表象训练法是一种心理训练技术，它利用暗示语引导学生在脑海中反复模拟技术动作或比赛场景，以此强化心理意象，进而提升情绪控制能力和运动表现。在足球训练中，这种方法尤为有效，能够显著增强学生的心理素质和实战准备度。

2. 表象训练法的基本操作程序

表象训练法的基本操作程序如下所述。学生要严格按照这一程序进行表象训练。

①测定表象的基本能力。

②传授表象的足球知识与技能。

③开展各种形式的表象训练活动。

（三）生物反馈训练法

1. 生物反馈训练法的概念

生物反馈训练法是指借助现代化生物反馈技术将生理信息传递给学生，使学生经过反复练习，学会调节自身生理机能的方法。这一方法在当今运动训练中得到了广泛的应用，通常能获得理想的训练效果。

2. 生物反馈训练法的实施

生物反馈训练法具体的训练方法如下所述。

①学生在安静的治疗室内，坐在靠椅上。

②每次治疗前的 5 分钟，记录安装电极所获基线数据。

③学生前臂肌肉做收缩与放松练习，做面部肌肉活动练习。

④给学生施加精神压力，让其回忆起痛苦的经历，观察其心理反应，确定好训练指标。

⑤学生做收缩与放松的交替练习，然后做全身肌肉放松练习。

⑥自然、缓慢、均匀地呼吸。

⑦尽可能保持头脑清静，排除一切杂念。

⑧教练员注意对反馈信号进行调节。指导学生做肢体屈伸练习，以放松身心。

⑨学生每天练习 1～2 次，每次 10～30 分钟，坚持长期的练习。

⑩一段时间的训练后，如果没有明显的训练效果，学生可以选择其他反馈性生物指标继续训练。

⑪学生填写症状变化量表，反馈训练的效果。

除此之外，常见的心理训练方法还有暗示训练法、放松训练法、模拟训练法、注意训练法等多种形式的训练方法，通过运用这些训练方法通常能获得理想的训练效果。

三、校园足球训练学生比赛心理训练的方法

足球比赛中充满了身体的对抗，只有具备较强身体素质才能在对抗中占据上风，但是足球比赛不仅仅有身体对抗，还充满了双方心理层面的对抗，再加上投入比赛的球员总是高度集中注意力，这在很大程度上也消耗了他们的精力，种种这些都易引发心理疲劳和众多心理问题的出现。[1] 因此，对足球训练学生进行适当的心理训练是非常重要的。下面主要阐述足球训练学生的赛前、赛中与赛后心理训练。

---

[1] 问绍飞. 校园足球发展与师资培养研究 [M]. 长春：吉林大学出版社，2020.

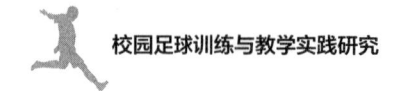

（一）赛前心理训练

1.赛前心理状态

在赛前，一般来说，学生在身体及技战术层面都已准备好，唯一的不确定因素就是学生的心理状态。一般来说，在赛前学生普遍存在的心理状态有以下四种。

（1）最佳竞技状态

最佳竞技状态是每位学生梦寐以求的理想状态。处于此状态下的学生，不仅比赛欲望强烈，而且对环境变化具有极高的适应能力，尤其是面对外界干扰时仍能保持专注与冷静。他们展现出自信与从容，无论是技术发挥还是战术执行都达到最佳水平。

（2）虚假自信状态

虚假自信状态，这实际上是一种心理防御机制，学生在内心深处可能感到恐惧或不安，但为掩盖这种情绪，他们会在言行上表现出过度的自信。这种状态下的学生往往缺乏真正的自我认知，容易在关键时刻出现失误。教练员须敏锐察觉，通过有效沟通帮助学生正视问题，重建真正的自信。

（3）赛前焦虑状态

赛前焦虑状态，对于参赛经验较少的学生来说尤为常见。生理上，他们可能出现失眠、食欲不振、心跳加速、呼吸急促、出汗增多、肢体颤抖等反应；心理上，则表现为紧张不安、恐惧、注意力难以集中等。这些焦虑情绪若得不到有效缓解，将严重影响比赛表现。

（4）赛前抑郁状态

当学生因多次比赛失利或遭受外界批评（如教练责备、队友指责）而产生自卑感时，可能会陷入赛前抑郁状态。他们变得意志消沉，动作迟缓，注意力难以集中，对比赛失去兴趣和动力。在此状态下参赛，学生往往难以发挥出应有水平，影响比赛结果。

2.赛前心理准备

（1）建立正确的竞赛心理定向

鉴于足球比赛的激烈竞争性和形势的快速变化，学生需保持高度专注，以掌握比赛主动权。重要的是，学生应理解比赛中出现失误乃至失败是体育竞技的一部分，关键在于以平和的心态接受结果，理智看待输赢。心理定向应是个人能控制的因素，如全力以赴、尽职尽责，而非仅仅纠结于比赛结果。通过强调过程而非结果，帮助学生减轻心理压力，以更加轻松和自信的态度步入赛场。

（2）制定周密的竞赛方案

教练员应在赛前深入分析比赛可能面临的各种情境，包括对手策略、天气条件、突发状况等，并制定详尽的应对策略。这种预见性的准备不仅有助于提升战术执行的灵活性，还能减少因未知因素引发的心理波动，增强学生的心理安全感。

（3）调整赛前心理状态

教练员需密切关注每位队员的心理状况，通过有效的沟通与评估，及时识别并解决其潜在的心理问题。采用个性化的心理调适方法，如放松训练、正面心理暗示等，帮助队员将心理状态调整至最佳。这一环节往往被忽视，但其对比赛表现的影响至关重要，应引起足够的重视。

（4）做好全面应战准备

在赛前的最后集结阶段，教练员不仅要回顾技战术要点，还应从心理层面给予全队强大的精神鼓舞。通过激励性讲话，激发队员的斗志与团队精神，让他们感受到作为团队一员的荣耀与责任。

3.赛前心理训练的内容

赛前心理训练的成效如何将直接影响到比赛的结果。因此，赛前心理训练是必要的。一般来说，赛前心理训练主要包括以下内容。

（1）制定赛前心理训练任务和实施大纲

制定赛前心理训练任务和实施大纲这一步骤需紧密结合对手实力分析、本队技战术策略以及运动员个人心理特征。例如，面对实力强大的对手时，心理训练应侧重于帮助运动员建立正确的胜负观，避免"想赢怕输"的心理负担；而面对较弱对手时，则需强调专注与警惕，防止轻敌心态。通过这样有针对性的任务设定，学生运动员能够形成积极的比赛心态，有效应对赛场上的各种突发情况。

（2）针对学生的心理现状进行模拟比赛的心理训练

赛前通过组织教学比赛，为学生运动员创造接近真实比赛的身心体验。在比赛环境、器材配置等方面力求逼真,以充分检验学生运动员的心理状态。此外,教练员可故意设置干扰因素,如严厉批评、场外噪声或裁判判罚偏向等,以模拟比赛中可能出现的压力情境,帮助学生运动员提前适应并学会应对。

(3)针对学生参赛的心理障碍进行专门性心理训练

鉴于每位学生运动员的心理素质存在差异,心理训练必须注重个性化与针对性。针对学生运动员普遍存在的自控力、情绪调节及放松能力不足等问题,设计专门的训练方案。通过专业指导与自我实践相结合的方式,逐步提升学生运动员的心理韧性与自我调节能力。

(4)准备好比赛心理调节手段

赛前,教练员应对比赛中可能出现的各种情况进行预判,并为学生运动员提供相应的心理调节策略与工具。例如,针对对方球员可能使用的小动作,提前告知学生运动员保持冷静、专注比赛的重要性,避免被外界因素干扰。通过有效的心理预防与应对措施,实现学生运动员在比赛中能够迅速调整心态,稳定发挥。

(二)赛中心理训练

1.赛场上的心理调节训练

赛中心理训练的目的在于维持学生良好的心理状态,使其在比赛中充分发挥出应有的水平。在比赛中,双方的任何举动都有可能给彼此的心理上带来或大或小的影响,如本方的连续失误、裁判判罚不公、对方的一次换人等。事实上,一些工作较为细致的教练员在日常训练中就能了解自己学生的心理特点,这能为赛中对学生的心理调节创造良好基础。[1]

2.赛场上的身心恢复训练

足球比赛作为一项集高强度对抗与多方面能力考验于一体的运动,要求每位球员在场上持续投入大量精力,身心疲劳容易迅速累积。若不及时采取有效措施缓解这种疲劳状态,球员将面临体能耗尽与心理耗竭的双重困境,严重影响比赛表现。因此,充分利用比赛间歇期进行身心恢复训练至关重要,特别是心理层面的调节不容忽视。通过科学的心理恢复训练,帮助球员维持并恢复良

---

[1] 崔泽峰,张坤,杜为鹏,等.足球运动[M].天津:天津大学出版社,2022.

好的心理状态，对于保障比赛的顺利进行及提升整体竞技水平具有不可估量的价值。

（三）赛后心理训练

1. 赛后心理调整的意义

学生参与比赛后，身心疲劳是不可避免的自然反应，关键在于及时有效干预以促进其迅速恢复。若忽视疲劳管理，不仅影响其当前状态，还可能长期阻碍其心理素质的健康发展。因此，赛后的心理调整显得尤为关键。

随着比赛的落幕，学生内心的微妙变化可能暂时隐匿，但终将以某种显性的形式展现出来。每场比赛的结束，实际上是新一轮备战周期的开始。教练员需敏锐洞察学生的赛后表现，精准评估其心理状态，及时捕捉并消除其潜在的心理障碍与消极情绪，这对于预防未来比赛中可能出现的问题尤为关键。一旦发现学生出现异常心理倾向，应立即采取干预措施，助力其迅速恢复积极、稳定的心理状态，为接下来的挑战做好充分准备。

2. 赛后心理调整的内容

（1）赛后心理能量的恢复

学生比赛结束后，首要任务是促进心理与体能的双重恢复。心理能量的恢复应采用多元化心理训练方法，根据学生个体差异量身定制，同时，结合体力恢复措施，如调整训练强度、安排适当休息日等，以平衡身心状态。此举不仅给予身体充分的修复时间，也帮助学生在心理上暂时抽离紧张的比赛氛围，实现更深层次的放松。

（2）赛后紧张情绪的解除

比赛中累积的紧张情绪往往会在赛后一段时间内持续存在，尤其对于经历重大胜负的学生而言，影响更为深远。对于失利者，可能陷入自责与相互指责的负面情绪循环；而胜利者则可能因过度自信而滋生自满情绪。因此，解除赛后紧张情绪的延续性显得尤为关键。具体策略包括引导学生进行积极性休息，通过参与非竞技性活动转移注意力；实施身体理疗以缓解肌肉紧张，促进身心放松；适时安排假期，让学生彻底摆脱比赛压力，实现身心的全面调整与恢复。通过这些措施，可以有效帮助学生走出赛后的情绪阴霾，以更加平和、理性的心态迎接未来的挑战。

第三节　校园足球训练学生的智力发展特征

一、足球训练学生的认知能力特征

（一）对抗想象力

足球作为高对抗性运动，要求学生具备出色的预测能力，即对抗想象力。这种能力使他们在比赛中能够预见对手的攻守策略，从而抢占先机，引导比赛朝有利于己方的方向发展。

（二）有意记忆程度

记忆在足球训练中扮演着关键角色，尤其是长时记忆和短时记忆的灵活运用。通过训练增强记忆持久性，使学生能在比赛中迅速回忆并应用技战术细节，提升表现稳定性。

（三）攻守思维能力

优秀的足球训练学生需具备灵活多变的攻守思维，以应对比赛中的各种突发状况。他们能够根据场上形势迅速做出判断，调整策略，掌控比赛节奏，从而优化个人及团队表现。

（四）对抗自信心与意志力

面对高强度的对抗和比赛压力，学生需展现出强大的自信心和坚韧不拔的意志力。这不仅能够帮助他们克服身体和心理的疲劳，还能使其在关键时刻保持冷静，发挥最佳水平。

（五）战术意识水平

战术意识是球员在比赛中根据场上情况做出即时反应与决策的能力。它体现了球员对比赛的深刻理解与预判，是提升团队整体表现的关键。学生应不断提升自己的战术意识，使其在比赛中能够迅速适应并应对各种复杂局面。

（六）战术领悟能力

战术领悟能力体现在学生对教练战术意图的准确理解及高效执行能力上。这要求学生在日常训练中不仅要掌握技战术细节，更要学会融会贯通，将战术理念内化于心，外化于行。

（七）战术创新能力

在足球领域，创新能力是推动技战术进步的重要动力。学生应具备勇于探索、敢于尝试的精神，不断提出并实施新的战术理念和方法，以适应日益激烈的竞争环境。这种战术创新能力不仅是个人综合素质的体现，也是团队持续进步的源泉。

二、足球训练学生的临场反应能力特征

一般来说，足球训练学生的临场反应能力主要包括以下五个方面的内容。

（一）先天反应能力

每个人的反应速度在一定程度上受到遗传因素的影响。对于足球训练学生来说，拥有较高的先天反应能力无疑是一项宝贵优势，能够让他们在面对比赛中的突发情况时迅速作出反应，从而把握先机。

（二）重点动作记忆能力

在紧张的比赛环境中，迅速准确地回忆并执行关键动作至关重要。因此，重点动作记忆能力成为学生临场反应的重要组成部分。通过持续训练，学生应不断提升自己记忆复杂和关键动作的速度与准确性，为比赛中的及时应对打下坚实基础。

（三）对对手动作的判断能力

预判对手的动作是足球比赛中制定有效策略的前提。这一能力依赖于良好的技战术理解、丰富的比赛经验以及对对手习惯的深入洞察。训练时应注重培养学生在快速对抗中捕捉对手意图、预判其下一步行动的能力，以提前布局，占据主动地位。

（四）转化战术知识的能力

掌握并灵活运用技战术知识，是将理论知识转化为实战优势的关键。学生不仅需熟练掌握基础技战术，更要具备将所学知识内化于心、外化于行的能力，形成具有个人特色的战术风格。在比赛中，能够根据实际情况迅速调整战术布局，是临场反应能力的直接体现。

（五）发现对手意向的能力

现代足球比赛节奏快、对抗强，要求球员具备高度的观察力和判断力。学

生应善于从对手的微小动作、站位变化中捕捉其战术意图，进而采取针对性措施，打破对手部署，引领比赛走向有利于己方的方向。这种对对手意向的敏锐洞察与快速反应，是高水平球员的重要标志。

三、足球训练学生的攻守能力特征

作为一名出色的足球训练学生，必须要具备出色的判断场上形势的能力，学生需要依靠自己的判断来决定攻守措施，如果攻守措施得当，获胜的概率就会加大。[1] 因此，攻守能力是足球训练学生心智认知能力的重要内容。

总的来看，足球训练学生攻守能力的内容主要包括以下两个方面。

（一）观察能力

足球训练学生的观察能力是其竞技素养的重要组成部分，具体体现在以下三个方面：

①对对手技战术特点的捕捉。在比赛中，学生需细致观察对手的技战术运用，识别其优势与劣势，从而精准判断比赛走向，为制定有效战术提供依据，牢牢把握比赛主动权。

②跑动路线的追踪。密切关注对手在场上的移动轨迹，预判其可能的进攻或防守策略，提前调整自身站位与布局，以应对对手的"突袭"，使防守稳固，同时捕捉反击机会。

③心理状态的洞察。通过对手的表情、动作等细微之处，尝试解读其心理状态，为实施心理战术提供线索。针对性地运用心理干扰手段，可能扰乱对手节奏，引发其失误，进而为本队赢得宝贵优势。

（二）分析能力

分析能力是足球比赛中不可或缺的智力支持，它要求学生具备对比赛规律的深刻理解与精准把握：

①学生需事先深入研究比赛双方的特点，包括对手的运动习惯、团队配合模式等，结合足球运动的普遍规律，形成对比赛的全面认知。

②在此基础上，制定针对性强、灵活多变的应对策略，确保在比赛中能够

---

[1] 吴春成. 足球运动科学训练与后备人才培养研究 [M]. 北京：北京燕山出版社，2022.

根据实时情况迅速调整战术，保持对比赛的主动控制。这种分析能力不仅关乎技术层面的较量，更是智慧与策略的碰撞，是赢得比赛胜利的重要保障。

第四节　校园足球训练学生的智能训练

一、智能的概述

在足球领域，足球训练学生对于赛场上瞬息万变态势的敏锐洞察与运用所学知识高效解决问题的能力，构成了其足球运动智能的核心。这种智能不仅是竞技能力不可或缺的一环，更在比赛中发挥着举足轻重的作用。具备优异智能水平的学生，能够在关键时刻做出精准判断，引领比赛朝着有利于本队的方向发展。

随着现代竞技体育的飞速发展，足球比赛的专业化程度空前提升，这对运动员的智能水平提出了更高要求。在高度竞争的环境中，学生的智能不仅关乎战术执行的有效性，更可能直接影响比赛的最终走向。

二、学生智能训练的手段

（一）提高学生的专业理论知识水平

1. 学习文化理论知识的常用方法

鼓励学生采用多样化的学习方式以深化对运动智能及相关知识的理解。首先，倡导自主学习，通过阅读专业书籍和文献，自我探索运动智能的奥秘。其次，积极利用教练的专业指导，通过面对面的讲解与辅导，精准掌握核心知识点。再次，组织小组讨论，激发学生的批判性思维与创新能力，促进知识共享与灵感碰撞。同时，布置针对性作业，强化学生对所学内容的记忆与应用能力。最后，开展专题研究，引导学生深入研究某一领域，培养其深入分析与解决问题的能力。

2. 结合训练实践学习体育专业理论知识

理论学习必须与实践操作紧密结合，以巩固和提升足球专业理论知识。学生应严格按照训练计划执行，实现理论与实践的无缝对接。在训练过程中，注重总结反思，及时发现并解决问题，通过实践检验理论，通过理论指导实践。同时，积极借鉴国内外优秀运动员的训练经验，取其精华，去其糟粕，不断优化个人训练方案。

3.广泛学习相关学科的科学知识

为了培养全面发展的足球训练人才，学生应广泛涉猎运动生理学、运动解剖学、运动心理学、体育美学、体育哲学等相关学科知识。这些学科不仅为足球训练提供了科学的理论支撑，还能帮助学生从多个维度理解运动的本质与规律。通过学习这些跨学科知识，学生能够更加科学地制订训练计划，有效预防运动损伤，提升心理素质，展现运动之美，深化对体育精神的理解与追求。

（二）提高学生运用知识的水平

在足球训练中，学生不仅要扎实掌握基础理论知识，更需要学会将这些知识灵活应用于实践之中，这是提升技能水平不可或缺的前提。学生应紧密结合训练实践的需求，积极寻求并吸收相关理论知识，通过实践验证与调整，不断提升理论知识的运用能力。

在训练过程中，学生应培养敏锐的观察力，善于从细节中发现问题，并以积极主动的态度去寻求解决方案。面对理论与实践的差距，学生不应回避，而应勇于尝试，不断调整与修正。若发现某一理论在实际应用中效果不佳，学生应迅速响应，通过反复实践与比较，探索出最适合自己的训练方法。这种在实践中不断试错、调整、优化的过程，正是学生理论知识应用水平提升的关键路径。

三、一般智能训练

学生足球运动智能的发展需要建立在一般智能发展的基础之上。一般来说，学生的一般智能主要包括观察力、记忆力、注意力、思维能力、想象力以及创造力等方面。

（一）观察力训练

观察力在足球训练中尤为重要。面对赛场上瞬息万变的局势，学生需具备敏锐的观察力以迅速捕捉信息，有效应对突发状况。因此，训练中应明确观察任务与目标，引导学生掌握科学的观察方法，如设定具体观察点、制订观察计划等。通过模拟比赛场景，让学生在实践中锻炼并提高观察力，形成良好的观察习惯与总结反思能力。

（二）记忆力训练

记忆力在智能训练中同样占据关键地位。针对不同类型的记忆（逻辑记忆、情绪记忆、形象记忆、运动记忆），应采取不同的训练方法。训练应注重从感知记忆出发，逐步过渡到短时记忆与长时记忆的转化与强化。通过定期布置记忆任务，如回顾比赛对手技战术特点、比赛情境等，并要求学生进行复述，以此促进记忆力的提升。同时，鼓励学生在日常生活中灵活运用记忆策略，将所学知识内化于心。

（三）思维能力训练

思维能力是智力素质的核心，对于足球训练学生而言是重要的。训练应涵盖逻辑思维、形象思维与灵感思维三大方面，可通过以下措施予以加强：

①加强体育理论知识学习，帮助学生建立现象与本质之间的联系，培养深度思考能力。

②采用多样化教学手段，如案例分析、问题探讨等，激发学生的直觉能力与批判性思维。

③鼓励创新思维，为学生提供自由表达的空间，支持并赞赏其独特见解与创意。

④创设模拟比赛情境，设定限时思维任务，锻炼学生的快速反应与决策能力，培养其良好的思维习惯与效率意识。

四、运动智能训练

加强学生的运动智能培养与训练，传授体育理论与运动训练知识、提高技能水平和促进智能开发是主要的途径。其中，知识的掌握、运动技能的提高和智能的开发是互为条件的，三者之间的联系非常密切。在学生智能训练的过程中，要将这三个方面结合起来进行。[1]

---

[1] 肖冬，金刚，牛瑨博，等.基于深度学习和虚拟仿真的足球智能训练教程[M].北京：冶金工业出版社，2022.

（一）通过基础知识传授发展运动智能

①在日常足球训练中，我们应着重强化足球理论知识与运动实践的结合教育，使学生深刻理解并掌握运动训练的内在规律与科学方法，为促进学生思维能力的发展奠定坚实基础，并推动其知识技能的正向迁移。

②积极引入现代多媒体技术，利用其直观、生动的特性，引导学生运用比较、综合、判断、推理等高级思维形式，有效解决训练中的实际问题，从而进一步提升其思维能力。

③务必使理论与实践紧密融合，通过模拟实战、案例分析等方式，培养学生将所学知识灵活应用于实际操作的能力，实现知识向技能的有效转化。

（二）通过专项理论知识传授发展运动智能

①在运动训练中，应运用生物力学知识深入分析足球重点和复杂技术，以有效培养学生的观察力和思维能力。

②通过足球比赛规则和裁判方法的学习，培养和提高其思维能力，要帮助学生在训练与比赛中灵活运用已学知识与能力。

③传授学生训练计划、自我监控等方面的知识，提高学生自我保健的能力。

（三）通过运动训练实践发展运动智能

大量的事实表明，通过运动训练实践来提高足球训练学生的智能水平是一个极为重要的途径。

①在具体的足球训练过程中，要引导学生积极思考运动素质、技术、战术中的相关问题，提出解决问题的方法，培养学生独立解决问题的能力。

②鼓励足球训练学生参与运动训练计划的制订，讨论运动训练计划是否科学和完善，是否符合具体的训练实际，以提高学生的思维能力。

③在足球运动训练期间，还可以通过模拟比赛实战训练的形式，来强化足球训练学生的理论知识的应用程度，切实提高足球训练学生的实际操作能力等。

五、足球多元智能训练

在足球运动训练中，学生会利用到多个方面的智能，只有将多种智能整合起来，才能充分激发学生的运动潜能，从而提高训练水平和比赛成绩。在足球运动训练中,要充分考虑和分析学生的不同优势智能,有针对性地选择训练模式与训练策略,启发学生的积极思维,培养学生的个性,这样才能有效提高足球训练的效果。❶

在足球运动中,鉴于学生智能潜能的多元性,每名学生各有所长,训练内容与方法需因材施教,灵活调整。实施多元智能训练不仅强化了教练与学生间的协作,还促进了人际沟通能力的提升,打破了传统训练中被动接受的模式,鼓励学生主动展现个性,树立自信,从而全面提升其智能水平,实现足球训练的创新与高效。

六、学生智能训练的注意事项

①理论引领,激发内在动力。应向学生深入阐述智能训练的基本原理与价值,使他们充分认识到智能提升对于足球竞技能力的关键作用。通过理论知识的灌输,激发学生的积极思维,培养其主动参与智能训练的内在动机,为后续训练奠定坚实的思想基础。

②因材施教,个性化定制。在智能训练的实施过程中,需充分考虑每位学生的文化水平、运动基础及个体差异,量身定制训练内容与难度。使训练方案既符合学生的现有能力,又能适度激发其潜力,从而提升训练的专业性和针对性,促进每位学生的个性化发展。

③融入日常,持续渗透。将智能训练纳入日常训练计划,使之成为不可或缺的一部分。通过持续、渐进的方式,使学生在潜移默化中逐步提升智能水平。这种常态化、系统化的训练模式有助于巩固训练成果,形成稳定的智能提升路径。

④科学评价,精准反馈。建立健全运动智能测定与评价机制,实现评价过程科学、客观、全面。将评价贯穿于训练与比赛的全过程,通过收集并分析大量数据,为学生提供精准的反馈信息。这不仅有助于准确评估学生的智能水平,还能为训练计划的调整与优化提供有力支持。同时,科学的评价体系也有助于激发学生的学习动力,促进其持续进步。

---

❶ 林秋菊,项和平.高校校园足球一本通[M].合肥:中国科学技术大学出版社,2021.

第四章　校园足球教学理论体系

第一节　校园足球教学的基础理论

校园足球是足球运动发展的重要基础，世界足球强国都非常重视校园足球的建设与发展。因此，我国也应在汲取足球强国先进经验的基础上，进一步加强我国校园足球的发展。

一、校园足球教学的体育学基础

（一）运动生理学基础

运动生理学是一门关于运动学与生理学的交叉学科，其在体育运动中具有非常重要的意义，了解运动生理学的基本理论对于学生参加足球运动锻炼具有非常重要的帮助。

1. 人体与肌肉运动

（1）肌肉的结构

在体育运动领域，肌肉占据着举足轻重的地位，它作为人体动作执行的核心力量源泉，通过精准的收缩与舒张机制，驱动着身体完成复杂多变的姿态调整。在足球场上，无论是震撼人心的凌空抽射还是技巧十足的倒钩射门，背后都离不开肌肉力量的强力支撑。

人体运动系统，这一精妙复杂的网络，汇聚了众多关键组件：密布的关节如同灵活的铰链，连接着200余块精巧构建的骨骼；而更为壮观的是，超过600块的肌肉如同强韧的绳索，编织成驱动身体运动的强大动力源。肌肉的基本单位——肌细胞（肌纤维），以其细长的圆柱形态排列组合，内部充盈着富含生命的细胞质与多个细胞核。这些肌细胞被一层细薄而坚韧的肌膜所包裹，内部则藏着更为精细的结构——肌原纤维，其上错落有致的横纹，昭示着其不凡的力量之源。

肌原纤维，这一力量的编织者，由粗肌丝与细肌丝精妙交织而成。粗肌丝，富含肌球蛋白，如钢铁般坚韧；细肌丝，则汇聚了肌动蛋白、肌钙蛋白与原肌球蛋白，细腻而灵活。正是这两者的相对滑动，赋予了肌肉伸缩自如的魔力。无数肌纤维紧密排列，形成坚实的肌束，再由肌束膜细心包裹，最终汇聚成一块块充满力量的肌肉[1]。

深入探究肌肉的内在，我们发现其化学构成同样精妙绝伦：水分占据了肌肉的七成五，而余下的固体部分，则是由蛋白质、酶等生命要素精心构筑。密布的毛细血管网络，如同滋养生命的河流，为肌肉源源不断地输送氧气与养分；而错综复杂的神经纤维，则作为指挥中枢的触手，精准调控着肌肉的每一次跃动。在足球这项充满激情与技巧的运动中，正是这些生理要素的完美协同，赋予了学生运动员们驾驭足球、展现风采的无限可能。

（2）肌肉的种类

一般来说，人体内部肌肉主要包括骨骼肌、平滑肌、心肌三种。其中，骨骼肌数量最多，体重占比最大，任何躯体运动都需要依靠骨骼肌的活动来实现。平滑肌、心肌与内脏器官的活动之间有着极为密切的关系。

（3）肌肉的收缩形式

①向心收缩：这是最为常见的肌肉收缩方式，常见于日常生活中的许多动作，如跳跃起跳、屈肘等。在向心收缩过程中，肌肉产生的张力大于外界阻力，导致肌肉长度缩短，并驱动相连骨骼产生相向运动。此时，肌肉的起止点间距明显减小，是实现多数动力性动作的基础。

②离心收缩（或称拉长收缩）：与向心收缩相反，当外界阻力大于肌肉的收缩力时，肌肉会被动拉长，起止点之间的距离随之增加。这种收缩方式在制动和减速过程中尤为重要，尽管肌肉在长度上发生变化，但并不主动缩短，而是对抗外力以减缓或停止肢体的运动。

---

[1] 侯学华，孟宁，李俊，等. 足球运动损伤与处理教程[M]. 南京：东南大学出版社，2021.

③等长肌肉收缩（或称静力性收缩）：在此状态下，肌肉的收缩力与外界阻力保持平衡，导致肌肉长度保持不变，尽管没有产生明显的肢体位移（即未做外功），但肌肉内部仍在持续紧张并消耗能量。等长收缩对于增强肌肉力量和耐力具有重要作用。

④超等长肌肉收缩：是一种结合了离心与向心收缩的复合动作模式。首先，肌肉经历一个离心收缩阶段，被迅速拉长以储存弹性势能；紧接着，利用这些势能迅速转换为向心收缩，产生比单独向心收缩更强大的力量输出。在训练实践中，超等长收缩被广泛用于提高爆发力，促进肌肉快速力量的提升。

2. 人体与物质代谢

（1）糖类代谢

①糖类的重要性及其存在形式。糖类不仅是构成人体组织与细胞不可或缺的成分，更是维持生命活动的主要能量源泉。在日常能量消耗中，糖类占据了高达70%的比例。在人体内，糖类以多种形式存在并发挥功能：葡萄糖作为血液中的重要成分，直接参与能量供应；而糖原则作为能量的储备库，主要储存于肝脏（肝糖原）和肌肉（肌糖原）中，它们在体内通过精细的体液调节机制维持着动态平衡，保证能量的稳定供应与储存。

②糖类在体内的代谢。一是糖酵解途径。这是一种无氧代谢方式，特别适用于氧气供应不足或剧烈运动时。在此过程中，葡萄糖被分解为乳酸，同时快速释放少量能量。尽管能量产出相对较少，但糖酵解以其迅速的反应速度，保证了即时能量需求的满足，尤其是在紧急情况下。二是有氧氧化途径。作为糖类代谢的主要形式，有氧氧化在氧气充足的条件下进行，葡萄糖被彻底分解为二氧化碳和水，同时释放出大量能量。这一过程不仅效率高，而且产物清洁无害，是机体长时间、高强度活动时的首选供能方式。有氧氧化不仅满足了机体对能量的持续需求，还促进了体内物质的循环利用与生态平衡。

（2）脂肪代谢

脂肪在人体中扮演着多重角色，它不仅是储存能量的重要仓库，还是构成细胞结构的基本成分之一。在特定条件下，脂肪能够经历氧化过程，转化为二氧化碳和水，同时释放出巨大的能量，为人体各项生理活动提供动力支持。

在足球比赛这一高强度、长时间的运动场景中，学生运动员需要持续消耗大量能量以维持跑动、跳跃、冲刺等动作。随着比赛时间的延长，尤其是当比赛时长超过标准的 90 分钟，甚至延长至 120 分钟以上时，运动员对能量的需求急剧增加。此时，糖类等快速能源物质的储备可能被迅速消耗，而脂肪则逐渐成为主要的能量供应者。其氧化过程不仅为运动员提供了持续稳定的能量输出，还有助于调节体内代谢平衡，使运动员在长时间运动中保持稳定的竞技状态。

（3）蛋白质代谢

与糖类和脂肪相比，蛋白质无法在体内长期储存，因此日常饮食中持续摄取蛋白质对于维持人体基本生理需求至关重要。

蛋白质的代谢是生命活动的核心环节之一，其核心在于氨基酸的转化与利用。这一过程受到多种激素的精密调控，包括肾上腺素、甲状腺素及生长激素等，它们协同作用，确保蛋白质代谢的有序进行。特别是生长激素，它在促进蛋白质合成方面扮演着举足轻重的角色，通过加速氨基酸的整合，不仅增强了肌肉组织的构建与修复能力，还赋予了肌肉更为坚实与健美的外观。

（二）运动心理学基础

1. 运动中的感觉与知觉

（1）感觉与知觉的概念

感觉指人脑对作用于感觉器官的客观事物个别属性的反映。知觉需要多种感觉分析器的联合活动，指人脑对作用于感觉器官的客观事物的整体反映。

感觉与知觉在一定程度上都能够较为准确地反映客观事物，是人体一切心理现象的基础。但两者之间存在一定的差别。其差别主要分为两个方面，一方面二者对客观事物发生反应的具体水平不同。另一方面感觉是知觉的基础，知觉是感觉的进一步深化。二者都有自身的重要意义。

（2）感觉与知觉的种类

通常情况下，我们可以把感觉分为外部感觉和内部感觉两种。

①外部感觉。接受丰富的外部刺激，反映外部事物的属性，包括视觉、嗅觉等。

②内部感觉。接受内部刺激，反映身体内部内脏器官的状态或身体位置的运动，通常包括平衡觉、动觉、内脏感觉。

通常情况下知觉被分为一般知觉、复杂知觉、错觉。

①一般知觉。某种感觉反应器官起主导作用的知觉，通常包括视知觉、嗅知觉等。

②复杂知觉。根据知觉对象的不同可分为运动知觉、空间知觉等。

③错觉。人在特定条件下产生的对客观事物的扭曲知觉，将实际事物扭曲为完全不同、不相符的事物。

（3）感觉与体育运动

在足球教学与训练中，感觉机制的作用不可小觑，它是连接理论与实践、提升技能水平的关键桥梁。当学生在课堂上聆听教师对技术动作的详尽讲解与生动示范，并通过个人不懈练习逐步内化这些运动知识时，感觉系统便悄然成为他们掌握技能的得力助手。

具体而言，学生在执行足球动作的过程中，依赖于视觉、听觉、触觉等多感官信息的综合输入，以形成对动作细节的深刻理解。然而，在这众多感觉之中，动觉以其独特的地位脱颖而出，成为优化动作执行、深化动作理解的核心要素。动觉，作为肌肉、关节及肌腱活动时的感觉，它在足球运动中的价值尤为显著，因为它直接关联到动作的流畅性、准确性及效率。

（4）知觉与体育运动

①运动知觉：连接内外世界的桥梁。在体育运动中，运动知觉是运动员感知外界环境变化与调控自身动作的关键。运动知觉可细分为客体运动知觉与主体运动知觉两大维度。前者使运动员能够敏锐捕捉到比赛中的动态信息，如对手的动作、球的位置变化等；后者则让运动员精准感知自身运动状态，实现动作的精确控制与调整。两者的紧密结合，构成了运动员在赛场上迅速响应外界变化、灵活调整战术策略的基础，是提升竞技表现不可或缺的要素。

②空间知觉：精准定位与策略布局。空间知觉涉及对物体空间特征（如方位、距离）的准确理解，直接影响着运动员在比赛中的决策与行动。在足球运动中，空间知觉尤为重要，特别是在高空球的争夺中，运动员需凭借出色的空间判断能力，精准预测球的落点，优化跑位与起跳时机，从而有效掌控比赛节奏，为球队创造进攻或防守优势。

③时间知觉：节奏与协调的艺术。时间知觉则是衡量运动员身体运动协调

性与节奏感的重要指标。它反映了运动员对客观事物变化连续性与顺序性的深刻认知,是实现动作流畅、连贯、富有韵律的关键。在体育运动中,良好的时间知觉有助于运动员在快速变化的比赛环境中保持冷静,精准把握动作时机,无论是完成个人技巧还是团队协作,都能展现出高度的默契与效率。

2.运动中的表象与想象

(1)表象与想象的概念

表象,作为人类心智中的一种现象,是指个体在大脑中重现过往感知经验中事物的形象。这一过程类似于在脑海中绘制一幅幅生动的画面,比如回想起某位知名影星的清晰轮廓。

相比之下,想象则是一种更为创造性的思维活动,它不拘泥于既有的感知经验,而是将这些经验中的表象作为素材,通过新颖的组合方式,在大脑中构建出前所未有的新形象。在体育运动领域,想象尤为关键,它要求运动员在训练与比赛中充分调动这一能力,预见并构想出战术布局、队形变换等场景,如在足球比赛中构思灵活多变的阵型策略。想象,作为对现实挑战的预见性回应,展现了人类思维的无限可能。

表象与想象之间存在着紧密的内在联系。表象构成了想象的基础框架与丰富素材,为想象提供了必要的原料;而想象则是对这些素材进行深度加工与创造性重塑的过程,赋予了表象新的生命与意义。

(2)表象、想象与体育运动

①运动表象与再造想象是学生构建运动动作、掌握运动技能的关键。教练员通过生动的讲解与示范,结合运动表象的运用,将复杂的运动知识转化为直观易懂的形象,帮助学生初步建立起清晰的动作认知。学生再通过观察比赛录像、模仿练习等手段,进一步丰富头脑中的表象储备,并借助再造想象不断精进技术动作,使之逐步达到熟练乃至自动化的境界。这一过程凸显了表象与想象在技能形成中的基础性和催化作用。

②表象训练与想象训练成为巩固与提升技术动作的有效手段。以足球射门训练为例,通过预先的想象练习,学生能够在脑海中预演整个动作流程,增强对技术细节的把握。科学实验证实,想象过程中的生理反应与实际运动高度相似,这表明表象训练与想象训练能够激活相应的神经肌肉模式,促进技能的内

化与巩固。

③在竞技准备阶段，想象训练展现出其独特的心理调适价值。面对比赛的压力与紧张氛围，学生往往容易出现情绪波动与焦虑情绪。而通过系统的想象训练，学生能够提前模拟比赛场景，调整心理状态，有效减轻焦虑感，保持情绪的稳定与专注，从而以最佳状态迎接挑战。这一过程不仅体现了想象训练的心理疏导功能，也彰显了其在提升竞技表现中的重要作用。

3.运动中的思维

（1）思维的概念

思维是一种深层次的心理活动，它并不直接触及客观事物的表面，而是通过间接的方式，借助一定的媒介，对信息进行深度加工与处理。在体育运动这一充满策略与决策的领域中，思维发挥着重要的作用。以足球比赛为例，赛前对双方队伍实力的深入分析、对比赛结果的谨慎预测，均是基于思维活动所作出的决策判断。

思维，作为人类理性认识的巅峰，是在感知觉所积累的信息基础上孕育而生的。它超越了事物表面的纷繁复杂，致力于探寻事物背后的普遍规律，揭示事物的本质特征。在体育竞技中，思维不仅是运动员制定战术、调整策略的智力支持，也是教练团队布局谋篇、运筹帷幄的智慧源泉。通过思维的运作，人们能够超越眼前的局限，以更加全面、深远的视角审视比赛，从而在激烈的对抗中占据先机，实现卓越的表现。

（2）思维的种类

按照不同的分类方式，思维可以分成多个种类。

①根据个体发展的水平进行分类，思维主要分为动作思维、形象思维、抽象思维。

动作思维：依靠实际动作的思维，学生运用动作思维完成技术动作。

形象思维：依靠表象进行的思维，是思维的初级形式，儿童主要采取此种思维方式。

抽象思维：常常表现为概念、判断、推理等形式，是思维的高级形式，旨在认识事物发展的客观规律，探究各事物的本质特征与内在联系。

②根据思维的方向性进行分类，思维可以分为聚合思维、发散思维。

聚合思维：聚合思维强调求同，指收集与问题有关的各种信息，确定好最终目标，朝着单一的思维方向寻找问题的答案。

发散思维：发散思维强调求异、创新。人们通常在目标的指引下，从不同角度、不同维度，采用多种思维方式探究问题的答案，具有流畅性、变通性和独特性。

③从体育运动实践需要的角度出发，思维主要分为运动操作思维、战术思维。

运动操作思维：这种思维方式常在动作或操作技术中进行，学生不仅需要考虑自身的肢体动作，而且需要考虑器械的运动，实现二者的充分结合。

战术思维：在体育运动项目中，战术思维是指学生在完成战术任务的过程中进行的思维活动。不同学生之间的战术思维能力存在差异，主要体现在灵活性、预见性、创造性上。战术思维能力的高低在一定程度上反映了学生的个人能力。因此在平时的训练中一定要注意对这一能力的培养。

（三）运动训练学基础

1. 运动训练理论体系

随着运动训练实践的深入探索，一个系统而全面的运动训练学理论体系应运而生，该体系可从横向与纵向两个维度进行细致剖析与理解。

横向视角下，运动训练学理论框架涵盖了多元要素，主要包括训练内容设计、训练负荷调控、训练方法创新、训练周期规划及训练效果评估等五大核心方面，这些要素相互交织，共同构成了运动训练实践的基础框架。

转向纵向维度，该理论体系层次分明，由浅入深地划分为三个基本层级：一般训练学层次，为各运动项目提供普遍适用的基本原理与原则；项群训练学层次，针对具有相似特征的运动项目进行归类研究，提炼共性规律与特殊策略，其重要性不言而喻；专项训练学层次，则是特定运动项目的独特需求，实施精准化、个性化的训练指导。

2. 运动训练原理

（1）叠加代偿原理

体能与技能，作为足球训练学生的两大核心素质，彼此间存在着紧密而复杂的关联。技能动作的复杂程度往往超越体能动作，但其高效执行却深深植根于坚实的体能基础之上。当体能不足时，技能训练的深入与效果将大打折扣，因此，科学的体能训练不仅是技能提升的前提，更需贯穿于整个训练周期，以保证两者间的动态平衡与相互促进。

在足球领域，这种关系尤为显著。体能不仅是参与高强度足球技能训练的必要条件，还体现了运动训练的叠加效应——良好的体能储备能在一定程度上可以弥补代偿机能水平的暂时不足，为球员在比赛中赢得宝贵的调整时间。这种叠加代偿原理，是足球训练智慧的重要体现，它鼓励我们在追求技术精进的同时，不忽视体能的强化，因为两者是相辅相成的整体。[1]

值得注意的是，体能训练不应孤立进行，而应紧密围绕足球专项需求展开，与技术训练深度融合，形成有机整体。技术训练中遇到的体能"瓶颈"，正是体能训练精准介入的契机，通过针对性强化，为技术动作的高质量完成奠定坚实基础。这种动态的协调状态，不仅关乎训练的科学与效率，更是通往卓越竞技表现的必经之路。

（2）体能易衰原理

足球运动，以其独特的技战术对抗魅力，对广大学生而言充满了激励与挑战的乐趣。技战术训练因其策略性与动态变化，自然激发了学生的浓厚兴趣，使得他们在参与过程中乐此不疲。然而，尽管每位学生的训练投入因个体差异而有所不同，但普遍而言，相较于体能训练的单调与枯燥，技能训练总能引发更强烈的参与欲望。

体能训练，作为提升运动表现不可或缺的一环，往往因形式较为固定且缺乏即时的趣味性反馈，难以持续吸引学生的高度关注与投入。此外，体能状态的波动性也构成了另一大挑战：相较于技能一旦掌握后相对稳定的保持力，体能水平的起伏不定使得训练成果难以长期稳固，这无疑增加了训练的复杂性与学生的挫败感。

因此，在足球训练中，体能训练成为亟须关注与优化的关键领域。这方面的不足不仅直接制约了技能训练的效果，还通过叠加代偿原理的反向作用，削

---

[1] 张义飞，王宏伟，仝仕胜.高校足球学练设计理论与实践教程[M].北京：中国原子能出版社，2018.

弱了体能对技能暂时性不足的有效补偿能力，进而影响到学生综合竞技能力的全面提升。

（3）边际效应原理

"边际"是事物在时间与空间维度上的边界，蕴含了数量的微妙变化；"效应"则触及心理层面的满足感，是衡量情感深度与强度的标尺。这两者之间紧密相连，构成了边际效应的基本原理——心理反应随着数量增减而波动，深刻反映了人类主观感受的动态变化，尤其是预期与实际接近过程中情感的逐渐增强与最终释放。

边际效应的特性可从多个维度解析：

①时间性是其显著特征之一，意味着效应的强度并非恒定，而是随着时间的推移逐渐减弱。这体现在足球训练中，即长期依赖单一训练方法，其效果将逐渐淡化，学生竞技水平的提升速度放缓，反映出组织效能的自然衰减规律。

②空间性特征揭示了边际效应在广度上的局限性。若训练模式僵化，缺乏创新与变化，学生的竞技能力发展空间将受到制约，难以展现出应有的弹性与潜力。为了突破这一"瓶颈"，需要调整训练策略，重新构建竞技能力体系，以拓展提升空间。

③组合性特征强调了时间与空间在边际效应中的综合作用。在足球训练中，往往体现在具体训练手段的实施，却容易忽视这些手段最终产生的综合效果。实际上，不同的训练方法、时间安排与空间布局之间存在着无数种组合可能，合理优化这些组合，能够显著提升训练效率与学生的整体表现，从而实现边际效应的最大化。

（4）超量恢复原理

超量恢复原理阐述了一个关键训练理念：通过适当的休息与恢复，身体的物质能量储备能够超越先前的水平，进而促使机体运动能力实现质的飞跃。依据这一原理，当学生在超量恢复阶段进行针对性训练时，能够收获显著的训练成效，不仅身体机能得以优化，运动能力也将实现大幅提升。

该原理的实践应用具体表现为：

①若在第一次训练后给予过长的休息时间，直至完全超出超量恢复阶段再启动下一次训练，这种做法可能错失利用身体处于最佳恢复状态的机会，从而

难以有效促进人体机能与运动能力的提升。

②若两次训练间隔时间过短，即在机体尚未完全从疲劳中恢复，尚未进入超量恢复阶段便急于开始新一轮训练，这不仅会阻碍身体的充分恢复，还可能因疲劳累积而导致训练效果不佳，甚至增加受伤风险。

③在第一次训练结束后，准确把握超量恢复期的时机启动第二次训练。此时，身体正处于物质能量储备和恢复的最佳状态，新的训练刺激能够最大限度地促进人体机能与运动能力的双重提升，实现训练效果的最优化。

二、校园足球教学的教育学基础

校园足球教学的教育学基础内容有很多，受篇幅所限，下面主要阐述教育学理论和基本教学理论两个方面的内容。

（一）教育学理论

教育学属于一门基础学科，其基本原理是教育科学体系中其他学科的基本理论基础，其中包含了校园足球教学理论的相关研究。

1. 教育本质论

教育作为国家发展的核心驱动力，推动着社会的进步。教育的核心使命，在于培育与遴选能够适应并引领时代潮流的精英力量。从国际视角来看，无论是经济实力、国防实力的比拼，还是科技革新与体育成就的较量，归根结底都是人才资源的深度博弈，而这场博弈的根源，则深深植根于教育体系的优劣之中。教育的重要性，由此可见一斑。

随着教育的实践与探索不断前行，教育理论亦在时代变迁中持续深化与丰富，展现出与社会发展同步的活力与适应性。教育的历史轨迹，如同人类文明的长河，历经原始社会的懵懂初探、古代文明的智慧积淀，直至现代社会的多元繁荣，每一阶段都镌刻着独特的时代烙印。在这一进程中，人才的数量与质量始终是衡量社会发展高度的关键标尺，而社会的演进又反过来为人才培养设定了新的目标与要求。

在当代社会，人力资本理论进一步揭示了教育的经济价值，强调个体所掌握的知识、技能等综合素质，不仅是个人能力的体现，更是潜在的经济资本，直接关联着个人的未来收入与职业发展。这一理论深化了我们对教育投资回报

的理解，彰显了教育在促进个人成长、推动社会进步中的不可替代作用。❶

2. 教育目的论

教育的核心目的在于人才的全面培养，这涵盖了对人才质量、数量、规格及标准的深入探索。依据教育学原理，教育目的可划分为两大维度：一是基于社会发展的需求，强调教育的社会价值与贡献，此即教育目的的社会本位论；另一个则是立足个体本能与需求，体现个人潜能的挖掘与实现，即教育目的的个人本位论。两者各有侧重，亦各有局限，需以辩证眼光审视，力求在个人价值与社会需求间寻求最佳平衡点，实现价值的最大化。

在校园足球教学的语境下，教育目的论的实践意义尤为凸显。足球作为团队协作运动的典范，其精髓在于集体力量的凝聚与个体才华的展现相得益彰，个人荣耀植根于团队的成功之中。因此，在足球教学中，体育教师需深刻理解并平衡好团队与个体之间的关系。

具体而言，教育目的论在校园足球教学中的应用体现在以下三个方面。

①个性化与共性发展的融合：教师在设计足球教案时，应兼顾学生个体差异与共性需求，使得足球技战术训练与学生身心成长的同步性，促进学生足球理论与实战能力的均衡发展。

②差异化教学策略：认识到学生间的多样性，教师需采取"求同存异"的原则，为每位学生量身定制发展路径，使每位学生都能在原有的基础上取得进步。

③灵活多变的教学方法：鉴于学生的多变性与某些相对稳定的特性，教师应灵活运用多样化的教学手段与方法，设计创新教学模式，以适应不同学生的学习需求，提升教学效果。

④因材施教，尊重个性：在教学过程中，教师应充分尊重每位学生的独特性和发展潜力，实施灵活具体的教学方案，做到因材施教，激发学生的内在潜能。

---

❶ 周红萍. 校园足球建设的审视与未来发展研究 [M]. 北京：中国原子能出版社，2018.

（二）基本教学理论

1. 有效教学理论

（1）有效教学的概念

有效教学旨在实现教育资源的最大化利用，通过遵循教学活动的内在规律，教师与学生携手采用多样化且高效的教学策略与手段。这一过程力求以最小的教学成本，获取最为丰硕的教学成果，不仅体现在教学效益的最大化，也在于教学效率的显著提升。其核心目标在于全方位促进学生个人的全面发展，具体而言，就是帮助学生在知识积累与技能提升、过程探索与方法掌握、情感态度培养与价值观塑造这"三维目标"上取得持续且显著的进步。

（2）有效教学的理念

一般来说，有效教学的理念主要表现在以下三个方面。

①重视学生的全面进步和发展。有效体育教学不仅追求教学效果的最优化，更强调学生综合素质的全面提升。这要求体育教师在教学实践中，既要关注预设性教学内容的精准传授，也要重视生成性学习的动态调整，同时，需兼顾教学方法与过程的优化，以及对学生自主学习能力的精心培育。此外，积极引导学生树立正确的价值观，是实现其全面发展的关键一环。

为达成有效体育教学的目标，可从以下三个方面着手：首先，深刻理解并实践以"学生为中心"的教学理念，尊重并发挥学生在体育课堂上的主体地位。通过构建积极互动的师生关系，可以有效提升体育教学的效率与质量。其次，树立"全人发展"的学生观，致力于学生的均衡与全面发展。这意味着不仅要强化学生的体能与运动技能，还要关注其心理健康、社会适应能力及道德人格的塑造。在教学内容上，应拓宽知识领域，融合体育、健康、文化等多方面知识，同时，加强对非智力因素的培养，如态度、情感与价值观，以促进学生智商与情商的同步提升。在足球教学中，这体现在精进技术的同时，注重培养学生的足球智慧、团队协作意识及体育精神。最后，有效体育教学需激发学生的主体意识，鼓励他们主动参与学习过程。体育教师应扮演引导者的角色，通过创设富有吸引力的教学情境，激发学生的学习热情，帮助他们找到适合自己的学习方式，从而在实现个人学习目标的同时，促进其全面发展与进步。这一过程不仅关乎教学效益的提升，更是对学生自我成长能力的深刻肯定与培养。

②体育教师具备反思精神。在体育教学中，反思精神与能力对体育教师的专业成长和业务精进起着重要的作用。这一过程不仅是知识的积累，更是教学智慧的提炼与升华。有效体育教学的核心在于体育教师能够主动反思，通过不断审视教学实践，发现并解决教学过程中存在的问题，从而在反思中寻求进步与提升。

传统的教学理念往往忽视了教师的反思环节，导致体育教师普遍缺乏自我审视和持续改进的动力。然而，在追求有效体育教学的今天，我们必须认识到反思精神的重要性。它不仅是体育教师改进不良教学行为的前提，更是推动体育教学改革深入发展的关键。只有当体育教师真正具备了反思精神，能够自觉审视并批判性地分析自己的教学行为，才能有效地识别并摒弃传统教学观念的弊端，进而采取更加科学合理的教学策略。

③体育教师具备效益意识。体育教学活动的展开务必追求实质性收益，明确区分教学效果与效益的差异性至关重要。教学效果是对于学生所展现的积极转变，即达成或趋近于既定教学目标的有益成果；而教学效益则更深层次地关联于学生个体需求与社会教育期待的满足。为实现体育教学的根本目标，我们务必致力于追求并优化教学效益。

在足球教学这一具体领域内，体育教师的角色尤为关键，他们不仅是活动的组织者，更是引领者。因此，体育教师需具备强烈的效益意识，这一意识如同灯塔般照亮教学之路，引导教师主动审视教学过程，积极反思教学行为，并自主评估教学成效。通过这样的方式，教师能够不断发现并修正教学中的不足，从而有效提升教学效益，使教学成效既能满足学生的个性化发展需求，又能契合社会的整体教育期望。

2. 教学过程最优化理论

（1）教学过程最优化的内涵

教学过程最优化，旨在通过深入剖析教学规律、原则、方法及教学系统内外条件与环境的综合影响，以高效达成教学任务为目标，科学控制教学过程。它要求教育者依据先进的教学理论，结合当前教学条件，不断探索、设计、选择并实施最佳教学方案，旨在最大化发挥各教学要素的作用，最终实现教学效果的最优化。

在体育教学中，这一理念尤为重要。体育教师应灵活运用现有教学条件，精选教学组织形式与方式，通过优化整合各教学要素，使每一位学生都能在原有的基础上获得显著提升，充分发掘其学习潜力，从而达成最佳教学效果。

（2）教学过程最优化的标准

教学过程最优化的实现，需遵循教学规则，全面考量教学规则、形式、条件及对象等多方面因素，使教育过程效能得到最优化。其评判标准主要包括以下方面。

①时间标准：强调效率与效益的统一，即在尽可能短的时间内，以最小的资源投入获得最大的教学效果。这要求教育者精确规划教学时间，避免无谓的消耗，使每一分钟都用于促进学生的学习与发展。

②效果标准：在规定的教学时间内，通过科学合理的教学过程控制，促进学生知识与技能、过程与方法、情感态度与价值观等方面的全面发展。这要求教育者不仅要关注学生的学习成果，更要关注其学习过程中的成长与变化。

（3）体育教学过程的最优化

针对体育教学的复杂性，教育者需全面审视体育教学的规律、原则、方法、条件及对象等要素间的内在联系，从实际出发设计并实施有效的教学方案。具体而言，应做到以下五点。

①深入剖析教学要素：全面了解体育教学系统的各组成部分，包括学生特点、教学内容、教学方法、教学条件等，为制定优化策略提供坚实基础。

②科学设计教学方案：依据教学规律与原则，结合学生实际与教学条件，精心设计教学方案。

③灵活选择教学策略：针对不同教学内容与学生需求，灵活采用多样化的教学策略与方法。注重因材施教与分层教学，充分激发学生的学习兴趣与积极性。

④有效实施教学过程：在教学过程中，教育者需密切关注学生的学习状态与反应，及时调整教学策略与方法。加强师生互动与反馈，实现教学目标的顺利达成。

⑤持续优化教学效果：通过教学反思与评估，不断总结教学经验与教训。

针对教学中存在的问题与不足，提出改进措施与方案。持续优化教学过程与效果，推动体育教学质量的不断提升。

3.信息化教学理论

（1）信息化教学的概念

信息化教学，根植于现代教学理念，强调教师充分融合现代信息技术，整合并高效运用多样化的教学媒体与信息资源，营造出一个充满活力与互动的教学环境。在这一环境中，学生被鼓励成为知识与信息的主动建构者，通过积极参与和自主探索，不断提升学习成效，从而实现教学质量的飞跃。

（2）信息化教学的要素

信息化教学系统在传统教学系统（教师、学生、教学内容）的基础上，引入了媒体这一关键要素，形成了教师、学生、教学内容及媒体四位一体的新格局。这四个要素紧密相连，相互作用，共同推动着教学系统的持续进步与发展。

（3）信息化教学基本理念

信息化教学秉承"以人为本"的核心理念，尤其注重学生主体地位的确立与主观能动性的激发。具体表现如下。

①学生中心原则：教学活动紧密围绕学生展开，使学生在学习过程中的主体地位得到充分尊重与体现。

②主观能动性激发：通过多媒体技术等信息化手段，激发学生的学习兴趣与积极性，促使他们主动参与到学习过程中，最大限度地发挥个人潜能。

③师生互动交流：强调师生间的积极互动与有效沟通，构建和谐的师生关系，缩短心理距离，增强教学效果。

（4）信息化教学基本特征

信息化教学展现出鲜明的技术特征与教育特征，具体如下。

①技术特征

数字化：教学设备简约高效，性能稳定可靠，为信息化教学提供坚实的技术支撑。

网络化：信息资源共享便捷，活动时空限制减少，促进人际合作的广泛实现。

智能化：教学行为更加人性化，人机通信自然流畅，复杂任务得以高效处理。

多媒体化：媒体设备一体化设计，信息表征多元化呈现，复杂现象得以虚拟化展示。

②教育特征

共享性：信息化教学打破了资源壁垒，实现了教学资源的广泛共享与高效利用。

交互性：学习者通过提问、交流、讨论等方式深化理解，促进思维碰撞与知识建构。

协作性：提供了丰富的协作平台与工具，支持师生间、学生间的多样化合作与研讨。

开放性：教育不再受时空限制，学习更加自主灵活，推动教育向社会化、终身化方向发展。

三、校园足球教学的基本原则

（一）主体性原则

校园足球教学的主体性原则，是指在相关活动中对于诸多教学元素的选择要与学生的需求和特点紧密结合。与此同时，学生也要对教师的教学予以配合，这样才能取得理想的教学效果。

遵循校园足球教学的主体性原则需要注意以下四个方面。❶

1. 校园足球教学是教与学的双边活动

校园足球教学本质上是一场教师与学生共同参与、相互作用的旅程。教师应视学生为平等的伙伴，而非被动接受知识的容器。在教学中，教师应积极倾听学生的声音，理解他们的需求与困惑，同时鼓励学生表达自己的想法和感受。这种双向交流不仅能够激发学生的主动性，还能促进教师不断调整教学策略，以更好地适应学生的学习节奏和风格，共同推动教学过程向前发展。

---

❶ 周雷，吴强.体育强国目标下我国校园足球的发展机制与实施路径研究[M].上海：上海交通大学出版社，2022.

2.引导学生明确学习目的

学习目的如同航海中的灯塔，为学生指明方向。体育教师应通过生动有趣的实例和深入浅出的讲解，帮助学生认识到学习足球的长远意义，如培养团队精神、提升身体素质、增强意志品质等。当学生明确了自己的学习目的时，就会自然而然地产生强烈的学习动机，从而更加积极地投入足球学习中去。

3.培养学生学习足球的兴趣

兴趣是学习的最佳催化剂。体育教师应善于从足球运动的各个元素中挖掘学生的兴趣点，如精彩的比赛瞬间、球星的成长故事、足球文化的魅力等。通过丰富多样的教学手段和实践活动，让学生感受到足球运动的乐趣和魅力，从而激发他们的学习兴趣和热情。当学生真正喜欢上足球时，他们就会以更加饱满的热情和专注度投入足球学习中去，教学效果自然也会显著提升。

4.建立民主平等的师生关系

民主平等的师生关系是教学活动顺利开展的重要保障。体育教师应摒弃传统的权威观念，以朋友的身份与学生相处，尊重学生的个性差异和主体地位。在足球教学中，教师应关注每一名学生的成长和发展，给予他们充分的信任和支持。同时，鼓励学生之间相互学习、相互帮助，形成积极向上的学习氛围。这种和谐的教学氛围不仅能够提高学生的学习效果，还能够培养他们的社会交往能力和团队合作精神。

（二）实效性原则

校园足球教学的实效性原则，是一切足球教学活动要以切实为学生的进步为目标，并为最终教学效果的实现解决教学中所遇到的各种问题。贯彻这一原则需要注意以下三个方面的要求。

1.选择合理的教学方法

教学方法是连接教师与学生的桥梁，其合理性直接影响教学效果。教师应基于学生实际情况和教学目标，精心挑选并灵活运用多种教学方法，如讲解示范、分组练习、对抗比赛等，以激发学生的学习兴趣和积极性。同时，教师应保持开放心态，不断探索和创新教学方法，如引入信息技术辅助教学、采用游戏化教学策略等，以持续提高教学质量和实效性。

2. 经常性开展调查研究

教师应将教学研究视为职业发展的重要组成部分，不仅要精通现有教学知识和技能，还要时刻关注足球运动的最新动态和发展趋势。通过参加专业培训、阅读专业文献、观看高水平比赛等方式，不断更新自己的知识体系和教学理念。此外，教师还应定期开展教学调研，了解学生的学习需求、反馈意见及学习成效，以便及时调整教学策略和方法，确保教学活动始终贴近学生实际和需求。

3. 用唯物辩证法指导教学工作

在校园足球教学中，教师应坚持唯物辩证法的指导原则，即一切从实际出发，实事求是地分析和解决问题。面对教学中的各种困难和挑战，教师应深入剖析问题的本质和根源，准确把握教学的重点和难点，采取有针对性的措施加以解决。同时，教师还应注重培养学生的辩证思维能力，引导他们学会用全面的、发展的、联系的观点看待问题和分析问题，从而提升学生的综合素质和足球技能水平。

（三）直观性原则

校园足球教学中贯彻直观性原则，旨在通过充分利用学生的感官体验和已有知识，迅速构建足球技能与战术的直观印象，进而扎实掌握相关技能。为实现这一原则的有效实施，需注重以下四方面要求。

1. 明确且差异化的教学目标

教师应首先明确每堂课、每个教学阶段的具体目标和要求，这是直观性教学的前提。针对不同水平的学生，需制定差异化的教学策略。例如，初学者宜采用动作示范、技术图片等直观手段，帮助他们建立基础动作概念；而对于有一定基础的学生，则可通过视频录像、战术演示软件等高级媒介，提升他们的技战术理解与应用能力。

2. 多感官融合的教学体验

在直观性教学中，教师应创造性地利用多种感官刺激，如视觉（观看示范、图片、视频）、听觉（讲解、比赛解说）、触觉（触球练习、队友间的身体接触）等，以增强学生的感知和理解。这种多感官融合的教学方式能够加深学生对足球技战术的直观印象，提高学习积极性和效果。

3. 启发式教学与思维引导

直观性教学不仅限于表面现象的展示，更重要的是要启发学生的思维，引导他们主动思考、探索。教师应善于观察学生的学习状态，及时发现并指出存在的问题，通过提问、讨论、案例分析等方式，引导学生深入思考足球技战术的内在逻辑和应用场景。这种启发式的教学方法能够帮助学生建立起对足球运动的深刻理解，培养他们的创新能力和问题解决能力。

4. 灵活调整与持续优化

直观性教学是一个动态的过程，教师应根据学生的学习反馈和教学效果，灵活调整教学策略和方法。同时，教师还应不断学习和探索新的教学技术和手段，以持续提高直观性教学的效果和质量。通过持续优化教学过程，教师可以更好地满足学生的学习需求，促进他们的全面发展。

（四）循序渐进原则

校园足球教学的循序渐进原则，要求的是教学依据足球运动技能的培养规律，按照从简到繁、从单一到组合的顺序组织教学。贯彻循序渐进的基本原则，应注意以下三个方面的要求。[1]

1. 注意教学内容的系统性

校园足球教学应严格遵循基础教学大纲，教师应根据教学进度和课时计划，将教学内容逐级细化并有序展开。同时，要注意各教学阶段之间的衔接与过渡，使学生能够在掌握前一阶段技能的基础上，顺利进入下一阶段的学习，从而构建起扎实的足球技能体系。

2. 注意教学方法的系统性

学生足球运动技能的培养是一个循序渐进的过程，包括定向、巩固提高、熟练和自动化等多个阶段。教师应深入了解每个阶段学生的学习特点和需求，设计与选择合适的教学方法与手段。在定向阶段，可通过讲解示范、模仿练习等方式帮助学生建立正确的动作概念；在巩固提高阶段，则应增加练习密度和难度，促进技能的内化；在熟练和自动化阶段，则可通过实战演练、对抗比赛等方式提升学生的综合应用能力。同时，教师还应根据学生的学习反馈和教学

---

[1] 田琪. 校园足球课程纲要 [M]. 北京：北京邮电大学出版社，2017.

效果，灵活调整教学方法，达到教学目标。

3.合理安排运动负荷

合理安排运动负荷是促进学生身心健康发展的重要保障。对于参与校园足球活动的学生而言，他们往往缺乏专业的运动训练背景，因此在安排运动负荷时更应谨慎。教师应充分考虑学生的年龄、性别、体质等因素，遵循学生身心发展的规律，合理控制运动强度、密度和持续时间。在安排训练计划时，应注重个体差异和因材施教的原则，使得每位学生都能在适合自己的负荷范围内进行训练。同时，教师还应关注学生的身体反应和心理状态，及时调整训练计划，避免过度训练和运动损伤的发生。

（五）因材施教原则

在校园足球教学中贯彻因材施教原则，旨在尊重学生个体差异，为每一位学生提供最适合其发展的教学指导。为此，教师应从整体上把握教学目标与计划，同时深入了解学生个体情况，实施有针对性的教学策略。以下是对此原则的进一步阐述与具体要求。

1.整体规划与个性化调整相结合

教师在制订校园足球教学计划时，应首先确立总体目标，即保证全体学生都能通过教学活动掌握足球基本技能。在此基础上，教师应根据学生的运动能力、基础水平等因素进行分组，为不同水平的学生设计差异化的教学路径。对于能力较强、基础较好的学生，可以提供更具挑战性的训练内容和进阶途径，以促进其技能水平的进一步提升；而对于基础和能力相对较弱的学生，则应给予更多的关注和支持，通过耐心指导、降低难度等方式，帮助他们逐步建立信心、掌握技能。

2.了解学生个体情况

因材施教的前提是对学生个体情况的全面了解。体育教师应通过日常观察、交流访谈、体能测试等多种方式，收集关于学生的兴趣、初始运动技能、身体素质、学习能力等方面的信息。这些信息是制订个性化教学计划、实施针对性教学指导的重要依据。只有充分了解学生的个体差异，教师才能更加准确地判断每位学生的需求与潜能，从而为他们提供更加适宜的教学方案。

四、校园足球教学设计理论

（一）体育教学设计

体育教学设计是一项综合性的研究与规划任务，它致力于探索并构建最优化的体育教学流程。该过程植根于学习理论、教学理论、传播学及体育教学原理的深厚土壤，旨在追求卓越的体育教学效果。通过一系列精心设计的操作程序，体育教学设计巧妙地整合与协调教学过程中涉及的诸多要素：教师作为引导者的角色、学生作为学习主体的能动性、教学内容的适宜性、教学条件的充分性、教学目标的明确性、教学媒体的有效性以及教学组织形式的合理性。[1]

（二）足球教学设计

1. 足球教学设计的概念

根据上述体育教学设计的概念，我们可知足球教学设计就是在一般教学设计和体育教学设计理论的指导下，依据一定的足球教学规律及特点，研究系统设计足球教学过程的一门应用学科。

2. 足球教学设计的指导思想

（1）素质教育观

素质教育是现代教育的基本要求，要求全面贯彻党的教育方针，以德育为核心，以创新精神和实践能力为重点，面向全体学生，使学生在德、智、体、美、劳各方面都得到协调性的发展。

一般来说，素质教育观主要包括以下四个教育观念。

①全面发展的教育目的观。

②面向全体学生发展的学生观。

③面向未来的人才观。

④学生主体的发展观。

（2）现代体育教育观

体育教学设计要遵循素质教育的理念和要求，必须转变传统的体育教育观念，树立现代体育教育观念。

---

[1] 冯涛. 足球教学设计与训练实践研究 [M]. 长春：吉林大学出版社，2018.

①坚持"全面发展""健康第一"的指导思想。
②贯彻与实施全面教育的指导思想。
③贯彻与实施终身体育的指导思想。

(三)足球教学设计的原则

1. 目标导向原则

在足球教学设计的初期,首要任务是清晰界定教学目标。体育教师应深入剖析足球课程目标体系,明确宏观与微观目标间的内在联系,并基于对学生个体差异及教学现状的深刻理解,确立具体可行的足球教学目标。整个教学设计流程应紧密围绕这一核心目标展开,保证了所有教学活动目标的达成。

2. 可操作性原则

足球教学设计方案必须具备高度的可实施性,以保证教学质量与效果。教师应充分考虑现有教学环境、资源条件及学生的实际水平,设计出贴近实际、易于操作的教学方案。避免理想化设计,使方案能在现有条件下得到有效执行。

3. 整体优化原则

遵循整体优化原则,意味着在足球教学设计时需全面考虑教学系统中的各个要素及其相互关系,通过优化各子系统的功能,促进整体教学效能的最大化。这要求体育教师在足球教学设计过程中,要将教学目标、内容、方法、组织形式等要素有机融合,形成协同增效的教学体系。

4. 灵活性与实效性相结合原则

足球教学设计应兼具灵活性与实效性。教师应根据学生实际情况灵活调整教学方法,使教学既有趣又有效。通过创设真实或模拟比赛情境,让学生在实践中学习技能,提升教学质量。同时,保持设计的灵活性,以便根据实际情况及时调整策略。

5. 趣味性和针对性相结合原则

增强教学设计的趣味性,营造轻松愉悦的学习氛围,有助于激发学生的学习兴趣与积极性。同时,针对学生的个体差异,实施分层教学与个性化指导,使每位学生都能在适合自己的节奏中进步。通过融合趣味性与针对性,既保持教学的吸引力,又体现教学的有效覆盖。

（四）足球教学设计的步骤

1. 仔细分析足球教学实际

在进行足球教学方案设计之初，深入剖析足球教学课程的实际情况构成整个设计流程。这一阶段的核心在于全面把握学生的学习需求与具体教学内容的深度解析。具体而言，需细致了解学生当前的知识储备、技能水平、兴趣偏好及学习障碍，以此为基础制订个性化教学计划。同时，对教学内容进行系统化梳理，明确课程的教学主旨、涵盖的知识点、需要攻克的教学难点与重点，并精心设计教学流程，融入恰当的教学策略与方法，实现教学目标的顺利实现。

2. 合理设计足球教学内容体系

设计阶段无疑是体育课教学设计的重中之重，它是对体育教学目标的精准设定、教学策略的精心策划以及教学过程的细致规划。这一阶段直接关联到教案的核心内容——教学目标、教学策略与教学过程的设计。尽管理论上这三者设计完成后方可着手编写教案，但实际操作中，设计过程与教案编写往往交织并进，难以截然分开。教学策略的设计需涵盖教学组织形式、教学方法的选用、教学手段的创新、教学步骤的合理安排以及练习强度的科学设定等多个维度，这些具体设计内容均需紧密结合教学实际，既符合学生的学习需求，又能有效提升教学效果。

3. 科学评价足球教学设计方案

体育教学设计的尾声，即评价阶段，其重要性不容忽视，尽管在实际操作中可能因种种原因而被边缘化。此阶段的核心任务在于通过系统性地评估教学效果，来验证所设计的教学方案是否兼具科学性与合理性，是否达到了最优或接近最优的状态，从而使教学质量的高效提升。这一评价过程不仅是对前期设计工作的回顾与反思，更是对足球教学质量持续改进的关键驱动力。

第二节 校园足球教学的目标与内容

一、校园足球教学目标的确定

（一）确定校园足球教学目标的依据

校园足球教学目标是在校园足球教学中，教师要求学生通过学习足球相关内容应该达到的教学效果和教学标准。

1. 教学总目标

教学总目标是教育体系中各级教学目标的根本导向，每一层级教学目标的实现均服务于这一总目标的达成。在足球教学领域，设计教学目标时，必须全面审视足球教学系统的各个具体目标及其内在联系，确保逻辑清晰、层次井然。

对于校园足球而言，其教学目标的设计应紧密围绕并支撑足球教学的总体愿景，一是全面促进学生体质与体能的提升，激发他们对足球运动的兴趣，普及足球知识，同时强化技战术训练，培养学生的团队合作精神与坚韧不拔的竞技精神，为国家足球事业输送潜在人才；二是充分挖掘足球的教育潜力，助力我国基础教育改革的深化与发展；三是引导校园足球活动的规范化开展，逐步提升校园足球的整体竞技水平；四是依据校园足球发展战略的宏观布局，制定详尽的发展规划与指导纲要，使得校园足球活动有序、高效地推进；五是在校园足球活动领导小组的统筹协调下，各相关学校应积极响应，认真执行既定工作计划，共同推动校园足球事业的蓬勃发展。

2. 教学功能与内容

体育功能的多样性直接塑造了体育教学目标的多元化格局，而足球运动，作为体育领域的重要组成部分，不仅承载着体育运动共有的功能，还蕴含着独特的育人价值。在校园足球教学实践中，明确并针对这些具体功能设计相应的教学目标显得尤为重要。

设计足球教学目标时，深入剖析足球教材与教学内容是不可或缺的一环。这一过程需实现教学内容的广泛覆盖，同时精准捕捉并突出教学特色、关键难点与重点，紧密贴合足球运动的本质特征与内在规律。通过这样的系统性设计，不仅促进了学生对足球知识与技能的全面掌握，更深化了他们对足球运动精神内涵的理解，为培养全面发展的足球人才奠定了坚实基础。

3. 学生身心特点

在足球教学中，学生始终处于核心地位，因此，教学目标的设定必须深入考量学生的个性化特征，包括学生的兴趣倾向、学习态度、实际需求以及学习风格等，同时遵循学生身心发展的自然规律。最大化校园足球教学的成效，关键在于激发学生对足球运动的浓厚兴趣，促使他们积极参与其中。

这要求教师在制订教学计划时，巧妙融合足球运动的趣味性、目的性与对抗性元素，依据学生的生理成熟度、心理特征及智力发展水平，精心设计教学活动。通过循序渐进的教学方式，引导学生从基础入手，逐步深化对足球知识与技能的理解与掌握，使学习过程既富有挑战性又不失趣味性，从而有效提升学生的足球运动能力，为他们奠定坚实的参与基础。

4. 客观教学条件

客观教学条件是教学实施的重要条件，对教学过程产生着直接而深远的影响。在制定足球教学目标时，秉持实事求是的原则至关重要，使目标设定既具前瞻性又不失可行性，避免脱离实际成为空中楼阁。具体而言，必须充分考虑学校现有的足球场地规模、器材配备状况及体育设施的完善程度等条件因素，以此为依据调整优化教学目标，使其既符合足球教学的本质要求，又能在现有资源框架内得到有效实现。通过这样的细致考量，不仅能够保障足球教学目标的现实可达性，还能促进教学资源的合理配置与高效利用，为足球教学的顺利推进奠定坚实基础。

（二）校园足球教学的模块目标

校园足球教学目标不仅有学段目标之分，还有模块目标之分，即校园足球要实现不同领域的教学目标。

1. 运动参与目标

在运动参与领域，校园足球教学应实现如下目标。

①使学生养成正确的身体姿势习惯。

②使学生体能发展良好。

③使学生关注自己的健康，了解健康的影响因素，清楚不良内外环境因素对自身健康的危害。

④使学生科学参与体育运动。

⑤使学生积极参与足球活动。

⑥使学生掌握体育运动的基本技能。

2. 运动技能目标

校园足球教学在运动技能领域的目标主要包括以下几个方面。

①使学生熟练掌握足球技能。

②使学生在足球比赛中能够灵活运用足球技战术进行对抗。

③使学生安全参与足球活动，掌握处理常见问题的技能与方法。

3. 心智健康目标

校园足球教学中，要培养学生的心理素质和健康智力，具体要达到以下目标。

①使学生对身心健康的重要性及身体发展与心理发展的关系有正确的认识。

②使学生在足球运动中能够进行情绪的自我调节。

③使学生养成坚强的意志品质，塑造集体主义精神，提高团结合作能力。

④提高学生的一般智力水平与运动智能水平。

4. 人文素养目标

在人文素养层面，校园体育教学要实现如下目标。

①使学生树立人文思想，积累人文知识。

②塑造良好的人文情怀，使学生对人类发展与人类价值予以关注和尊重。

③培养学生的审美情趣和审美素养。

④弘扬足球之美，对学生发现美与创造美的能力予以挖掘和培养。

⑤对学生的体育意识、体育道德进行培养。

⑥使学生形成正确的社会意识，培养民族情感和责任感。

二、校园足球教学内容的设置

校园足球教学内容的选择直接影响校园足球教学目标的实现，只有合理设置教学内容，恰当选择教学内容，科学实施教学内容，才能逐步实现足球教学目标。为提高校园足球教学内容设置的科学性和合理性，在内容设置中要遵守下列准则。

（一）培养兴趣、促进健康

教学内容应紧扣足球运动的魅力与特色，同时兼顾学生的兴趣点，营造轻松愉悦的学习氛围。旨在通过丰富多彩的教学活动，不仅让学生在技能上有所精进，更让其在心理上获得成就感与乐趣，从而深化他们对足球运动的热爱。同时，内容设计需全面考量学生健康的多维度需求，包括体质、心理、道德及社会适应能力，促进学生的综合健康发展。

（二）符合年龄、正确排列

教学内容的选择与编排需紧密贴合学生的年龄特征与成长阶段。对于初学者，应侧重于基础球感培养与体能锻炼，通过游戏化方式激发兴趣；随着年龄的增长，逐步引入传球、带球、射门等基本技术训练，难度层层递进；进而，通过比赛实践，提升学生的技术应用能力与团队协作精神。教学内容的组织可采用直线式与螺旋式相结合的方法，既保证知识的连贯性，又强调技能的深化与巩固。

（三）实践为主、理论为辅

实践教学是校园足球教学的核心，通过大量的练习与活动，让学生在做中学、学中做，不断提升体能与技能。同时，理论教学也不可或缺，它以丰富的知识体系与科研成果为基础，有助于加深学生对足球运动的理解，激发探索欲，为实践提供科学指导。理论内容的呈现应生动有趣，增强吸引力。

（四）科学统一、安全为上

教学内容的选择必须严格遵循科学性原则，使其对学生的健康有益，能有效提升足球技能，并助力教学目标的实现。此外，安全始终是首要考量，应避免选用可能带来高风险的教学内容，使学生在安全的环境中学习成长。同时，内容应体现积极向上的价值观，传递健康、文明、合作的足球精神，为学生的全面发展树立正面榜样。

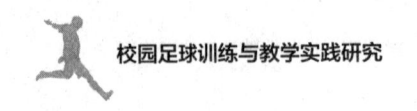

第三节　校园足球教学的方法与模式

一、校园足球教学方法的选用

（一）校园足球教学中的常用方法

体育教学方法包括以体育教师为主的教法和以学生为主的学练法，二者构成了完整的体育教学方法体系。足球教学是体育教学的重要组成部分，其教学方法同样包括教法和学练法两种类型。

1. 教法

在足球教学过程中，足球教师作为实施教法的核心主体，须精准把握学生的身心特点，采用科学、可操作且目标导向明确的教学方法来传授知识与技能。以足球教师为主的足球教法主要有以下三种。

（1）语言法

足球教师运用富有感染力的语言，以启发性和指导性兼具的方式，引导学生深入足球学习的世界。语言不仅是传递信息的工具，更是激发学生兴趣、调动学习积极性的钥匙。教师应根据教学场景灵活调整语言风格，无论是激励的话语、清晰的指令还是细致的解析，旨在帮助学生集中注意力，深入理解动作要领，从而在愉悦的氛围中提升学习效果。

（2）直观法

直观教学法通过教师的直接示范或借助多媒体等手段，直观展现足球动作的全貌，有效刺激学生的视觉感知。在此过程中，教师的示范不仅要准确到位，还需充满热情与专注，以情感人，以技服人。结合生动的语言讲解，帮助学生建立清晰的动作概念，同时培养他们的观察力和模仿能力。教师的耐心与亲和力更是不可或缺，它们能极大地增强学生的自信心和学习动力。

（3）完整法与分解法

针对足球动作的复杂程度及教学目的的不同，教师可灵活运用完整法与分解法。对于结构简单、易于理解的动作，采用完整法展示其连贯性，有助于学生建立完整的动作表象。而对于难度较高、细节繁多的动作，则宜采用分解法，将动作细化为若干部分逐一攻克，待各部分熟练后再进行整合练习。这种方法不仅提高了学习效率，还帮助学生更深入地理解动作间的内在联系，促进了学生足球技能的整体提升。

2. 学练法

学练法包括学习法和练习法，学法和练法是密不可分的。下面简单介绍三种常用的足球练习方法。

（1）重复练习法

重复练习法侧重于在特定、可控的条件下，让学生对某一足球技术进行反复练习，直至达到动作流畅、准确无误的境界。通过不断的重复，学生不仅能够加深对技术动作的理解，还能在肌肉记忆中形成稳定的动作模式，从而实现技术的熟练掌握与巩固。

（2）循环练习法

循环练习法强调练习的系统性与连续性。教师需预先设计一套包含多个练习点的训练方案，这些练习点围绕特定的训练目标精心安排。学生需按照既定的顺序、路线和要求，逐一完成每个练习点的任务。这种练习方式不仅能够帮助学生全面熟悉和掌握多项技能，还能通过连续的循环刺激，加深记忆，提高训练效果，实现技能的融会贯通。

（3）游戏练习法

游戏练习法充分利用了足球运动的竞技性与趣味性，通过编排多样化的足球游戏，如分组对抗赛、个人技巧挑战等，激发学生的学习兴趣与参与热情。在游戏中，学生不仅能在轻松愉快的氛围中锻炼技能，还能在实战模拟中提升应变能力、团队协作能力，增强战术意识。此外，游戏练习法还能有效缓解训练压力，帮助学生保持良好的心态和积极的态度。

（二）校园足球教学方法选用的原则

在校园足球教学实践中，教学方法的选择直接关乎课堂教学效果与教学目标的实现。因此，科学合理地选用教学方法应遵循以下原则。

1. 根据教学目的与任务选用

教学方法的选用应紧密围绕具体的教学目的与任务展开。在不同教学阶段及同一阶段的不同课程中，教学目的与任务各异，这要求教学方法需具备高度的针对性和实用性。例如，在足球新授课中，为帮助学生快速掌握动作要领，应优先采用语言教学法、直观示范法等，以直观形象的方式引导学生理解动作细节；而在练习课和复习课中，则可通过比赛法、练习法等强化技能巩固与提升，以达到更高的教学目标。同时，在单元教学中，前期注重兴趣培养，后期注重自主学习能力培养，教学方法的选择应随之调整，使教学目的与教学方法的和谐统一。❶

2. 根据学生实际情况选用

教学方法的选用必须充分考虑学生的实际情况，包括学生的体能、技能基础、生理心理特点、年龄、智力水平、学习兴趣与态度等多方面因素。足球教师应深入了解每位学生的具体状况，以此为依据灵活调整教学方法，使教学方案既能满足学生的实际需求，又能充分发挥其潜能。例如，对于体能较弱的学生，可增加辅助练习与调整训练强度；对于技能掌握较快的学生，则可引入更高层次的挑战，以促进其进一步发展。

3. 根据教学方法的属性选用

认识到每种教学方法都有其特定的适用范围、教育功能、适用条件及优缺点，是科学选用教学方法的前提。足球教师应充分了解各种教学方法的属性，根据教学实际审时度势，灵活运用。这要求教师在课前做好充分准备，分析各种方法的可行性与效果预期，并在教学过程中根据反馈及时调整策略。同时，教师还需不断探索创新教学方法，以适应足球教学的快速发展与学生需求的不断变化。

二、校园足球教学模式的构建

（一）校园足球教学模式的构建原则与步骤

1. 构建原则

（1）坚持教学目标、内容、形式、结构与功能的统一原则

从本质上讲，足球教学模式的建构是处理好足球教学活动中形式与内容、

---

❶ 陈栋.校园足球科学化训练与后备人才的选拔与培养研究[M].北京：北京燕山出版社，2023.

结构与功能的关键问题。所以教师应全面分析各种足球课的结构和形式、功能及作用，并以教学目标和条件为依据合理选择教学模式。

（2）坚持借鉴与创新的统一原则

足球教学模式的建构要坚持借鉴与创新的统一性。借鉴包括两个方面的含义：一方面是借鉴国外先进教学模式理论；另一方面是借鉴国内先进教学模式理论与成功教学经验。坚持借鉴与创新的统一，就是要在正确教学思想的指导下改革落后的教学模式，借鉴前人和他人的成功经验与理论，结合教学实际来提高足球教学效率。

2. 构建步骤

（1）明确指导思想

明确以哪种教学思想为依据而构建模式，从而为模式的构建奠定理论基础，并使教学模式的主题更突出。

（2）确定建模目的

明确指导思想后，确定构建足球教学模式的目的。

（3）寻找典型经验

通过调查研究，寻找符合模式构建指导思想与目的的典型经验或原型作为教学案例。

（4）抓住基本特征

运用模式方法分析教学案例，概括教学案例的基本特征与基本教学过程。

（5）确定关键词语

确定表述教学模式的关键词。

（6）简要定性表述

简要地对教学模式进行定性表述。

（7）对照模式实施

对照教学模式展开实践教学，进行实践检验。

（8）总结评价反馈

通过教学实践验证，归纳总结检验结果，初步调整与修正教学模式，并反复实践直至完善。

（二）构建校园足球教学新模式

1. 启发式教学模式

启发式教学模式是一种以学生为中心的足球教学策略，其核心在于激发学生的积极性、主动性，鼓励他们在教学活动中扮演主角。该模式通过设计问题情境，引导学生积极思考与独立探究，促使他们主动发现并掌握知识，最终自主总结出相关结论。这一过程不仅深化了学生对足球技能与战术的理解，更着重培养了他们的探索精神、创新思维以及自主学习的能力，为他们未来的成长与发展奠定了坚实的基础。

2. 小群体式合作、竞争教学模式

在足球教学中融入小群体合作与竞争模式，旨在营造一个和谐共进的学习环境，鼓励学生间相互支持、协同合作，并在公平竞争中体验足球运动的魅力。此模式不仅激发了学生的自主思考与探索能力，还促进了他们个性与创造力的展现。在小组活动中，学生们围绕共同目标紧密合作，通过相互协商与讨论，不仅增强了团队合作意识，还加速了学习目标的实现，提高了课堂的整体效率。这种合作经验对学生未来的学业与人生道路均具深远影响。

同时，在小组间的良性竞争中，学生们通过直面足球的竞技本质，在既紧张又充满乐趣的氛围中挑战自我，积极争取优势地位。这一过程不仅锤炼了他们的竞争意识与精神，还培养了他们坚韧不拔的毅力，成为他们持续学习与成长的重要驱动力。合作与竞争并存的模式，让学生们在成功的喜悦与挑战的洗礼中不断成长，学会面对失败与冲突，这些经历对于塑造坚韧性格与全面素质很重要。

实施该模式时，教师应精心设计富含趣味性的游戏化教学内容，同时充分考虑学生的个体差异，包括体质、运动能力及足球基础，进行科学分组与差异化教学。对于基础较弱的小组，侧重于基础技能与游戏规则的掌握；而对于基础扎实的小组，则引入更高层次的对抗性游戏，以满足其进阶需求。

3. 课内外一体化教学模式

课内外一体化教学模式是一种创新的教育实践，旨在通过无缝对接课内教学与课外活动，全面促进学生体育素养的发展。在此模式下，课外活动不仅被视为课堂教学的延伸与补充，更在学生的综合评价体系中占据一席之地，使学

生的努力与成就得到全面认可。课外活动的规划与实施需严格遵循目的性、计划性与组织性的原则,使每一项活动都能有效服务于学生的全面发展。

在校园足球教学的语境下,构建课内外一体化模式,是响应校园足球改革号召的重要举措。它倡导以健康第一、终身体育、素质教育为核心的教学理念,强调在扎实课堂教学的基础上,积极拓展课外足球活动领域,为学生提供更多元化的学习与实践机会。通过整合课内知识与课外实践,不仅巩固了学生的足球技能,还激发了他们对足球运动的持久兴趣与热爱。

课内外一体化教育模式的弹性设计,为学生创造了更加开放与包容的学习环境。它不仅拓宽了学生的学习边界,还深度挖掘了学生的学习潜能,点燃了他们的学习热情。在课内外一体化的框架下,学生得以在更广阔的平台上交流思想、切磋技艺,自主选择适合自己的锻炼内容与方式,从而满足了其个性化的成长需求。这一过程不仅促进了学生个性的张扬与创造力的培养,还显著提升了其实践能力与团队协作能力,为终身体育习惯的养成奠定了坚实基础。

第四节 校园足球教学的评价与实施

一、校园足球教学评价的落实

(一)校园足球教学评价概述

校园足球教学评价体系是保障教学质量、驱动学生足球技能与综合素养同步提升的关键机制。该体系倡导评价形式的多元化,深度融合过程性评价与结果性评价,力求全面而深刻地反映学生在足球学习旅程中的表现与成长轨迹。

过程性评价是对学生在足球活动中的参与度、学习态度、技能习得进程及团队协作精神的培养。通过日常细致的观察记录、学生自评、同伴互评与教师专业评价的有机结合,实现对学生学习过程的全方位监控与评估。教师在此过程中,不仅记录学生的努力与技能进步,更关注其个性化成长与团队融入度的提升。

结果性评价则侧重于量化评估学生在足球技能掌握、战术理解深度及实战表现等方面的最终成效。这一环节采用测试、竞赛、技能展示等多种手段,既包含定期的技能达标考核，也涵盖校内外各级别足球赛事的实战检验。

（二）校园足球教学中教师教学的评价

1. 评价内容

在校园足球教学体系中，针对教师的综合评价是实现教学质量与成效的关键环节。此评价不仅考量教师工作完成的数量与质量，更侧重于其专业素养与课堂组织能力的深度剖析。

（1）专业素质评价

教师的专业素质是衡量其教学能力的重要标尺，具体涵盖三大维度。

①职业道德：是对教师的职业操守，评价其是否秉持敬业精神，尊重学生个体，以及是否对教育事业怀有深厚的热爱与奉献精神。

②教学能力：多维度考量教师的教学技能与水平，包括以下几点。

对足球教学内容的深度理解与熟练驾驭能力。

灵活运用现代教育理念与创新教学方法的能力，以激发学生的学习兴趣与主动性。

扎实的体育教学基本功，保证技能传授的准确性与高效性。

培养学生足球兴趣、终身体育意识及良好锻炼习惯的策略与成效。

利用现代教育技术开发足球教学资源，丰富教学手段与内容的创新能力。

③教育科研能力：既评估教师持续学习的动力与能力，也考察其开展教学研究、解决实际问题及推动教学创新的能力，以促进教学实践与理论研究的良性循环。

（2）课堂教学评价

针对足球课堂教学，应采用发展性评价与结果性评价相结合的方式，旨在持续优化教学策略，提升教学效能。评价维度应全面覆盖具体包括以下方面。

①教学目标明确性：考查教学目标是否清晰、具体且与学生实际相契合。

②课堂结构合理性：分析课堂环节设计是否紧凑有序，时间分配是否科学。

③教学内容适宜性：评估教学内容是否符合学生认知发展规律，能否有效促进学生技能与知识的增长。

④教学方法多样性：关注教师是否灵活运用多种教学方法，以满足不同学

生的学习需求。

⑤师生互动深度：考查课堂上师生交流互动的频率与质量，以及学生参与度。

⑥教学技巧与艺术：评价教师在课堂调控、氛围营造、即时反馈等方面的技巧与表现力。

⑦目标达成度：最终检验教学目标是否有效达成，学生是否真正掌握了所学知识与技能。

评价时，可灵活选择对单节课、阶段性或整个课程的教学情况进行评估，同时重视过程性评价与对比性评价，全面反映教师教学的实际效果与学生的成长轨迹。

2.评价形式

在评估足球教师的教学表现时，应紧密结合足球课程的具体要求与当前教学实际，精心设计足球教师专业素质评价量表及课堂教学情况评价量表，以实施科学的定量评估。

（1）教师专业素质评价形式

针对教师专业素质的评价，应采用多元化、系统化的方法，包括定量评价、阶段性评价、综合评价、教师自评以及专家与同行他评等。这些评价形式相互补充，共同构建起一个立体、全面的评价体系，既关注教师个体成长轨迹，也考量其在专业领域内的发展水平。

（2）课堂教学评价形式

①即时性评价：作为一种教师自我反思的手段，即时性评价鼓励教师在每堂足球课后进行简短的自我评述，重点总结教学过程中的亮点与不足，为后续教学提供及时调整的依据。

②阶段性评价：此评价旨在全面审视教师在一段时间内的教学表现。评价主体多元，可包括专家、同行及学生，通过随机抽样或定期安排的方式，每学期进行若干次评价。评价过程中，应综合运用定量与定性方法，特别是通过学生成绩的对比与分析，客观评估教学效果。阶段性评价的结果须及时反馈给教师，并提出针对性的改进建议，以促进其专业成长与教学质量的持续提升。

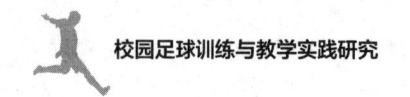

（三）校园足球教学中学生学习的评价

1. 评价目的

在校园足球教学中主要针对以下四个方面的目的而对学生学习进行评价。

第一，对学生的学习表现加以了解，清楚学生的学习情况与学习目标之间的差距。

第二，对学生在足球学习中遇到的问题加以了解，并分析原因，从而对教学过程加以改善。

第三，通过测验进行评价，使学生有机会展示自己的个性和足球运动水平，鼓励学生勇于表现自己。

第四，培养学生的自我认识、自我反省和自我改进意识。

2. 评价内容

学生学习的评价内容包括三个方面，分别是侧重于横向水平能力评价的"技能性评价""素养性评价"和侧重于纵向进步评价的"发展性评价"。

（1）技能性评价

技能性评价主要是评价学生的足球专项体能素质、足球技战术能力，评价时主要参考足球教学的运动参与目标、运动技能目标和健康目标。

（2）素养性评价

素养性评价主要是评价学生的道德和审美素质，主要参考的是足球教学中的心智健康目标和人文素养目标。具体评价内容包括学生的运动心理、团结协作意识与能力、社会责任感、对足球美学的认识与运用等。

（3）发展性评价

发展性评价属于动态性评价，以阶段性评价的形式展开，主要用于纵向对比学生的进步情况。

3. 评价形式

从评价主体来看，主要有学生自评、学生之间互评以及以教师、家长为主体的他评。

从评价方式来看，既有定性评价（评语式），也有定量评价（分数等级式），既有即时性评价，也有阶段性评价。

二、校园足球理论课与实践课的实施要点

（一）足球理论课的组织与实施

足球理论课系统性地传授足球运动的基本理论、规则、战术理念、历史沿革、文化价值及发展趋势，旨在为学生构建全面的足球知识体系，并为后续实践训练奠定坚实的理论基础。足球理论课程不仅涵盖足球技战术的深层解析，还涉及科学训练法、运动伤害的预防策略及营养补充知识，旨在引导学生树立健康的运动观念，促进其全面发展。

相较之下，实践课则是理论转化为能力的关键舞台，是基本技术雕琢、战术协同演练、体能强化训练及实战对抗体验。教练依据学生个体差异，精心设计个性化训练方案，既强调技术动作的精准到位，又注重培养团队协作与实战经验。理论与实践的深度融合，是实现校园足球教学质量飞跃的必由之路[1]。

在足球理论课的教学实施中，采用以室内讲授为主的教学模式，教师主导讲解，辅以互动式课堂讨论，旨在激活学生的学习兴趣与主动性。课程流程精心规划：从回顾旧知、巧妙导入新知识，到深入剖析课程要点、强化重难点掌握（通过问答、作业等形式），直至课程尾声的精炼总结与课后任务的布置，每一步都力求高效衔接，使学生能够将理论知识内化为自身素养，为后续实践提供有力支撑。

（二）足球实践课的组织与实施

足球实践课教学包括下列三个组成部分。

1. 准备部分

准备部分通过一系列精心设计的热身活动，如走跑结合、基础体操、控球练习及富有趣味性和针对性的足球游戏，旨在灵活学生的关节，唤醒其身体机能。同时，根据教学需要，可融入足球基本技术的简短练习作为专项热身，为后续的高强度训练做好充分准备。教师应灵活调整准备活动内容，使每位学生都能在安全、有效的环境中进入训练状态。

---

[1] 陈红涛. 校园足球的育人价值与教学实施研究[M]. 北京：中国书籍出版社，2023.

2. 基础部分

作为实践课的核心，基础部分紧密围绕本课重点教学内容展开，教学方法与手段的选择紧密结合教案要求与学生实际情况。通过讲解示范、分步练习、错误纠正等多元化教学策略，帮助学生巩固旧知、掌握新知。教学流程应遵循"学习新知→巩固旧知→实战应用→体能提升"的逻辑顺序，逐步推进，使每位学生都能在理论与实践的结合中取得实质性进步。此外，教师需精准把握教学时间分配，合理调控运动负荷，同时密切关注学生练习情况，及时给予反馈与指导，持续优化教学效果。

3. 结束部分

结束部分以放松整理为主，旨在帮助学生从高强度的训练状态平稳过渡至休息状态。根据基本部分的练习强度与密度，设计慢跑、轻松的运球传球游戏等低强度活动，以促进肌肉恢复，预防运动伤害。放松练习后，教师应对课程内容进行简要总结与评价，表扬学生的进步与努力，同时指出存在的不足，为下次课的改进指明方向。最后，布置具有延续性的课后作业，鼓励学生持续练习，巩固所学。

第五章　校园足球游戏教学实践

第一节　校园足球游戏

一、有关游戏的当代理论

足球游戏作为一种既具有足球运动属性又具有游戏属性的体育娱乐活动，在对其进行学习和应用之前，有必要首先从理论层面对足球游戏进行认识和理解。有关游戏的理论可分为经典的游戏理论、心理学中的游戏理论以及社会文化历史学派的游戏理论。然而就足球游戏的特征而言，与之关系最为密切的是心理学流派的游戏理论。以下将重点从精神分析流派和认知发展流派两个方面研究游戏理论。

（一）精神分析流派的游戏理论

在现代西方心理学流派中，精神分析流派是最重视游戏研究的一个流派。精神分析流派关于游戏的理论源自弗洛伊德的人格理论基础。

1.弗洛伊德关于游戏的理论

西格蒙德·弗洛伊德（Sigmund Freud）的理论深刻揭示了儿童心理发展中"本我"与"超我"之间动态平衡的过程，其中，游戏被赋予了重要的调节角色，被视为儿童人格完善的关键路径。弗洛伊德洞察到现实与游戏间的微妙界限，指出游戏为儿童提供了一个超越现实束缚的虚拟空间，使得"本我"得以自由展现，从而在潜移默化中调和"本我"冲动与"超我"道德标准间的冲突，促进人格结构和谐成长。

2.影响维度

精神分析流派在游戏理论领域的贡献显著，其深远影响体现在多个维度。

①奠定人格发展理论基石：该流派将人格发展理论作为游戏研究的根本，为后续游戏研究提供了丰富的理论视角和分析框架，极大地拓宽了游戏研究的深度和广度。

②强调游戏对人格塑造的积极作用：精神分析流派不仅认识到游戏在促进儿童健全人格形成中的作用，还进一步揭示了游戏对于培养健康心理、辅助儿童顺利过渡到成人生活阶段的重要性。这一见解直接推动了游戏治疗理论与方法的发展与应用，为儿童心理健康干预开辟了新的途径。

③凸显早期生活经验的价值：该流派特别强调了儿童早期生活经验对未来成年生活质量的深远影响，从而提升了社会对儿童早期发展的关注度。它积极倡导通过想象性游戏等方式，充分挖掘儿童潜能，促进其全面发展，为儿童教育实践提供了新的思路与方向。

（二）认知发展流派的游戏理论

让·皮亚杰（Jean Piaget）开创了从儿童认知发展的角度研究儿童游戏的新途径。儿童认知发展的游戏理论的主要观点如下。

1. 游戏的本质是同化超过顺应

皮亚杰深刻指出，游戏是儿童智力活动不可或缺的组成部分，它反映了儿童在认知结构尚未成熟阶段，如何通过游戏这一独特方式寻求认知平衡的过程。具体而言，儿童在游戏与现实的互动中，不断在吸收新知识（同化）与适应环境变化（顺应）之间寻求和谐。当外部环境的变化超出儿童当前的理解与处理能力，即顺应占据主导时，儿童倾向于通过模仿来应对；反之，当儿童内在的探索欲望与自我构建超过了对外部世界的简单适应，即同化力量增强时，游戏便应运而生，成为他们以自我为中心"重塑"现实世界的创造性途径。

2. 游戏与个体的认知发展息息相关

皮亚杰深入阐述了游戏与认知发展的紧密关联，指出游戏随着儿童认知能力的逐步提升而演变，这一过程既具连续性又呈现阶段性特征，且每一阶段的游戏都展现出独特的独立性与偶然性。他进一步将游戏划分为三个递进层次：练习性游戏、象征性游戏及规则性游戏，每一层次均对应着儿童认知发展的不同阶段。

在认知发展的初期，练习性游戏占据主导，它侧重于感知与动作技能的训练，儿童通过反复实践特定动作来获得愉悦体验，这一过程中，游戏成为动作技能学习的自然延伸。

随着认知能力的提升，儿童进入象征性游戏阶段，这是幼儿游戏的典型形式。在这一阶段，儿童展现出高度的想象力与创造力，他们以物代物、以人代人，通过假想的情境与行为来反映现实世界与内心愿望，这种游戏不仅促进了符号思维的发展，也加深了儿童对周围世界的理解与体验。

最终，当儿童的语言表达、逻辑思维等能力趋于成熟时，他们迈入规则性游戏时期。这一阶段标志着象征性游戏的深化与转型，儿童能够制定、理解并共同遵守游戏规则，展现出对规则执行的判断与评价能力。这一过程不仅体现了儿童认知结构的进一步复杂化，也预示着他们社会适应能力的显著增强。

3. 游戏的功能：以同化作用改变现实，满足自我的情感需要

皮亚杰深刻洞察到，儿童之所以对游戏充满渴望，根源在于他们尚未完全适应复杂多变的现实世界。在游戏中，儿童得以置身于一个无强制、无惩罚的自由天地，这里成为他们满足在现实中难以满足愿望的理想场所。因此，游戏的核心功能在于滋养与满足儿童深层的情感需求，为他们提供了一个情感宣泄与调和的宝贵平台。通过游戏，儿童不仅能够处理内心的情感冲突，还能在虚拟情境中体验与探索，从而促进情感的健康发展。皮亚杰的这一独到见解，为后续儿童游戏研究开辟了新视野，其理论贡献无疑为理解儿童心理发展及游戏教育的价值提供了极其宝贵的启示。

二、足球游戏的概念

足球游戏不仅营造了寓教于乐的学习氛围，还从源头上点燃了学生的兴趣之火，确保了学习过程的高效与愉悦。其运用不仅契合现代体育倡导的"寓教于乐"理念，还有效促进了学生技战术意识的飞跃，并深刻培育了团结协作的集体精神。

回溯历史，我国早在春秋战国时期便孕育了蹴鞠文化的萌芽，彼时齐国盛行的蹴鞠，实为一种全民共享的娱乐盛事。蹴鞠球由皮革精心缝制，其内填充毛发等弹性材料，既展现了古人的智慧与匠心，也预示了足球运动的悠久历史。至汉代，蹴鞠更普及为平民百姓的日常休闲之选，其广泛参与性和纯粹娱

乐性，彰显了足球运动跨越时代的魅力与活力。

三、足球游戏的特点

（一）足球游戏的随意性

相较于竞技足球的严格规则与高标准，足球游戏展现出了极大的灵活性与随意性，它挣脱了传统足球比赛中关于人数、场地、时间等方面的严格束缚，无论是多人参与还是少数人竞技，都能找到适宜的玩法，这种自由度为游戏带来了无限的创意空间。足球游戏因其多变的组织形式，能在多种环境下灵活开展，且参与人数越多，其趣味性往往越加浓厚。同时，游戏强度亦可按需调控，趣味性的提升往往伴随游戏强度的适当增加，满足了不同水平与需求的玩家。

在校园足球训练中，足球游戏常被用作热身或放松环节，它不仅能够迅速点燃学生的热情，还能在轻松愉快的氛围中完成身体的预热或恢复。对于足球初学者而言，足球游戏更是一个绝佳的入门途径，它能在短时间内激发学生对足球的浓厚兴趣，加深他们对足球训练理念的理解，有效提升训练积极性，并有效缓解训练过程中的紧张与压力，为学生搭建起通往足球世界的桥梁。

（二）足球游戏的趣味性

足球游戏，作为一种充满趣味的体育游戏形式，其设计核心理念便在于寓教于乐，旨在通过营造轻松愉悦的氛围，使学生在无压力状态下自然融入足球技能的反复练习中。这一过程中，游戏的趣味性成为驱动学生主动参与的强大动力，促使他们为了在游戏中占据优势而自发地精进技艺。随着技能的不断熟练，学生在游戏中的成功概率也随之攀升，从而构建起一个积极的正向循环：技能提升促进游戏胜利，游戏胜利又反哺技能学习的热情与动力。如此，足球游戏巧妙地绕开了传统单调、枯燥的技能训练模式，让学生在享受游戏乐趣的同时，不知不觉中完成了足球技能的自我提升，收获了满满的成就感与愉悦体验。

（三）足球游戏的目的性

足球游戏不仅承载着放松娱乐的功能，其核心目标更在于全方位提升学生的足球技能与综合素养。在校园足球的教学实践中，足球游戏作为一种高效的教学手段，其独特价值尤为凸显，它能有效弥补学生因体质差异而无法直接参与高难度训练的局限，为每位学生提供了平等的学习与成长机会。对于广大非职业足球训练的学生群体而言，足球游戏不仅是技能提升的加速器，更是激发潜能、培养兴趣的关键。

鉴于校园足球广泛覆盖普通院校学生，这一群体往往承受着升学与考试的双重压力，足球游戏以其灵活多变、简单易行的特点，成为帮助学生释放精神负担、促进身心健康的理想选择。通过参与足球游戏，学生们能在轻松愉快的氛围中调节情绪、缓解压力，进而以更加饱满的状态投入日常学习与生活中，实现了体育与教育的和谐共生。

四、足球游戏的作用

（一）培养学生的足球兴趣

足球游戏以其丰富多样的形式，紧密对应着足球技战术的方方面面，为校园足球教学注入了无限活力。在教学过程中，根据不同学习阶段灵活选用适宜的足球游戏，不仅为学生提供了生动有趣的热身与演练途径，还有效缓解了学生对高难度技战术学习的畏难情绪，激发了浓厚的学习兴趣。这些游戏让学生在轻松愉悦的氛围中，自然而然地掌握了足球基本技能，同时享受到了运动带来的乐趣，实现了学习与健身的双重目标。

更重要的是，足球游戏作为一种集体性活动，促使学生以游戏的心态融入团队，为了共同的游戏目标而紧密协作、相互支持，这一过程无形中强化了学生的集体意识与团队协作能力。这种"寓教于乐"的教学方式，不仅提升了学生的学习热情与态度，还激发了他们的积极性、主动性和创造力，为学生树立了终身锻炼的理念，奠定了坚实的健康基础。

（二）弥补教学资源的不足

足球游戏，凭借其规则的简明易懂与技术难度的适中把握，成为极易普及与推广的体育游戏典范。其不受限于特定场地与器材的特性，赋予了足球游戏广泛的适用性与传播力，尤为适宜于足球教学资源匮乏的地区与学校，有效填补了这些区域的体育教学空白，为校园足球的广泛推广与深入发展架起了坚实的桥梁。

足球游戏的多样内容与丰富形式，充分满足了学生间性格、性别、年龄等个体差异的需求，它通过简化足球运动的复杂技术、降低对抗强度，极大地降低了参与门槛，使得绝大多数学生都能轻松融入其中，享受足球带来的乐趣。在资源有限的环境下，足球游戏更显其独特价值，它巧妙地规避了场地狭窄、设施简陋、技术门槛高等问题，以灵活多变的方式拓展了足球教学的边界，不仅提升了教学覆盖面，还显著增强了教学效率，为我国校园足球事业的蓬勃发展注入了强劲动力。

第二节　校园足球游戏的设计

一、校园足球游戏的设计目的

（一）有利于校园足球的教学

随着校园足球活动在我国范围内的蓬勃兴起，营造有利环境以促进足球教育的深化与足球运动的普及显得尤为迫切。相较于场地设施的扩建与文化氛围的营造，开发并创新多样化的校园足球游戏，无疑是更为便捷且高效的途径。校园足球游戏以其独有的随意性与目的性，为校园足球教学活动注入了强大动力，有效促进了教学效果的显著提升。相较于正式而严谨的足球教学、训练及竞赛，校园足球游戏以其轻松愉悦、寓教于乐的特质脱颖而出，不仅能够激发学生的参与热情，还在无形中锤炼了他们的足球技能，完美契合了学生身心发展的规律与特点，成为足球教学体系中不可或缺的活力源泉。

（二）有助于足球运动的普及

校园足球游戏巧妙融合了足球基本技术动作与趣味游戏元素，旨在以轻松愉快的方式推动校园足球的广泛传播与普及。此类游戏不仅能够有效提升学生的基础体能素质，助其掌握正确的足球技术要领，为提升足球运动能力奠定坚实基础，还能极大激发学生的参与热情，促使他们养成积极参与足球活动的良好习惯，进而推动我国足球运动的更广泛普及。此外，足球游戏独特的规则与方法还潜移默化地培养了学生的团队协作能力与规则意识，使其在享受游戏乐

趣的同时，也深化了对足球专业技术的理解与运用。❶

二、校园足球游戏的设计原则与方法

（一）校园足球游戏的设计原则

1. 趣味性原则

校园足球游戏的核心魅力在于其趣味性，这是吸引并维持参与者热情的关键。设计时应将趣味性置于首位，通过创意元素、多样化的辅助器械及趣味环节的设置，使游戏既生动活泼又引人入胜。同时，规则需简明扼要，避免复杂规则削弱游戏乐趣，让每位参与者都能沉浸在游戏的欢乐之中，享受过程而非仅关注结果。

2. 目的性原则

校园足球游戏不仅为娱乐而生，更承载着明确的教育与训练目标。设计时应紧密围绕足球技术动作，鼓励学生通过熟练运用技巧赢得游戏，同时合理调整动作难度与负荷，使游戏既具挑战性又不至于让学生望而却步。此外，游戏应具备一定的灵活性，以适应不同人数、场地、器材等条件的变化，使得教学目的的有效达成。

3. 教育性原则

作为校园足球教学的一部分，足球游戏的设计需融入教育元素，不仅限于技能提升，更在于培养学生的协作、竞争与集体荣誉感。通过游戏情境的设置，使学生在轻松愉快的氛围中接受隐性教育，促进其全面发展。

4. 锻炼性原则

游戏应兼顾锻炼效果，通过精心设计动作负荷与难度，有针对性地提升参与者的身体素质与专项技能。无论是基础体能还是足球技巧，都应在游戏中得到切实锻炼，实现寓教于乐、寓训于乐。

5. 安全性原则

安全是游戏设计不可忽视的前提。在增强游戏趣味性与挑战性的同时，必须确保参与者的身心安全。通过制定合理规则与必要的安全防护措施，有效预

---

❶ 李卫东.校园足球促进政策研究[M].武汉：华中师范大学出版社，2023.

防运动损伤与意外伤害，营造安全的游戏环境。

6. 针对性原则

游戏设计需具备高度的针对性，明确目标人群与技能重点。针对不同年龄、水平的学生群体及特定的足球技术环节，设计相应的游戏方案，使得教学效果达到最大化。这一原则有助于提升游戏的适用性与实效性。

7. 科学性原则

科学性是足球游戏设计的基础。在尊重学生身心发展规律的基础上，结合运动学、力学、心理学、生物学等多学科知识，科学规划游戏内容、难度与负荷。使得游戏既符合教育规律又贴近学生实际，从而赢得师生双方的长期喜爱与认可。

（二）校园足球游戏的设计方法

1. 程序法

采用程序法设计足球游戏时，关键在于遵循一套逻辑严密的程序。此方法旨在通过有序的步骤，引导学生在游戏中逐步提升专注力、判断力及抗压能力，同时深刻体验守门员角色的职责与情感波动。通过系统规划，游戏能够持续发挥教育与训练价值，促进学生全面发展。

2. 移植法

移植法强调对已有游戏素材的创造性转化。通过细致分类游戏的内容、形式与规则，选取某一元素进行大胆改造或融合，从而诞生全新的游戏形式。运用此法时，需充分发挥发散思维，敢于突破传统界限。例如，将足球传球技术与保龄球玩法巧妙结合，创造出"足式保龄球"游戏，既保留了足球训练的精髓，又增添了游戏的新奇感与趣味性，有效激发学生的参与热情与传球技能的精进。

3. 模仿法

模仿法鼓励设计师从日常生活与自然界中汲取灵感，通过模仿现象或行为来构思足球游戏。这种方法不仅能够让学生在游戏中享受模仿的乐趣，还能在不知不觉中锻炼其协调性、灵活性，同时培养观察力与团队合作意识。模仿动物、自然现象等元素，为足球游戏注入生动有趣的灵魂，使学生在愉悦的氛围中收获成长。

4. 组合法

组合法通过将两种或多种不同类型的游戏有机整合，创造出更为复杂多变、挑战性更强的足球游戏。例如，将运球与射门动作结合，形成"运球射门"游戏，实现技能训练的双重效果；或将体能训练与射门技巧融合，创造出"绳梯跑射门"游戏，全面锻炼学生的体能、射门精准度及反应速度。此方法不仅丰富了游戏形式，还促进了学生综合身体素质与足球技术技能的同步提升。通过巧妙组合，设计出集多种训练元素于一体的游戏，为学生带来更加全面、高效的足球训练体验。

（三）校园足球游戏的设计步骤

1. 明确游戏目标和游戏对象

设计足球游戏的首要步骤在于清晰界定两大核心要素：首先，要明确游戏目标，即精确识别旨在强化的足球技术或身体素质，并设定预期达成的效果，这是游戏设计的导向；其次，需明确目标群体特征，包括参与者的年龄段、技能层级及身体状况，以便精准把握游戏难度与规则的设定，使游戏既具挑战性又不失适宜性，从而实现个性化与针对性的设计。

2. 选择素材

明确了游戏目标和游戏对象之后，下一步就是收集和选择游戏素材。在收集与选择素材的时候，其思路是以设计原则为依据，尽量选择质量高、易于接受和理解的素材，具体应该注意以下三点。

（1）选择有科学性的游戏素材

科学性是筛选游戏素材的首要标准，它关乎游戏能否有效促进参与者的身心健康发展及技能提升。因此，需深入剖析游戏对象的生理、心理及社会适应性特征，使所选素材能够精准对接其需求，助力身体素质与运动技能的双重发展。

（2）选择有趣味性的游戏素材

游戏是娱乐与教育的结合体，趣味性是其不可或缺的灵魂。选择那些自带趣味因子的素材，能够自然吸引参与者的目光，让他们在游戏中忘却动作难度，沉浸于轻松愉快的氛围中，从而达到寓教于乐的目的。

（3）选择有针对性的游戏素材

面对浩瀚的游戏素材库，应秉持"少而精"的原则，根据既定的游戏目标与对象特征，精准定位所需素材。这些素材不仅在形式、表现形态及运动负荷上需与游戏设计相契合，更需直接服务于游戏的核心目标，提高素材利用率。

（4）选择有普适性的游戏素材

鉴于校园足球游戏具有跨地域、跨文化的广泛传播特性，在选择素材时还需兼顾其普适性。这意味着应避免使用过于地域化、文化敏感或难以被普遍接受的元素，转而倾向于那些全球共通、易于理解的游戏内容，以确保游戏能够跨越界限，赢得更广泛的受众群体。

3. 确定结构

（1）游戏名称

如何命名校园足球游戏，乃设计过程中的精妙一环。理想的游戏名称应主题鲜明，简洁明快，且力求生动鲜活，令人铭记于心。鉴于主要受众为充满活力的在校学生，命名应避免僵化、学术化或陈旧感，而应追求趣味盎然，激发好奇。诸如"星球大战"般壮阔想象，"喜羊羊与灰太狼"般的童趣盎然，"蚂蚁搬家"中的细致入微，"小猴摘桃"展现的灵动活泼，乃至"鸭子捉螃蟹"所蕴含的谐趣横生，均为命名之典范。在构思名称时，巧妙运用模拟、比喻、夸张及诙谐手法，以契合游戏本质，增添无限魅力。

（2）游戏方法

游戏方法要简单好记，不能让学生花费太多的精力用于研究和理解游戏方法上，那样就失去了游戏的意义。因此在设计游戏时应该尽量地简化规则，只保留最有必要的约束条件。最重要的是游戏过程。一般最常见的游戏方法可分为以下几种类型。

①游戏的形式：接力、攻防、比远、比快、比耐力、比数量等。

②游戏的路线：直线式、曲线式、往返式、绕圈式、一动一静式。

③游戏的队形：纵队、横队、圆形、十字形、三角形、分散形等。

（3）游戏规则

规则在校园足球游戏中扮演着重要的角色，它们实现了游戏的顺畅进行与公平竞争。规则体系大致可划分为三大类：首先，是全局管理类规则，旨在控制活动整体进程，维护纪律与秩序，如设定游戏时长、分组数量等，以保障游戏的连贯性与组织性；其次，是动作执行类规则，具体规定了游戏中的技术动作要求，比如明确禁止双手触球，或在接力游戏中规定接力者之间必须完成的特定交接动作，以此保证技术动作的规范与统一；最后，是边界判定类规则，它们清晰界定了游戏的合法界限，对犯规行为及无效动作设定了明确标准，如在运球游戏中，若球意外落地，则必须从起点重新出发，这样的规定有效防止了争议，保证了游戏的公正性。

第三节 校园足球游戏的方法与组织

一、熟悉球性类游戏的具体方法

（一）向后拉球接力

1. 游戏目的

提高学生控球技术，尤其是在移动中连续向后拉球的能力。

2. 场地和器材准备

半块足球场地，足球 2 个，标志物 2 个。

3. 游戏方法

采用分组竞赛模式，学生被均分为两队，两队成员并肩站立于预设的起始线后，彼此间隔相等。于两队前方十米处，各自设立醒目标志物作为折返点。游戏伊始，每队的首位队员需背对起始线持球而立，待教练发出启动信号，队员即刻启动，沿直线执行连续后拉球动作，稳健推进至标志物处完成转向，随后以相同的拉球技巧返回起始线，并将球稳妥传递给下一位队友。此流程依序传递，直至两队末位队员均完成全程。最终，率先达成全员轮替的队伍将被宣告为游戏赢家。

4. 游戏规则

①在向后拉球的过程中不能用其他的方式运球。

②在绕标志物时可以用侧拉球技术。

③两名队友接力时必须有击掌动作。

（二）向前踩球接力

1. 游戏目的

提高学生移动中连续向前踩球的技术和控球能力。

2. 场地和器材准备

半块足球场地，足球2个，标志物2个。

3. 游戏方法

学生们依据人数被均匀划分为实力均衡的两支队伍，两队并肩站立于清晰标明的起点线之后，静待指令。在两队各自的前方十米处，稳稳竖立着作为折返点的标志物。随着教练的一声令下，每队的首位选手即刻启动，以敏捷的脚步连续使用脚前掌轻踩足球，灵活穿梭至标志物旁，随后以最快速度绕过标志物并即刻折返，待安全抵达起点线，迅速而精准地将球交接给下一位队友。这一连串的动作在两队间接力传递，直至每队的最后一名成员圆满完成旅程。最终，率先达成全员轮转，即所有队员均顺利接力完成的队伍，将被授予胜利者的荣耀。

4. 游戏规则

①中途不能用其他方式运球。

②用踩球的方式绕过标志物。

③接力时两名队友需要做击掌动作。

（三）向前踩球与向后拉球组合接力

1. 游戏目的

提高学生向前踩球和向后拉球的技术，加强控球练习。

2. 场地和器材准备

半块足球场地，足球2个，标志物2个。

3. 游戏方法

学生们被均衡地分配到两个小组中，每个小组的人数完全相同，且背对精心划定的起点线整齐站立。在距离起点线10米的位置，为两个小组各自设立了一个醒目的标志物。随着教练的一声"开始"，两个小组的首位队员迅速响应，从起点线出发，采用向后拉球的方式，连贯且稳健地向标志物推进。抵达标志物后，他们灵活转身，转而运用脚前掌向前踩球，迅速折返至起点线，并将球精准传递给下一位队友。这一连串动作在小组内依次接力进行，直至每组的最后一名队员圆满完成整个流程。

4. 游戏规则

①要求所有学生在向标志物拉球时一律采用向后拉球技术，返程采用向前踩球技术，不得使用其他方式。

②在绕过标志物时，可以用侧拉球的技术，也可以用踩球方式，但是一旦绕过标志物必须改为向前踩球技术。

③接力时两名队员必须做击掌动作。

（四）向前拖球接力

1. 游戏目的

提高学生向前拖球的技术以及控球能力。

2. 场地和器材准备

半块足球场地，足球2个，标志物2个。

3. 游戏方法

学生们被平均分配至两个实力均衡的小组，各组成员在指定的起点线后整齐列队。距离起点线10米处，分别为两组设立了鲜明的标志物作为折返点。随着教练的"开始"口令响起，两组的首位队员即刻行动起来，他们运用双脚向前拖球的技巧，稳步向标志物推进。到达标志物后，队员需迅速且敏捷地绕过它，并立即改变方向折返，将球稳稳传递给队伍中的下一位成员。这一连串动作在小组内接力传递，每位队员都全力以赴，力求在保持动作连贯与稳定的同时，加速前进。直至小组内最后一名队员圆满完成游戏，用时较短的一方将被宣布为胜利者。值得注意的是，此向前拖球接力游戏旨在让学生掌握并熟练运用脚内侧触球、双脚自然向外侧微张的关键技术，从而在追求速度的同时，也不忘动作的标准与协调。

4. 游戏规则

①运球的全程只能采用向前拖球的方式。

②在绕标志物时，必须采用向前拖球的技术。

（五）向后拖球接力

1. 游戏目的

提高学生向后拖球的能力以及控球能力。

2. 场地和器材准备

半块足球场地，足球2个，标志物2个。

3. 游戏方法

将学生分为人数相等的两组，在划定的起点线后两组学生并列背对起点线站好，在10米处分别放置两个标志物。当教练发出开始指令后，两组的第一名队员立即用脚向后拖球，拖至标志物时立即绕过折返，将球交给下一名队员接力进行，直到小组的最后一名队员完成游戏，率先完成游戏的小组获胜。

4. 游戏规则

①要求学生只能用向后拖球的方式前进。

②在绕标志物时只能采用向后拖球技术。

（六）颠球比赛

1. 游戏目的

培养练习者的颠球技术。

2. 场地和器材准备

半块足球场地，足球2个。

3. 游戏方法

学生们被均匀分配成两组，每组人数相等，他们肩并肩站立在清晰划定的起点线之后。距离这条起点线10米处，分别为两组设定了一个直径4米的圆圈，而每组还需指派一名队员站在对方圆圈边缘，担任监督角色。随着教练宣布游戏开始，两组的首位队员即刻启动，迅速运球奔向本组的圆圈内，一旦进入圈内，便立即展示连续颠球技巧，力求稳定与准确。与此同时，站在圆圈外的监督队员则密切关注着对方圈内队员的动作规范与颠球数量。完成规定的20次颠球后，圈内队员需敏捷地将球控好，迅速运球返回起点线，将接力棒——也就是足球——稳妥地传递给下一位队友。这一过程在两组间持续交替进行，每位学生都全力以赴，直至本组的最后一名成员也圆满结束任务。最终，率先完成全组接力的队伍将被授予胜利桂冠。整个游戏不仅考验了队员的足球基本功与体能,还增强了团队协作与竞争意识。

4. 游戏规则

①队员在圈内颠球的方式不限,球可以落地但人和球不能出圈,圈外的颠球不计在总数内,但总数要达到 20 个才可以返回起点。

②如果想提高颠球的难度,可以将规则改为如果球落地或者队员出圈,则重新开始计数。

(七)颠球行走接力

1. 游戏目的

提高练习者在移动中颠球的技术能力。

2. 场地和器材准备

半块足球场地,足球 2 个。

3. 游戏方法

队员们被均匀地划分为两组,每组人数相同,并整齐地站在划定的起点线后,准备迎接挑战。在场地内,两条相距 30 米的平行直线清晰可辨,分别标记着起点与终点。随着教练一声令下,游戏正式拉开序幕。两组的首位队员立即行动起来,他们一边熟练地颠着足球,一边稳健地向终点线进发,展现了出色的球技与平衡能力。抵达终点后,他们迅速转身,以同样流畅的动作折返,并在起点处将球准确无误地传递给下一位队友。接力棒在组内队员间依次传递,每位队员都全力以赴,力求为团队争取宝贵的时间。

4. 游戏规则

①要求颠球行走过程中球不能落地,如果球落地则回到落地前的位置再继续开始。

②进行颠球时可以改变颠球的部位,但是如果影响到另外一组的队员则视为犯规,并回到起点重新开始。

(八)颠传球比赛

1. 游戏目的

提高练习者颠球技术和控制球的能力。

2. 场地和器材准备

半块足球场地,足球 1 个。

3. 游戏方法

学生们被平均分成两队，两队之间保持 3 米的间隔相对而立，其中一队的首位队员手握足球，蓄势待发。随着教练的一声令下，游戏正式启动。持球的队员迅速运用颠传球的技巧，将球精准地传递给对面队伍的首位队员，完成传递后，他立即转身，迅速归位至本队队尾。接收到球的队员则以同样的方式颠传回球，并效仿前者，传递后迅速排到己方队伍末尾。游戏就这样在两队间循环往复，每位学生都全神贯注，力求每一次颠传都准确无误。

然而，若有学生在颠传过程中失误或未能成功接住来球，将面临出局惩罚，需蹲下位于两队之间的"待定区"。但这位学生并非彻底失去机会，只有当同队队友颠出的球恰好击中其身，方能"复活"，重新归队，继续参与游戏。这一规则不仅增加了游戏的紧张刺激感，也考验了团队的协作与救援能力，让整场游戏充满了变数与乐趣。

4. 游戏规则

①颠传球时应尽力将球传到对方合适的位置，以便对方队员能够稳定接球来判断颠传球的准确性。

②在接对方颠传球时可以连续颠球来调整球的稳定性，但球不能落地，否则记为失败。

③如果想要救活队友，必须是同组队员颠出的球落在本队队员身上才有效，落地后砸到不算在内。并且，如果第一落点恰巧砸在对方蹲在中间的队员身上，那么发出颠球的队员也要被罚蹲到两队中间，而对方被砸的队员可以"复活"。

二、传接球类游戏的具体方法

（一）火车穿山洞

1. 游戏目的

提高学生传地滚球的力度和准确性，练习控球能力。

2. 场地和器材准备

半块足球场地，足球 2 个。

3. 游戏方法

学生们被平均分配到两个实力相当的小组中，每组的第一名成员手持足球，与组内其余成员两两相对站立，而其他成员则两腿分开，按照顺序排列成一条直线。随着教练的一声令下，游戏正式开始。手持足球的成员需要迅速而准确地将球从队列中每位成员的裆下传递过去，每完成一次传递后，该成员便立即移动到队列的最前端，准备下一次传递。当球传递到队列的最后一名成员手中时，这位成员需要立即开始运球，直奔队列的头部，效仿之前持球成员的动作，继续游戏循环。这一流程将在小组内不断重复，直至每位成员都至少完成了一次从队列尾部到头部的传球与运球过程，游戏方宣告结束。最终，用时最短完成这一轮游戏循环的小组将被视为胜利者。此游戏不仅考验了学生的传球与运球技巧，还极大地促进了团队协作与竞争意识的培养。

4. 游戏规则

①持球的成员用力将球踢出并穿过其他成员的裆下，其他成员可以尽量扩大两腿间的距离，但不能用任何方式触碰到球并帮助球从自己的裆下穿过。

②如果球没有穿裆成功，而是停留在队列之间的某个位置，那么发球的成员要重新传球。

（二）看谁传得快

1. 游戏目的

提高学生快速传球的能力，加强传球的稳定性和准确性。

2. 场地和器材准备

半块足球场地，足球若干，标志物若干。

3. 游戏方法

学生们被精心配对成两人一组，每组分配一个足球，并分别站立于事先划定的两条平行线外侧，这两条平行线之间的距离精心设定为 5 米，来保证足够的传球空间。在每组成员的正中间，细心地放置了两个标志物，它们之间的间距被精确控制在 0.5 米，成为传球过程中的重要参照点。

随着教练的一声令下，游戏紧张刺激地展开。每组成员必须迅速进入状态，开始进行连续不断的传球练习。关键规则在于，每一次传球，足球都必须准确无误地从两个标志物之间穿越而过，这是对传球精准度的严苛考验。同时，为了增加挑战性，球在穿越标志物时的高度被严格限制，不得高于标志物的顶端，这要求学生们在传球时既要力量适中，又要角度精准。

随着传球次数的累积，竞争氛围愈加浓厚。学生们全神贯注，每一次触球都凝聚着团队的默契与个人的技巧。游戏目标清晰明确：哪一组能够最先完成50次符合规则的传球，就将赢得这场传球大赛的胜利。这一过程中，学生们不仅锻炼了传球技能，更在紧张激烈的竞争中学会了团队合作与坚持不懈的精神。

4.游戏规则

①对传球的脚法不限，但要求每次传球必须穿过两人之间的两个标志物的中间，其中任何一人没有达到要求都视为失败，本次的传球不计在总数之内。

②击球点不能越过各自的平行线，否则视为无效。

（三）踢准

1.游戏目的

提高学生传高空球落点的准确性。

2.场地和器材准备

半块足球场地，足球5个，红旗一杆。

3.游戏方法

在游戏开始前，场地上精心布置了两条间隔30米的平行线，构成了游戏的主体框架。紧接着，在其中一条直线的中点位置，以一个醒目的圆心为核心，巧妙地绘制了4个同心圆，半径依次为2.5米、2米、1.5米和1米，每个圆都以其独特的半径定义了不同的得分区域。而在圆心正中央，一面鲜艳的小红旗傲然挺立，成为所有参赛者梦寐以求的目标。

与此同时，在另一条平行线上，整齐排列着5个足球，它们静待着即将展开的激烈角逐。游戏一旦启动，每位参赛者都将获得展示自己脚法的机会，他们需从起点处跑助力，随后全力一脚，将足球射向远方的圆心区域。球的首次触地点，将成为决定得分高低的关键。

具体而言，若球的第一落点恰好位于半径2米至2.5米的圆环内，该次尝试将赢得1分；若更进一步，落点在1.5米至2米范围内，则得分升至2分；若精准度再提升，球落入1米至1.5米区域，得分跃升至3分；而当球直接命中半径 1 米的微小空间时，4 分将是对其卓越技艺的最佳肯定。然而，真正的荣耀属于那些能够直接让球触碰并撼动小红旗的参赛者，他们将独享 5 分的至高荣耀。

每位参赛者都将拥有 5 次射门机会，以充分展现自己的实力与潜力。最终，累积得分最高的选手将被加冕为本次比赛的胜利者，其精准的脚法与冷静的判断力将在这一刻得到最完美的证明。

4. 游戏规则

①练习者可以采用脚的任何部位击球，但必须是高空球且第一落点落在圈里才可以记分。

②要求每个同学的踢球时间限制在 3 分钟之内，如果时间到了但是没有完成，那么仅计算已完成的踢球得分，然后换下一名同学继续游戏。

三、运球类游戏的具体方法

（一）运球转身接力

1. 游戏目的

提高学生运球中快速转身与急停的能力。

2. 场地和器材准备

一块足球场地，足球 2 个。

3. 游戏方法

学生们被平均分配至两个实力均衡的小组，各自排列成纵队，整齐地站在一条预先划定的起点线之后，蓄势待发。每个小组的首位学生紧握一球，目光坚定，准备迎接挑战。在距离这条起点线约 20 米的位置，对称地矗立着两个鲜明的标志物，它们如同指引方向的灯塔，为参赛者明确了目标。

随着教练员的一声令下，紧张刺激的游戏正式拉开帷幕。两个小组的首位持球队员几乎同时启动，他们脚下生风，灵活操控着足球，全速向各自的标志物冲刺。到达标志物前，他们展现出了卓越的控球技巧，稳稳停球，随即迅速转身，以同样敏捷的步伐运球返回起点线，将球精准传递给下一位队友。这一连串动作流畅而协调，充分展示了学生们的足球基本功与团队协作能力。

4.游戏规则

①队员在运球绕过标志物时,不限制停球转身的技术动作,只要能够运球绕过标志物即可。

②两名队员接力时,必须做出击掌的动作之后,接球的队员才可以从起点线出发开始游戏。

(二)折线运球接力

1.游戏目的

提高学生两侧变向运球的能力。

2.场地和器材准备

一块足球场地,足球2个,标志物16个。

3.游戏方法

学生们被均分为两个竞争小组,各自站在同一条清晰的起点线后,准备迎接接下来的挑战。在起点线前方,每隔5米精心布置了一个标志物,每组对应位置共设有8个标志物,两组合计共16个,它们不仅标记了前进的路线,更为游戏增添了策略性。特别地,为了增加难度与趣味性,每组的标志物之间被巧妙地左右交错移动了一段距离,使得整体的行进路线呈现出蜿蜒曲折的S型轨迹。

随着教练的一声令下,游戏正式开始。每组的首位持球队员迅速反应,他们沿着这条精心设计的斜线路径,以敏捷的身手和精准的控球技巧,逐个绕过每个标志物。在接近每一个标志物时,队员们展现出了出色的变向能力,灵活地从外侧切入。当抵达最后一个标志物时,他们毫不犹豫地迅速转身,再次绕过该标志物,并按照原路准确无误地返回起点,将球稳稳传递给下一位队友。

4.游戏规则

要求学生每次必须从标志物的外侧绕过,做变向继续斜线运球,不能直接从标志物内侧变向斜线运球。

(三)运球过人

1.游戏目的

提高学生运球过人、护球和抢断球的能力。

2. 场地和器材准备

一块足球场地，足球 1 个。

3. 游戏方法

设想一个宽敞的长方形场地，其尺寸为 20 米宽、30 米长，为接下来的体育活动提供了理想的舞台。学生们被平均分配至两个实力均衡的小组，他们分别站立在场地两条相对较长的边线外侧，严阵以待。每个小组的首位成员手持足球，眼神中透露出对胜利的渴望与对挑战的期待。

随着教练员的一声"开始"，游戏瞬间被激活。持球的队员如同离弦之箭，迅速启动，向对方的边线全速运球推进。他们不仅要展现出色的控球技巧，还要灵活运用变向、加速等策略，力求突破重重防守，成功抵达目标边线。与此同时，防守方的队员则迅速进入状态，他们紧密协作，采用各种抢断球技术，试图拦截对方的进攻，保护己方领地不受侵犯。

每当一次成功的防守得以实现，攻防双方的角色便即时转换，游戏继续以新的面貌上演。这种即时的角色反转不仅增加了游戏的趣味性与不可预测性，也让每位学生都能在攻防两端得到充分的锻炼与体验。

游戏在紧张激烈而又充满欢声笑语的氛围中持续进行，直到某一小组的队员终于突破重重阻碍，成功将球运至对方的边线，这一轮游戏方告一段落。随后，下一组学生接力上阵，继续这场智慧与勇气的较量。

4. 游戏规则

①每个小组在游戏中必须是一方运球至对方边线才能结束，中间不能换人。

②学生在抢截球的过程中，除铲球技术外，可以利用任何其他技术动作。

四、校园足球游戏的组织方式

在校园足球游戏活动课中，组织管理工作非常重要，它将直接影响游戏的效果、安全，以及是否能让学生从中产生对足球的兴趣。因此，在校园足球游戏的组织过程中，要讲求一定的科学方法。[1]

---

[1] 朱可. 校园足球教学训练及人才培养研究 [M]. 长春：吉林人民出版社，2022.

（一）游戏的准备

1.场地的安全性

场地的安全性应当放在第一重要的位置，避免学生在游戏过程中因为摔倒而发生划伤、骨折等情况。因此场地要选择那些地面平整且没有砂石等尖锐物的宽阔地面。

2.场地与教室的适当距离

校园足球游戏与其他的体育课程不同，由于在做游戏的过程中学生更加放松，难免会喧闹。因此，尽量选择距离教室稍远的场地进行，以免影响其他课堂教学的正常进行。

（二）游戏的管理

1.严格遵守游戏规则

在进行校园足球游戏时，首要任务是强化学生的规则意识。面对犯规行为，教师应采取严肃而公正的态度，使得每一次犯规都能得到恰当处理。重要的是，要引导学生认识到犯规虽属难免，但通过尊重并遵守规则，即便犯规后也能保持积极态度继续游戏，这不仅是对游戏本身的尊重，更是个人素养与团队精神的体现。通过这样的实践，学生的规则意识将得到显著提升。

2.优先处理安全问题

安全是体育活动中重要的因素，足球游戏亦不例外。教师应时刻紧绷安全这根弦，密切关注学生在游戏中的行为，及时提醒并纠正可能引发危险的举动。一旦发现安全隐患，无论大小，都应果断采取行动，必要时立即中止游戏，直至隐患彻底消除。通过不断强化安全教育，让学生时刻牢记安全第一的原则，共同营造一个安全、和谐的游戏环境。

3.适时地结束游戏

适时结束游戏是维持游戏效果与兴趣的关键。教师应根据游戏的目的、学生的体力状况及游戏进程，灵活调整游戏时间，避免过长或过短。同时，为保持游戏对学生的吸引力，教师应定期更换游戏种类或创新玩法，避免重复单调导致的学生兴趣流失。通过精准的时间管理与持续的内容更新，使每次游戏都能激发学生的参与热情，达到最佳锻炼效果。

（三）游戏的结束

游戏结束后并非足球游戏的最后一个环节，因为除场地整理之外，对游戏进行小结或者评价也是非常重要的一项工作。

1. 场地整理

游戏结束并不意味着活动的完全落幕，场地整理作为后续工作的首要任务，承载着深远的教育意义。通过引导学生共同参与器材的归还与场地清理，我们旨在培养他们的责任感与规范意识。这一过程不仅是对他人及后续使用者的尊重，更是学生自我成长的重要一步。学生们在劳动中学会承担责任，体验维护公共环境的责任与乐趣，为今后步入社会打下坚实的道德基础。

2. 游戏小结

游戏小结是活动不可或缺的组成部分，它超越了简单的娱乐体验，引导学生深入思考游戏背后的意义与价值。通过小结，学生不仅能够回顾游戏中的精彩瞬间与难忘经历，更能清晰认识到游戏设定的目的与期望达到的效果。这一过程促使学生进行自我评估，反思个人表现与团队协作中的得与失，进而明确未来的训练重点与方向。准确而深入的小结，如同一盏明灯，照亮学生前行的道路，帮助他们在游戏中学习，在学习中成长。

第六章　校园足球训练与教学评价

第一节　校园足球训练学生的身体素质评价

学生的身体素质即学生的体能状况。足球运动是一项高强度、高对抗和高速度的球类运动，因此，充沛的体能是参与足球运动的人士不可或缺的，当然这也是支撑学生顺利参与足球运动的关键因素。因此，在建立校园足球教学训练评价体系的工作中一定不能忽视对学生身体素质方面的评价。[1]

一、对学生足球运动的决定性身体素质的评价

（一）对力量素质的评价

1. 力量素质的评价内容

身体的五大素质各具特色，共同作用于运动表现之中，而力量素质则稳居核心地位，对爆发力、速度等关键能力具有深远影响。在足球这项高强度对抗性运动中，力量素质尤为关键，它不仅是技术动作执行的基础，也是在对抗中保持竞争力的保障。现代足球比赛的竞争性与对抗性日益增强，球员间的身体接触频繁，合理冲撞、急停变向、跳起射门等高难度动作频现，这些动作均对学生运动员的腿部及腰腹力量提出了更高要求。

2. 力量素质的评价方式

（1）立定跳远

评价目的：测试和评价学生腿部向前的爆发力。

场地器材：一块平整的地面；一把测量尺。

---

[1] 李一. 足球与法 [M]. 北京：中国政法大学出版社，2020.

评价方法：学生应穿足球鞋，每人试跳 3 次。

评价标准：取最好成绩为最后结果。跳得越远表明腿部力量素质越好。

（2）原地双脚纵跳

评价目的：测试和评价学生腿部向上的爆发力。

场地器材：一块平整的地面；一个摸高测量仪。

评价方法：学生站在墙边，将手臂尽量贴近墙面并努力向上伸，双脚脚跟不能离地，在指尖摸到的最高点做一个记号。然后学生离开墙边，尽力双脚同时用力做向上纵跳动作，再次在指尖摸到的最高点做一个记号。两个记号之间的距离就是所得的成绩。

评价标准：取 3 次测试中最好的成绩进行记录。距离差越大表明腿部力量素质越好。

（3）助跑单脚纵跳

评价目的：测试和评价学生腿部向上的爆发力。

场地器材：一块平整的地面；一个摸高测量仪。

评价方法：和原地双脚纵跳基本相同。学生站在墙边，将手臂尽量贴近墙面并上伸，注意双脚脚跟不能离地，在指尖摸到的最高点做记号；学生离开墙边，经助跑后，尽力做单脚向上纵跳，再次在指尖摸到的最高点做记号。前后两个记号之间的距离就是学生所得的成绩。

评价标准：取 3 次测试中最好的成绩进行记录。距离差越大表明腿部力量素质越好。

（4）立定三级跳

评价目的：测试学生腿部向前的爆发力与全身用力的协调性。

场地器材：一块平整的地面；一把测量尺。

评价方法：学生应穿足球鞋，每人试跳 3 次。

评价标准：取最好成绩为最后结果。跳得越远表明腿部力量素质越好。

（5）引体向上

评价目的：测试与评价学生的臂力。

场地器材：一副单杠。

评价方法：在单杠上，学生双手正握单杠（掌心向前，拇指相对），身体静止悬垂开始，拉臂引体向上，下颌超过杠面计1次。

评价标准：20次为优秀，18次为良好，15次为中等，10次为及格。

（6）1分钟仰卧起坐

评价目的：测试与评价学生的腰腹力量。

场地器材：一块垫子；一块秒表。

评价方法：学生仰卧在垫子上，两腿并拢屈膝约呈30°，两臂平放在大腿上，由测量者压住学生双脚踝部，起坐时双肘触及两膝即成功1次。仰卧时，两肩胛骨触垫。学生发出"开始"口令的同时，打开秒表进行计时，记录1分钟内学生正确完成动作的次数。测试过程中学生不得借助肘、手撑垫或臀部起落的力量。

评价标准：70次/分为优秀，60次/分为良好，50次/分为中等，36次/分为及格。

（7）1分钟悬垂举腿

评价目的：测试与评价学生上肢、腰腹部、腿部的力量和协调性。

场地器材：一副单杠；一块秒表。

评价方法：学生双手握杠成悬垂姿势，双腿直腿连续快速上举，举腿幅度必须超过90°，测量者记录学生在1分钟内完成的次数，每人测试1次并记录成绩。

评价标准：1分钟内完成次数越多则力量素质越好。

（8）1分钟俯卧撑

评价目的：测试与评价学生的上肢力量。

场地器材：一块垫子；一块秒表。

评价方法：学生用双手和双脚尖撑地，呈俯卧姿势。接着双臂弯曲，身体下落，直至胸部接近地面，然后再将双臂伸直，还原成原俯卧姿势，至此完成1次动作。测量者记录学生在1分钟内正确完成的次数。测评过程中学生进行下落和上推时，不得弓背。在俯卧撑的过程中，塌腰、提臀、屈臂大于90°均不计成绩。

评价标准：22次/分为优秀，18次/分为良好，15次/分为中等，10次/分为及格。

（9）掷界外球

评价目的：测试与评价学生上肢、腰腹部以及下肢的力量和协调性。

场地器材：一块平整的足球场；一把测量尺；一个足球。

评价方法：在规则所要求的界外球规格条件下，学生进行界外球掷远，用测量尺测量掷界外球的距离。

评价标准：取两次中的最好成绩。掷球距离越远力量素质越好。

（二）对速度素质的评价

1.速度素质的评价内容

在足球竞技的激烈舞台上，学生们为了贯彻战术意图，展现拼抢精神，频繁进行高速冲刺，并需根据场上瞬息万变的局势，灵活融入急停急起、急停变向等复杂技术动作。这一系列高难度动作要求的实现，皆仰赖于学生卓越的速度素质作为支撑。

速度，作为足球运动不可或缺的精髓，其涵盖范围广泛，从基础的位移速度到精细的动作速率，均是衡量球员能力的关键指标。在高水平的足球赛事中，快速移动与高效动作的执行力，往往成为决定胜负的关键要素。因此，在构建针对学生的体能评估框架时，我们应将速度耐力素质置于核心地位，以全面反映并促进学生在足球运动中的速度表现。

2.速度素质的评价方式

（1）3米侧滑步

评价目的：评价学生快速横向移动速度。

场地器材：一块平整的水泥或沥青地面；一块秒表。

评价方法：在地面上画两条相距3米的平行白线，在中间1.5米处画一条细中线。每次可有2～4人（监测人相同）共同参与测试，预备时，学生站在两条边线之间，后脚踩一边。听口令后，尽快在两条边线之间往返滑步跑。每次必须一只脚踩到边线，计30秒踩到边线的次数。测评过程中，要求学生穿胶鞋参与测试，且每次往返，必须踩到边线。

评价标准：测两次，取最好的一次记录成绩。30秒踩到边线的次数越多，速度素质越好。

（2）3米交叉步摸地

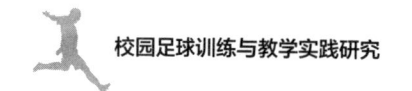

评价目的：评价学生快速移动的灵敏性与协调性。

场地器材：一块平整的水泥或沥青地面；一块秒表。

评价方法：在水泥或沥青地面上画两条相距3米的平行白线，在中间1.5米处画一条细中线。测试人数及准备同上。听口令后，用交叉步快速在两条线之间往返跑（始终面向一方），每次只能用一只手摸到边线，计30秒摸到边线的次数。测评过程中，要求学生穿胶鞋参与测试，且每次往返，必须摸到边线。

评价标准：测两次，取最好的一次记录成绩。30秒摸到边线的次数越多，速度素质越好。

（3）30米绕杆跑

评价目的：测试与评价学生直线短距离快速跑动中身体的协调性和灵敏性。

场地器材：一块平整的足球场地；一根标志旗杆；一块秒表。

评价方法：在平整的足球场树立几个不同间距的标志旗杆。学生在开始的端线准备站立式起动，自己决定开始跑动的时机，跑动时必须绕过每一根标志旗杆，跑两次。

评价标准：要求学生跑两次，取最好成绩记录。用时越短成绩越好。

（4）三角跑

评价目的：测试与评价学生快速、持续移动的速度素质。

场地器材：一块平整的足球场地。

评价方法：在平整的场地上画出边长为10米的等边三角形，选出一角的顶点做起终点。学生采用站立式起跑，人动表开，沿三角形做顺时针、逆时针平跑各一次，学生到达终点线停表。如果在跑的过程中，踩到或进入三角形边线则不计成绩。

评价标准：测试3次，取最好的一次成绩记录。用时越短成绩越好。

（5）5×25米折返跑

评价目的：测试和评价学生折返跑的速度和耐力素质。

场地器材：一块平整的60米×25米的场地；一块秒表。

评价方法：在场区内每 5 米画一条 6 米长的线。学生站在起终点线后，手动开表，学生快速跑，从起终点到 5 米、10 米、15 米、20 米、25 米线依次做折返跑，在折返跑中的每个转身动作必须单脚过线。最后冲过起终点线计时停止。如果出现滑倒或转身没踩到线的情况均不计成绩。

评价标准：间歇 2 分钟后再进行第二次测试，共测两次，取两次中最好的成绩做记录。用时越短成绩越好。

（三）对耐力素质的评价

1.耐力素质的评价内容

足球运动以其独特的竞技魅力，对参与者的体能提出了严苛的要求，这主要源于其固有的运动特性——长时间、高强度的能量消耗。一场标准的足球赛事长达 90 分钟，而若遇淘汰赛制下的平局，还需额外承受 30 分钟的加时激战，乃至可能延伸至点球大战的终极考验。这样的赛程安排，无疑是对学生体能极限的一次次挑战与检验。

鉴于足球运动的这一显著特点，我们在构建学生耐力素质评价体系时，应使他们在氧气供应充分条件下，持续进行高强度运动的能力，即有氧耐力素质。这一评价维度不仅体现了学生在比赛中保持持久战斗力的关键所在，也为学生日常体能训练指明了方向，即需重点加强有氧耐力的训练与提升，以更好地适应足球运动对体能的苛刻要求。

2.耐力素质的评价方式

（1）12 分钟跑

评价目的：测试与评价学生的有氧耐力。

场地器材：一块田径场地；一块秒表；一把皮尺。

评价方法：在田径场 400 米跑道上进行。由考评员计时，并发出出发信号，测试学生采用站立式起跑，12 分钟时间到时，考评员发出停止信号，测试学生即刻停止跑动并在停止地点做出标记，由考评员计算学生跑的距离。

评价标准：12 分钟跑 3200 米为优秀，3000 米为良好，2900 米为中等，2800 米为及格。

（2）固定距离跑

评价目的：通过测试学生的前进、侧向跑、后退、转身、障碍跑以及跳跃动作，来评价学生的有氧耐力及跑动中的灵敏性。

场地器材：一块足球场地；一块秒表。

评价方法：根据场地中的测试循环路线，学生在尽可能短的时间内完成4次测试循环。测试循环线路可设置在足球场的四周，测试循环线路的安排可以发生变化，但在重复测试时要尽量使用相同的场地设置。学生在测试中可以每隔15秒命令学生出发，直到测试达到8人为止。

评价标准：用时越短成绩越好。

（3）YOYO测试

评价目的：测试与评价学生的有氧耐力。

场地器材：一块足球场地；一块秒表；一台录音机。

评价方法：YOYO跑即间歇性耐力测试，在平坦的场地上或在田径跑道上划出相距20米的两条线，学生采用站立式起跑，从一条线出发跑向另一条线，在两条线之间按录音机播放的YOYO TEST录音带的节奏做往返跑。学生必须在每次发出节奏的鸣叫声时踩到线（按节奏踩到线）并折返跑向另一条线，如不能按时、按节奏踩到该踩到的线时即犯规，第一次警告，第二次停止测试并记录跑的时间，按跑的时间评分。

评价标准：12分为优秀，11分30秒为良好，10分50秒为中等，9分40秒为及格。

二、对学生足球运动的辅助性身体素质的评价

（一）对灵敏素质的评价

1. 灵敏素质的评价内容

现代足球的战术风貌与往昔相比，已历经深刻变革，其核心转向了对控球权的极致追求与短传渗透战术的广泛应用。尽管战术创新中长传与短传再度巧妙融合，但多数进攻体系的构建仍起始于精准的短传配合，这无疑对球员的脚下技术细腻度提出了更为严苛的标准。

在此背景下，校园足球的教学与训练体系必须紧跟足球运动的发展潮流，将短传技术及其相关技能视为训练的重中之重。技术层面的精进，要求学生能够娴熟驾驭短距离内的直线、折线乃至弧线冲刺，同时，在实战中快速变向、

灵活跳跃以规避防守等动作，均对学生的灵敏素质构成了严峻挑战。

因此，为了全面评估并提升学生的足球技能水平，校园足球教学训练评价体系中必须纳入恰当的灵敏素质指标。这些指标将精准反映学生在复杂多变的比赛环境中，迅速调整身体姿态、准确预判并作出反应的能力，从而为培养适应现代足球需求的高素质球员奠定坚实基础。

2. 灵敏素质的评价方式

（1）3米往返跑

评价目的：测试与评价学生的灵敏性素质。

场地器材：一块平整的木板地或平坦的土场地；一块秒表。

评价方法：在木板地或平坦的土场地上划两条相距3米的线，受试者站在线上，听口令开始在两条线间做往返跑，每次必须有一只脚踩到白线。计30秒内受试者的踩线次数。

评价标准：测两次，取最好一次的成绩。32次/分为优秀，30次/分为良好，28次/分为中等，26次/分为及格。

（2）越障碍变向跑

评价目的：测试与评价学生快速奔跑与变向的能力。

场地器材：8个锥形标记物；一把卷尺；一块秒表；笔和纸。

评价方法：学生趴在地上，腹部着地，双手与胸部平齐，任何体重都不能压在手上，双腿伸直，脚掌朝上，鞋钉不能着地。学生听到"开始"口令后马上爬起，向触摸线冲刺，必须触线；然后按照绕锥形标志物快速冲刺；绕过锥形标志物后返回触摸线，然后以最快速度跑向终点。

评价标准：测两次，取最好的一次记录成绩。用时越短成绩越好。

（二）对柔韧素质的评价

1. 柔韧素质的评价内容

在探讨足球运动的身体素质构成时，柔韧素质虽不常如速度、耐力、短传技术及灵敏素质那般直观显著，但其重要性却不容小觑，其影响力往往以隐性方式展现。

在足球训练实践中，柔韧素质主要体现在学生对身体协调性的精准掌控上。它不仅有助于扩大动作幅度，使技术动作更加流畅、优雅，更关键的是，

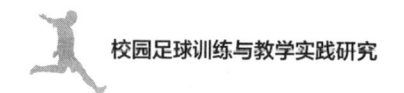

它能显著提升身体关键部位的力量表现,从而为运动中的骨骼与关节提供坚实的保护屏障,有效降低运动伤害的风险。这种隐性的保护作用,往往是决定球员长期职业生涯稳定性的关键因素之一。

2. 柔韧素质的评价方式

学生的柔韧素质评价主要是采用直立摸脚的方法来进行。

评价目的:测试与评价学生的柔韧性和协调性。

场地器材:高度不等的台阶若干级。

评价方法:学生站在垂直的台阶上进行测试。学生两腿并拢伸直(膝关节不能弯曲),双脚并拢,脚尖与台阶前沿对齐,上体前屈,两臂伸直,双手沿台阶向下摸,指尖尽力向下摸。计分时以台阶平面边沿为 0 点,向下为正值,向上为负值。测量学生指尖摸到的最低点距 0 点的距离。

评价标准:23 厘米为优秀,18 厘米为良好,13 厘米为中等,7 厘米为及格。

第二节 校园足球训练学生的技术能力评价

足球运动技术是该项运动区别于其他运动的最显著特征。另外,技术也是每一位足球运动的参与者必须掌握的。对于足球运动技能的评价主要是针对诸多基础技术的考察,具体包括接球技术、运球技术、传球技术、射门技术和守门员技术。下面就主要对校园足球教学与训练的技术能力评价进行研究,以期准确了解学生对足球运动技术学习的效果。

一、接球技术评价

在足球运动实战中,接球技术并不是单一存在的,它更多是与其他技术相结合使用。从技术动作的顺序来看,就能很明显地发现一切后续动作(运、传、射)的基础都是"接"。因此,在对学生的技能评价中要将接球技术与相关的其他技术结合进行评价,其评价方法可以采用接球传准的方法,通过这种方法来测验学生接四方高低球的技术和传球的准确性水平。[1]

---

[1] 张晓宇. 大学生足球理论与实践 [M]. 广州:中山大学出版社, 2019.

评价前准备：在球场或平坦的地面上画一条长度大于 5 米的白线。以白线为一边，在白线中段一侧画边长为 3 米的正方形接球区。接球区两边 1 米处各画 1 条与白线垂直的线，与接球区边线构成传球区。在白线中段的另一侧距白线中点 20 米处插 1 根高 1.5 米的标志杆，以杆为中心画半径为 1 米和 2 米的两个同心圆。准备一块秒表。

具体评价方法：学生站在正方形的接球区内，接规定的四个方向传来的不同高度的来球，然后迅速带球至传球区并踢向标志杆。打中标志杆和落点在中心圈内得 5 分，落点在外圈得 3 分，落点在圈外不得分。

要求接球后分别向右、左传球区带球 1 次，用右、左脚各踢 1 球。每 4 球为 1 轮，共测 3 轮 12 个球。从第一个球进入接球区开始计时，到第 12 个球踢出时停表。在传球区外踢球扣 1 分，记录学生的所得总分。测试时间为 1 分钟。

测试注意事项：没有在接球区接到球，需要运回接球区内再带往传球区踢准；传球人需及时将球传出。

二、运球技术评价

（一）折线运球

折线运球主要是测试和评价学生尽可能快地从起点运球经过折线运球到达终点的能力，测试学生折线运球速度的快慢。

评价前准备：在场地上画两条间距为 9 米的平行线，在平行线上分设 A、B、C、D、E、F，共 6 个点，每条线上各点之间的距离不等。

具体评价方法：学生站在起点线后自行决定测试开始时间，球动起表。起动后学生按虚线轨迹带球，在各个标志前过线后做折线变向运球，在 E、F 之间的终点线之外踩停住球，停止计时。

测试注意事项：严格要求学生不能让球触碰两条线上的标志；球的整体在运球折返时必须越过标志前的线；队员、球不得绕过标志。

（二）折返运球过杆

这项测试的目的在于通过学生运球绕杆的快慢程度来评价他们掌握运球技术的熟练程度。

评价前准备：在平整的场地上画两条相距20米的线，两条线中间插10根距离不等（1～3米）的标杆；一块秒表。

具体评价方法：听学生口令，学生从端线起运球，开表计时，从左、右两侧依次过杆，往返运回到端线，人球到线时停表。测两次，取最好的一次成绩进行记录。

测试注意事项：学生不得将标杆碰倒；漏杆者需补过杆；计时精确到0.1秒。

（三）运球转身

运球转身测试主要是评价学生在运球过程中对转身方法的掌握以及完成运球转身技术动作水平。只有学生具备出色的速度和良好的身体协调性才能在测试中获得良好的成绩。

场地器材：平整的场地；足球。

具体评价方法：在场地上画相距4.5米的A线和B线。学生持球站在A线后，球动开始计时，学生带球从A线到B线，过B线后迅速转身返回A线，过A线后再迅速转身返回B线，最后返回A线并停球，计时停止。

测试注意事项：要求学生在1组测试中至少完成3个相同的转身动作；每个学生测试3组，取3组成绩平均数作为最后成绩；测试中，学生每组的转身技术动作不能相同。

三、传球技术评价

（一）吊圈传准

吊圈传准主要测试和评价学生的传球准确性。

评价前准备：在足球场上划出一个外圆半径为4米，内圆的半径为2.5米的双环，在与双环相距20～40米的地方划出一个矩形作为传球区。

具体评价方法：学生将足球放在第一条线上，向传球区内拨球，随后跑上去向圈内传球，让球保持运动状态，每人踢5脚。进球第一落点在小圈得2分；进球第一落点在大圈得1分；未传到圈内不得分。

测试注意事项：要求学生在传球时必须使用脚背内侧踢球。在熟练后，可以安排脚背外侧的踢球。

（二）三角形地滚球传准

三角形地滚球传准主要测试和评价学生传接地滚球的能力。

评价前准备：在平整的场地上划出 3 个直径 5 米的圆圈构成 3 个测试区域（A 区、B 区和 C 区），每两个区的中心之间距离为 17 米，3 个测试区域共同构成一个等边三角形；一个足球。

具体评价方法：将学生分成 3 个小组，每组 1 名学生。3 名学生分别站在 3 个测试区内。测试开始，A 区学生持球，将球按逆时针方向传给 B 区学生，B 区学生再将球传给 C 区学生，依次重复。测试时间为 30 秒，计 30 秒之内的传球次数。

测试注意事项：对学生传球的脚的部位不做限制；球传出或弹出测试区外则快速运球回到测试区内继续传球。

四、射门技术评价

（一）头顶球射门

头顶球射门主要测试和评价学生头球技术的准确性，以及学生把握头球的时机和头球射门进球的能力。

评价前准备：在与球门相距 2 米的地方画一条直线作为抛球限制线，并在距球门线 10 米或 12 米处画头顶球区域线，在距头球区域线 5 米的地方画一条助跑限制线。

具体评价方法：学生站在助跑限制线外，抛球者抛球后，学生助跑在头顶球线前顶球射门。每个学生限顶 3 次，球直接进门计 1 分，球弹地进门计 2 分，球弹地两次以上（含两次）不计成绩。

测试注意事项：学生要站在助跑线外起动助跑；抛球者抛球后学生判断好球落点，助跑并在顶球线前利用头顶球射门。如果在顶球线内顶球则不计成绩。

（二）踢球射门

踢球射门主要测试和评价学生利用脚背内侧和脚背正面射门的能力。

评价前准备：球门中心设一锥桶，两球门柱外 2 米处也设置一锥桶。罚球区线内 2 米处画 1 条标志线，罚球区线与球门区延长线外画 1 个长 3 米，宽 2

米标志区。

具体评价方法：学生站在罚球区外标志区内，开始计时后，学生运球进入罚球区，在球滚动过程中起脚射门。球射入球门线中点至远门柱区域得3分；射入球门线中点至近门柱区域得2分；射入球门远门柱至锥形桶之间区域得1分；球踢在门梁、门柱、近门柱外得0分。

测试注意事项：学生必须采用要求的射门脚法使用中等以上力量射门，过于绵软无力的射门应被判为无效；学生的6次射门必须在25秒钟之内完成；要求学生在每个区域各射门3次，左侧用左脚射门，右侧用右脚射门，左、右脚各射门3次。

（三）球门墙射准

球门墙射准主要测试和评价学生左右脚定点射门的技术。

评价前准备：按标准球门画球门墙（内高用鲜明线均分为3份，内宽均分为7份，标明各部位得分）。球门墙前画罚球区和罚球弧，以球门底线中点为圆心，16.5米为半径画弧。

具体评价方法：在罚球弧线外侧放4个足球，罚球区两角弧线的外侧各放3个足球。学生左、右脚各踢5个球，记录10次踢球射中部位的总得分，再由教练根据踢球的质量（力量、脚法等）给予技术评定。

测试注意事项：学生站在正面观察射中部位报分，射中点正压在区分线上的球记录两部位的平均分。

五、守门员技术评价

在足球这项充满策略与激情的运动中，守门员无疑是队伍防线上的最后一道坚不可摧的堡垒，其重要性不言而喻，故有"一名卓越守门员，价值半壁江山"的美誉。守门员之所以如此关键，在于他们拥有场上独一无二的特权——通过双手精准掌控足球，这一能力极大地增强了他们对球权的控制力与获取效率。

为了充分发挥守门员这一核心防守环节的潜力，确保球队后防稳固如山，足球教学必须针对守门员进行系统化、高强度的专业训练。这不仅关乎技术层面的提升，更涉及心理素质、反应速度、位置感等多方面的综合培养。因此，在构建校园足球教学与训练的技术能力评价体系时，将守门员技术纳入其中，是不可或缺的一环。通过科学、全面的评价，我们可以精准定位守门员的技术短板，制定个性化提升方案，助力他们成为球队不可或缺的守护神。

（一）持球踢准

持球踢准主要用来评价守门员脚踢发球的准确性。

评价前准备：选择一块标准的足球场地，在球场中圈画一个直径为5米的圆，在两边线和中线相交的两角分别画出边长为5米和8米的两个正方形。

具体评价方法：守门员持球站在罚球区内，向中场方向的两个正方形区域内各踢3个球，向中圈内踢4个球。球落点在小方形及小圆内得3分；球落点在小方形外大方形内、小圆外大圆内得2分；球落点在场内得1分；球落点在场外得0分，记录守门员踢10个球的总得分。

测试注意事项：得分的判定是以球的落点为准，而不是以球落地后滚动停止的落点位置为准。

（二）防守定点射门

防守定点射门测试法主要用于测试和评价守门员连续防守定点射门的扑接球的技术能力。

评价前准备：选择一个标准足球场。在罚球区内，以球门底线中点为圆心，以16.5米为半径画弧。

具体评价方法：在罚球弧内及小禁区45°外5米左右的位置各放5个球，射手根据计时员每隔3秒所发出的口令，依次用各种力量、角度、脚法射门。守门员接到球后从左、右两侧将球抛出。记录并计算守门员防守的成功率。由教练对射手射门的平均质量作出优、良、中、差评定，分别对防守成功率乘以1、0.9、0.8、0.7，计算守门员的得分，记录防守定点射门的成功率（取整数）。

测试注意事项：射手将球踢出界需补踢；如果守门员触碰到了出界的球则仍旧判定防守成功。

（三）扑定点球结合发球

考评守门员扑定点球、退守速度、手抛发球的准确性。

评价前准备：在标准的足球场中，以球门区内罚球区两角连线的延长线外

5 米处为圆心画直径为 2 米的两个圆；在球门区两角各放 4 个球；一块秒表。

具体评价方法：守门员从球门底线中点出发计时，先向右倒地扑右角球后起立，用于发往右方圆内。倒退或侧向跑回球门底线中点，再扑左角球起立，用手发往左方圆内，直至 8 个球发完返回球门底线中点时停表。每一个球落点发到圆外加计 1 秒，记录完成花费的总秒数。

第三节　校园足球训练学生的自我评价

学生自主学习的动力与热情，是知识吸收与技能掌握的核心驱动力，它强调了学习过程中的主动性和自我驱动力。幸运的是，足球运动以其独特的吸引力与深远的教育价值，成功激发了学生们浓厚的兴趣，促使他们在课余时光也乐此不疲地投身于足球场上。

鉴于这一积极现象，在校园足球教学与训练的评价体系中，我们务必重视并强化学生的自我评价环节。因为，最了解自身学习进展与技能掌握情况的，莫过于学生本人。任何外部测试或评估手段，都难以全面而精准地捕捉学生内在的学习状态与成长轨迹。

因此，引导学生掌握科学的自我评价方法，并将其作为评价体系中不可或缺的一部分，显得尤为关键。这不仅能够促进学生对自身学习过程的深刻反思，还能增强他们的学习责任感与自我提升意识，为校园足球教学与训练注入更为持久且有效的内在动力。

对于学生的自我评价来说，主要应该从体适能、基本技术和技战术综合能力三方面进行评价，具体如下。

一、足球体适能的自我评价

对于足球体适能的自我评价，学生可根据自己日常活动和训练算出相应的活动指数，然后再根据总得分（强度 × 时间 × 次数）区分体适能的类别，如果指数总得分低于 40，学生应增加足球运动的训练时间、训练强度、训练次数。[1]

---

[1] 姜华. 足球运动文化体系的建设与发展 [M]. 北京：中国商务出版社，2018.

二、足球基本技术的自我评价

足球运动基本技术是参与足球运动需要掌握的必不可少的技术，它是足球进阶技术的基础。拥有扎实的基本技术对学生理解和参与足球运动大有益处，因此，将此列入自我评价的内容中是很有必要的。

（一）颠球技术自我评价

1. 原地颠球

评价方法：学生连续进行颠球，球落地或手触球则颠球结束，以球碰触身体各部位次数的多少来评定成绩。

评价标准：做两次，取最好的一次成绩进行记录。

2. 行进间颠球

评价方法：学生用头、肩、胸、大腿、脚等部位进行向前行进、连续颠球，根据行进间连续颠球的距离长短计算成绩，球落地或手触球视为一次颠球结束，核定距离以最后一次明显控制住球的触球为准。

评价标准：做两次，取最好的一次成绩进行记录。

（二）运球技术自我评价

1. 运球绕杆射门

场地器材：一块足球场地；至少1.5米的标志杆或标准桶；一个足球。

评价方法：在足球场罚球区线中点两侧50厘米处各画一条垂线。场地上插6根标杆，在右侧垂线上距罚球区线2米处插1根标杆，在距左侧垂线2米处插1根标杆，在距右侧垂线2米处插1根标杆，在距起点12米处插1根标杆。标杆固定垂直插在地面上，插入深度不限，以学生碰杆不倒为宜。测试开始，学生从起点线开始运球，脚触球的一刻开表计时。运球逐个绕过杆后射门，球越过球门时停表

评价标准：做两次，取最好的一次成绩进行记录。运球漏杆或未射入球门内的视为成绩无效。射中球门横梁或立柱的可补测一次。

2. 接运球综合测试

场地器材：一块足球场地；一个足球。

评价方法：在球场上画两条相距5米的平行线，两条平行线的长度均在5

米以上，规定一条线为起点线，测评开始，学生从起点线处抛球，球的落点必须在另一条线外，然后快速跑向落点并按照规定动作（双脚脚内侧、双脚脚背外侧、双脚前脚掌各一次）接反弹球后转身将球带回起点线，然后再抛、再接、再带，共往返6次。以第一次抛球到最后一次带球抵达起点线的总时间和学生的接球动作技能来综合评定成绩。

评价标准：测两次，取最好的一次成绩进行记录。

（三）踢定位球技术自我评价

1. 定位球传准

场地器材：一块平整的场地；一根1.5米高、插有彩色小旗的标志杆；一个足球。

评价方法：以标志杆为圆心，以3米和6米为半径分别画两个同心圆。以插有彩旗的标志杆作为传准的目标。根据学生水平的高低，两个同心圆的半径可适当地缩小或扩大。以25米长为半径，以插有彩旗的标志杆为圆心向任何方向划一条25米的长弧作传球限制线。测评开始，学生将球放在限制线上，用脚背内侧向圈里传球。

评价标准：观察学生踢出的球的第一落点，根据不同的落点位置给予相应的不同的分值。

2. 定位球踢准

场地器材：一块平整的场地；一面足球墙；一个足球。

评价方法：场地在距足球墙下沿中心20米处画一条平行于足球墙下沿的3米长的限制线。测评开始，学生将球放在限制线上，向足球墙踢球。注意可以擦着地面射到墙上，但不能踢地滚球。

评价标准：教练员根据学生的踢准情况进行成绩评定。

三、足球技战术综合能力的自我评价

技战术综合能力水平是衡量足球运动参与者足球运动水平的重要指标。而在校园足球中，对于学生的技战术能力的教学与训练占据了大多数时间。从实践的角度来考虑，学生的技战术能力是最为核心的评价内容。因此，为了更加客观和准确地了解学生足球技战术能力，就需要对相关内容开展自我评价。

在日常的运动训练中，学生可以通过多种等级评价和级别认定的标准对自己的接球能力、传球能力、运球能力、射门能力、防守能力等进行系统的自我评价，其自评方法具体如下。

（一）接球能力自我评价

足球学生的接球能力自我评价等级及级别认定参考表6-1。

表6-1　接球能力自我评价

等级	级别认定
优良	能按照接球技术动作的意识实施要求，在特定的比赛环境中正确理解并运用接球超前性、战术性、风险性的配合要求，能巧妙地运用传接球技术动作，出色完成传接球配合，形成有默契的进攻性接球或按技术动作要领顺势过人形成进攻前奏场景的接球
合格	能够按照一般的接球技术动作要求处理来球，接球的同时，注意目标，有传球的意识，在对手逼迫的情况下也能完成接球动作，不失误
差	不能稳定地、稳妥地按动作技术要领接球，对来球判断失误、接球技术动作运用有误，导致失去控球权或让对方形成有威胁的进攻

（二）传球能力自我评价

足球学生的传球能力自我评价等级及级别认定参考表6-2。

表6-2　传球能力自我评价

等级	级别认定
优良	传球脚法基本正确，在特定的比赛场景中传球时机、地域选择合理，动作规范，符合传球技术意识要领，队员接球顺利且默契，传球落点到位，有直接或间接的进攻威胁性
合格	传球技术动作基本正确，传球技术运用基本合理，有一定的对时空控制及相互配合的意识，能完成一般性的进攻推进或经传球后使本方的处境获得改善
差	技术动作出现变形，不符合传球技术意识，传球脚法、时机选择不当，并造成准确性极差的传球，出现被对方截断给本队造成威胁的传球

（三）运球能力自我评价

足球学生的运球能力自我评价等级及级别认定参考表6-3。

表6-3　运球能力自我评价

等级	级别认定
优良	技术动作运用正确，有自己的动作特点，运球目标明确，战术意识强，时机掌握适当，能充分利用运球技术优势发起个人突袭性进攻，展现个人才华，能直接构成有威胁的进攻性运球
合格	能摆脱紧逼防守或在中前场摆脱防守干扰，为寻找合适的传球、射门机会而主动或被动发起运球。在运球的过程中获得较好进攻机会与效果的可记入优良，如果主动运球造成严重失误记入下一等级
差	学生运球心态不正，爱表现，目的性不明确，战术意识差，运球时机选择有误，浪费有利运球时机或酿成险情，造成严重后果

（四）射门能力自我评价

足球学生的射门能力自我评价等级及级别认定参考表6-4。

表6-4　射门能力自我评价

等级	级别认定
优良	能主动创造出或把握住赛场上的射门时机，射门技术动作基本合理正确，行动果断。凡各种射门包括抢点、凌空射门、铲射、补射、抢点头顶球，无论是否进球，都应该算。其他如符合战术意识，跑到位的有感觉的射门，也应该算
合格	能在一般情况下运用标准的常规性技术动作进行射门，在射门时能够做到一气呵成，能做出较为合理的各种射门动作，如顺势拨球起脚射门、跳起头球射门，能完成有质量的远距离射门
差	在封堵严密、射门死角、距离过长等情况下勉强射门，或者错过良好的射门时机等，射门时技术动作不合理，造成出球无力和射门射飞

（五）防守能力自我评价

足球学生的防守能力自我评价等级及级别认定参考表6-5。

表6-5　防守能力自我评价

等级	级别认定
优良	具有良好的防守意识，根据场上的需要，进行超前意识的抢位、占位、补位，在丢球后，能快速地、及时地明白自己所处的位置，延缓对方进攻或增强本队的防线，力争扼制对方的快速反击，在技术动作上能合理运用紧逼、堵截、抢断等技术，任何破坏对方进攻的行为都应视为成功的防守

续表

等级	级别认定
合格	防守的跑位正确,有一定的防守意识,能做到合理的抢位、占位、补位,能通过场上正确的防守技术动作进行紧逼、堵截、抢断,延缓对方进攻速度,没有影响全局的防守失误
差	没有防守意识,反应迟钝,抢位和占位不及时,或抢位时发生与防守队员"重叠"现象,或在回撤时发生方向路线判断失误等,造成被对手抓住战机,利用出现的防守空隙,进行有效的、有威胁性的进攻

第七章 校园足球可持续发展

第一节 校园足球可持续发展的相关理论

一、可持续发展理论

(一) 可持续发展的内涵

可持续发展理论在不同领域的应用,其内涵和实质也有着显著地区别。具有代表性的有以下四个领域。

1. 生态环境领域

可持续发展起源于对自然生态环境保护的深切关怀,该领域的核心理念在于维护生态平衡、强化环境保护措施,并促进自然资源的可持续利用。它倡导将环境保护与经济发展紧密结合,使得两者相互协调、相互促进,以实现生态环境的长期健康与稳定。

2. 社会发展领域

在社会发展的语境下,可持续发展是对社会公平与利益均衡的实现。这一领域强调在追求经济效率的同时,必须保证社会发展的公平性,避免贫富差距的扩大和社会矛盾的激化。因此,合理平衡社会公平与经济效率成为判断社会发展可持续性的关键标尺。

3. 经济发展领域

在经济发展领域,可持续性的追求聚焦于区域发展战略的精心布局、产业结构的深度优化以及全要素生产率的显著提升。其核心策略在于依托科技创新与技术进步的强大引擎,激发经济发展的内在活力与潜力。这一战略旨在从根本上扭转经济发展中可能出现的边际效益递减趋势,通过引入更高效、更环保的生产方式，驱动经济朝着持续、稳健、高质量的方向迈进。具体而言，它强调通过前瞻性的区域规划促进资源优化配置，利用产业结构升级引领产业升级转型，同时，全要素生产率的提升则是衡量经济增长质量的关键指标，其背后离不开科技创新的强力支撑。这一整套策略共同作用于经济体系，确保了发展的连续性与健康性，为国家的长远繁荣奠定了坚实基础。

4.人类发展领域

在人类发展的广阔视野中，可持续发展致力于促进人的全面发展，并将这一进程与自然、经济和社会发展的整体框架相融合。它采用系统学的理论框架，深入分析人与自然、人与人之间的复杂关系，探索实现人与自然和谐共生、人与人之间和谐相处的有效途径，以构建一个更加公正、包容、可持续的人类发展未来。

（二）可持续发展的评价

对可持续发展的深入探索，其核心始终体现两大核心议题：首先是关于可持续发展的核心概念与理论体系的建构与解析；其次是探讨实现可持续发展的具体路径与策略。而可持续发展评价研究，作为连接理论探讨与决策实践的关键纽带，其重要性不言而喻。它直接关乎到决策过程的科学性与合理性，是当前可持续发展研究领域内备受瞩目的热点。

鉴于可持续发展的本质是一个持续演进、不断变化的动态过程，对于其评价结果的解读与应用，亦需秉持动态调整与持续优化的原则。这意味着，我们不仅要在初次评价后审慎分析结果，更要根据最新数据、环境变化及实践反馈，对评价模型、指标体系及结论进行适时的修正与完善。这一过程应当是循环往复、螺旋上升的，旨在体现评价工作的时效性与准确性，为可持续发展战略的制定与实施提供更为坚实、可靠的理论支撑与实践指导。

二、校园足球可持续发展内涵

校园足球的可持续发展策略，应专注于探索如何在这一特定体育领域内实现长期、健康且稳定的进步。其核心理念在于，不仅要满足我国足球运动对优秀后备力量的迫切需求，更要兼顾学生身心的健康成长与全面素质的提升。这一目标旨在达成校园足球与教育事业的和谐共生，确保体育活动与学术教育相辅相成，共同促进学生的全面发展。同时，校园足球的可持续发展还强调了学生个体与社会整体的和谐融入，力求在培养足球人才的过程中，也促进学生的社会责任感与公民意识的形成。简而言之，校园足球的可持续发展意味着在持续、健康、稳定地促进学生身心健康与足球技能提升的同时，实现教育与体育、学生与社会之间的平衡与共赢。❶

校园足球可持续发展的三维特征可阐述如下。

①时间维度：校园足球的发展应秉持长远眼光，避免急功近利。它不仅要即时满足学生体育健康需求及提升国家足球水平的公众期望，更要着眼于未来，确保这种正面影响能够持续传承。这意味着在规划与实施过程中，需平衡短期成效与长期潜力，确保校园足球不仅能够激发当代学生的运动热情，还能为后来者奠定坚实基础，形成代代相传的足球文化与健康生活方式。

②空间维度：在空间布局上，校园足球的发展应遵循有序扩张、质量优先的原则。初期阶段应聚焦于区域内部的精细化发展，确保资源有效利用与教学质量，避免盲目扩张导致的资源稀释与品质下滑。通过精耕细作，积累成功经验后，再逐步向更广泛区域推广，形成示范效应，带动整体水平的提升，实现区域间协调发展。

③要素维度：校园足球的可持续发展是一个复杂系统，涉及政策、资金、师资、设施、文化等多个要素的紧密协作。这些要素之间相互依存、相互影响，任何单一要素的变化都可能引发系统整体的波动。因此，必须全面考虑各要素之间的关联与平衡，通过综合施策，促进各要素之间的良性互动，共同推动校园足球生态系统的健康、稳定发展。

三、校园足球可持续发展系统的界定

当前，可持续发展的研究框架已全面拓展至四大核心维度：经济学视角聚焦于资源的优化配置，旨在通过高效利用有限资源，为可持续发展奠定坚实的经济基础；社会学维度则追求效率与公平的深度融合，强调社会成员共享发展

---

❶ 张彦斌，易彬全，李明泽.学校足球运动课程教学设计与改革研究[M].北京：中国纺织出版社，2018.

成果，促进社会的和谐与稳定；生态学方向坚守环境与发展之间的微妙平衡，倡导绿色发展模式，保护自然生态，确保地球家园的永续利用；而系统学方向则独辟蹊径，从整体上审视可持续发展，通过衡量"发展度、协调度、持续度"三者之间的均衡状态，为全面理解并推动可持续发展提供了综合性的视角与路径。

将这一系统学视角应用于校园足球领域，我们可以发现，实现校园足球的可持续发展，关键在于有效协调时间跨度与空间布局中，与校园足球发展紧密相关的各类要素，包括人的积极参与、资源的合理配置、经济条件的支持以及社会环境因素的考量等，实现它们之间的动态平衡与相互促进。

然而，当前关于校园足球可持续发展的研究，尚缺乏从整体系统层面进行的深入探讨。多数研究往往局限于单一因素、特定方面或发展战略的分析，未能全面把握校园足球可持续发展的复杂性和系统性。鉴于此，本文在借鉴前人研究成果的基础上，创新性地提出"校园足球可持续发展系统"这一概念，旨在将校园足球的可持续发展视为一个综合系统来考察。这一表述不仅精炼地概括了研究对象，还为我们提供了一个更为广阔的分析框架，有助于深入挖掘影响校园足球可持续发展的关键要素、制约条件及其相互间的复杂关系，为制定科学、系统的发展策略提供有力支持。

四、校园足球可持续发展系统的功能

（一）目标整合功能

校园足球可持续发展系统是一个错综复杂的综合体，汇聚了布局城市、定点学校等多元发展主体及相关子系统与要素。在当前政策驱动下，各发展主体虽拥有一定自主权以设定发展目标与规划，但普遍追求综合效益最大化，这往往导致过分聚焦于竞赛成绩，而忽视了校园内足球活动的普及与深入。从可持续发展的视角审视，这种偏颇不仅偏离了促进学生体质健康与培育全面发展足球人才的初衷，反而可能成为阻碍校园足球长远进步的障碍[1]。

---

[1] 郑原，王云涛.卓越体育教师足球技能培养理论与实践[M].武汉：华中科技大学出版社，2021.

因此，构建以校园足球可持续发展为终极目标的系统，关键在于实现良好的目标整合功能。这一功能需依托于科学合理的政策、法规及制度体系，确保发展路径与可持续发展理念高度契合。随着校园足球实践的深入与外部环境的变化，必须持续审视并适时调整相关政策法规，确保其时效性、完善性及有效性，以形成强大的内部整合力，引领校园足球活动健康、有序、全面地推进，真正实现学生体质的增强与足球后备人才的高质量培养。

（二）约束和促进功能

如果任由布局城市和定点学校的校园足球发展缺乏必要约束，采取"放任自流"的态度，这极有可能对校园足球可持续发展的总体目标构成阻碍，产生不利影响。实际上，这些城市和学校的校园足球活动，其影响远不止于内部，还广泛波及至更广泛的社会群体，产生所谓的"溢出效应"。这种效应的双刃剑性质，既可能带来正面的促进，也可能潜藏负面的阻碍，对校园足球可持续发展的进程产生不可忽视的影响。

因此，为实现校园足球可持续发展目标的顺利达成，构建一套具备强大约束能力的系统显得尤为关键。该系统需能够紧密绑定布局城市和定点学校的校园足球活动，通过有效的监管与引导机制，对可能产生负面影响的行为或活动进行前瞻性的防范与及时的纠正。唯有如此，我们才能最大限度地消除或减弱潜在的负面溢出效应，使得校园足球的发展路径始终与可持续发展目标保持一致，推动其健康、稳定地向前发展。

五、足球人才概念的界定、分类以及与足球后备人才的辩证关系

概念是我们理解事物、进行逻辑推导的出发点。任何严谨的科学理论体系均构筑于清晰界定的概念之上，这些概念不仅揭示了事物的本质属性（内涵），还界定了其适用范围（外延），即既涵盖了质的特性，也明确了量的界限。对概念的精确把握，既是认知深化的成果，也是新一轮探索的起点，它驱动着我们不断接近真理的彼岸。

在校园足球领域，构建高效的人才培养体系同样离不开对"足球人才"这一核心概念的深入剖析与精准分类。通过科学界定足球人才的内涵，我们能够清晰地认识到这一群体所应具备的核心能力与素质；而通过合理的分类，则有助于我们将复杂多样的足球人才群体条理化、系统化，从而更有效地进行培养与管理。

因此，为了构建一套完善且高效的校园足球人才培养体系，我们首要的任务便是深入剖析足球人才的概念，明确其特质与要求，并在此基础上，依据不同的培养任务与目标，对足球人才进行细致的划分。这一过程不仅是对现有认知的整合与升华，更是推动校园足球事业持续健康发展的关键一步。

（一）足球人才的概念

科学人才观鲜明地指出，人才植根于广大人民群众之中，他们凭借所掌握的知识、技能，在创造性劳动中发光发热，为推进中国特色社会主义事业的蓬勃发展贡献力量，这样的个体正是党和国家宝贵的人才资源。此定义不仅彰显了人才来源的广泛性与劳动的创造性，更是对传统观念中基于社会等级、英雄史观以及片面强调学历、职称、资历、身份等标准的颠覆，倡导了一种更为开放、包容的人才观念。

具体到"足球人才"这一概念，结合其字面意义与深层内涵，以及足球运动独有的发展规律，我们可以这样界定：足球人才，即那些深刻理解并能够有效运用足球运动规律，掌握扎实的足球专业理论与技能，并在足球领域内通过不懈努力与卓越表现，为推动足球事业发展做出显著贡献的个体。这一定义既体现了足球人才的专业性与贡献度，也强调了其对于足球运动深层次理解与创新能力的重要性，是对足球领域内人才特质的高度概括与精准把握。

（二）足球人才的分类

基于足球人才在社会工作中所承担的角色与任务，我们可以将其细分为以下几个类别，以明确各自的种属关系：

足球管理人才：这一类别特指那些在足球管理部门担任关键职务的行政管理人员，他们负责制定政策、规划战略并监督执行，是确保足球运动有序发展的核心力量。例如，各级足球运动管理中心的高级官员便属于此类。

足球科研人才：此类人才专注于足球领域的科学研究与教育工作，他们通过深入的理论探讨与实践分析，为足球运动的发展提供科学依据和智力支持。体育院校的足球专业教师、体育科学研究所的研究员等，均属于足球科研人才的重要组成部分。

足球技术人才：这一类别涵盖了广泛从事足球相关工作，并具备专业技能的人才。他们可能是一线教练员，用专业知识和技能指导球员成长；可能是经验丰富的裁判员，确保比赛的公平与公正；也可能是足球记者、评论员，用文字和声音传递比赛激情与深度见解；此外，还包括那些致力于足球相关器材设备创新与优化的发明创造者。

从广义的角度来看，体育人才构成了支撑整个体育事业稳健发展的坚实基础。虽然，他们不直接站在金字塔的顶端，却是构建这一辉煌成就不可或缺的基石。这些人才遍布体育领域的各个专业分支，从管理到科研，从技术实践到文化传播，他们共同为体育项目的人才培养提供了坚实的平台和丰富的养分。因此，我们可以将这些在体制中发挥着不可替代作用的专业人员统称为"体育科技人才"，以彰显他们在推动体育事业全面进步中的重要地位。[1]

（三）足球后备人才概念的界定

竞技体育后备人才，这一群体特指那些在身体与心理上展现出卓越运动潜力，能够接受系统化训练，并积极参与正式竞赛，具备摘取优异成绩潜质的个人。值得注意的是，并非所有青少年都能自然归入此类资源，它仅限于那些对体育运动怀有深厚热爱，自愿加入业余训练体系，并持之以恒、多年不懈努力的群体。进一步而言，单纯的体育训练参与者尚不足以被冠以"竞技体育后备人才"之名，而应视为"人才资源"的预备阶段。

当前，竞技体育后备人才这一概念已广泛获得社会各界的认同与尊重，其定义清晰、认可度高。在这一大类中，足球后备人才作为专业技术人才的重要组成部分，特指那些掌握一定足球运动知识与技能，频繁参与训练与赛事，且展现出显著发展潜力的青少年足球训练者。他们不仅是足球运动的未来之星，更是推动整个体育事业持续发展的重要力量。

（四）足球人才与足球后备人才两者的关系

从定义上来看，足球人才涵盖了参与足球运动的广泛范围，这不仅仅局限于竞技层面的足球训练学生，还涵盖了非竞技领域的各类杰出从业者。这些从业者包括但不限于足球专业教师、教练员、科研人员、裁判员、解说员、管理

---

[1] 国景涛.足球裁判员执法心理研究[M].北京：中国纺织出版社有限公司，2022.

人员以及足球产业的相关人士。他们共同构成了足球人才这一多元且全面的群体。

而足球后备人才，则是这一大群体中专注于竞技方向的一个子集。他们以成为职业足球运动员为主要目标，通过系统的训练和比赛来不断提升自己的技能水平。可以说，足球后备人才是足球人才中竞技性较强、以训练和比赛为核心任务的一部分。

因此，从逻辑关系上讲，足球后备人才与足球人才之间存在一种包含与被包含的关系。即足球后备人才是足球人才的一个重要组成部分，但足球人才的范围远不止于此，它还涵盖了更多在足球领域有着卓越贡献的非竞技性从业者。[1]

第二节　校园足球可持续发展的价值与意义

一、校园足球可持续发展的意义

（一）理论意义

自校园足球在我国高校蓬勃开展以来，其作为增强学生体质与培育足球后备力量的重要阵地，迅速吸引了社会各界的瞩目，相关理论研究亦随之蓬勃发展。然而，当前的理论探索多是对校园足球的现状剖析与对策建议、管理体制与运行机制的分析，或是单一维度地探讨其价值与发展模式，显现出一定的局限性，未能全面而系统地揭示校园足球的多重功能与深远影响。尤为罕见的是，对于校园足球可持续发展框架的系统性构建研究，尚显薄弱，这标志着校园足球领域的理论研究尚待深入与完善。

因此，将可持续发展的核心理念融入高校校园足球之中，致力于构建一个既科学又全面的可持续发展体系，不仅是对当前研究空白的填补，更是推动校园足球事业持续健康发展的关键所在。此举不仅具有重要的理论价值，能够为校园足球的未来发展提供坚实的理论支撑与方向指引，还将在实践中激发校园足球的无限潜力，助力我国足球事业的长远进步。

---

[1] 王勇. 基于体教结合的足球人才培养研究[M]. 北京：中国商业出版社，2021.

（二）现实意义

足球运动的改革与发展，实为一项跨越时间长河、涉及面广泛的系统工程，它的成功推进离不开各级政府、社会各界、教育机构及家庭等多元主体的紧密协作与共同努力。深入剖析校园足球如何成为中国足球整体飞跃的关键杠杆，不仅能够为中国足球水平提升的学术探索注入新鲜的理论血液，拓宽该领域的理论研究视野，还能为政策制定者提供坚实的理论依据与决策参考，助力其制定并执行旨在加速中国足球发展的政策措施。同时，这一研究也将为足球相关产业及人才培养目标的精准定位提供有力支持，促进足球教育与产业之间的深度融合，共同推动中国足球的繁荣与发展。

从推动中国足球可持续发展的战略高度出发，校园足球活动的核心使命在于广泛传播足球知识与技能，其核心价值不言而喻。唯有坚定不移地捍卫校园足球在教育体系中的核心地位，方能使高校足球训练体系得以逐步完善，为中国足球输送更多高质量的后备人才，进而推动中国足球整体竞技水平的提升与运动成绩的飞跃式增长。

二、促进校园足球的可持续发展的意义

（一）坚持校园足球在中国足球改革过程中的核心地位

积极推广高校校园足球活动，犹如一股强劲的东风，不仅为"阳光体育运动"在全国亿万学生中蓬勃开展注入了新的活力，更成为普及足球运动、点燃高校学生参与热情的璀璨火花。这一举措深刻彰显了高校校园足球在我国足球改革大潮中的核心引领地位，是推动其持续健康发展的关键所在，确保了足球运动在校园内生根发芽，茁壮成长。

高校足球工作应对普及足球文化、发掘并培育具有潜力的足球新星，以此为核心目标，不断夯实基础。在指导思想上，我们应遵循科学发展观，发挥政府的主导作用，同时积极调动并整合社会资源，形成全社会共促校园足球发展的良好局面。

我们坚持以人为本，将体育教育与智育、德育、美育、劳动教育紧密结合，既注重足球技能的普及，又强调综合素质的提升，致力于培养出德才兼备、全面发展的优秀足球后备人才。同时，我们应树立长远眼光，面向未来，

以推动我国足球运动全面、稳定、健康、可持续发展为最终目标，不断前行，不断超越。

（二）坚持校园足球发展的必要性

就高校足球后备人才的培养而言，将校园足球作为核心载体，无疑是足球人才培育的必由之路。校园足球不仅是足球人才成长的摇篮，更是其不可或缺的土壤，脱离了这一平台，足球人才的培养便失去了坚实的基础和动力源泉。因此，推广校园足球活动，实则是顺应了足球运动本身的发展规律以及高校学生身心成长的自然法则，它是推动中国足球走向可持续发展的必经之路。

在这一宏伟目标指引下，我们追求的不仅是足球知识与技能的普及，更在于通过这一过程，全面提升学生的身心素质，促进他们全面发展，进而实现足球技艺的升华。校园足球活动的蓬勃发展，其深远意义在于，它为中国足球整体水平的提升奠定了基础，是量变引发质变的生动体现。❶ 没有广泛的群众基础和深厚的文化底蕴，就难以孕育出顶尖的足球人才和辉煌的足球事业。

同时，我们需清醒认识到，校园足球人才的培养是一项系统工程，它涵盖了教学、训练、科研、管理等多个层面，需要社会各界的大力支持与通力合作。在这一过程中，我们应秉持辩证思维，既要注重量的积累，也要关注质的提升，确保校园足球活动在普及与提高之间找到最佳平衡点，为中国足球的腾飞贡献更多青春力量。

（三）发挥校园足球的基本功能

1. 社会功能

（1）校园足球有利于扩大运动训练的选材面

足球人才的培养，恰似精密工艺下产品的雕琢，上乘之作的诞生离不开优质材料与精湛技艺的双重保障。对于杰出足球人才的培育而言，两大核心要素不可或缺：一是构建一个健康、高效的学生培养体系，旨在精准筛选出具备足球天赋的潜力新星；二是实施科学化的训练策略，使每位球员的技能与体能得到最优化发展。

---

❶ 王玥，纪磊.运动艺术视角下校园足球可持续发展研究[M].吉林出版集团股份有限公司，2020.

"科学选材，成功在望"，这一理念已成为全球顶尖教练的共识，尤其在竞技体育竞争日益激烈的当下，科学选材的重要性愈发凸显。反观我国传统校园足球培养体系，曾一度忽视足球运动的广泛普及，导致足球人口基数薄弱，选材范围狭窄，进而限制了高质量足球苗子的发掘与培养。

为破解选材难题，首要之务在于拓宽选材视野，因为更广泛的选材池意味着更多潜在优秀球员被发现的机会，从而提升人才培养的整体成功率。这要求我们必须在高校密集区域加大足球运动的普及力度，通过深化体教融合，推动校园足球模式的发展。

（2）校园足球有利于足球人才扩宽成才道路

原有的金字塔型单一培养模式，犹如一座独木桥，导致众多自幼投身足球的少年，在未能攀登至职业球员巅峰的同时，也错失了探索其他职业道路的可能，这不仅是对人力资源的巨大浪费，也映射出培养体系的结构性缺陷与运行不畅。

相比之下，校园足球人才培养体系则展现出更加开放与包容的姿态。它巧妙地将常规学业教育与足球技能训练相融合，使每位参与足球活动的学生在追求梦想的同时，也能稳步完成学业，为未来铺设多条出路。当这些学生在足球竞技道路上未能如愿成为顶尖选手时，他们依然能够凭借在校园足球中积累的知识与技能，转身投入足球产业的广阔天地，无论是成为足球教练、健身教练，还是足球产品的设计者、推广者，甚至是热情的足球文化传播者，都是他们可能的选择。

更重要的是，校园足球的蓬勃发展还催生了一个更加多元化的足球人群，他们不仅是足球运动的直接参与者，更是推动足球运动普及与发展的重要力量。这一体系不仅拓宽了足球人才的培养路径，更为足球领域注入了新鲜血液与无限活力，促进了足球人员从业机会的显著增加与足球文化的广泛传播。

（3）校园足球有利于抑制球员的超龄现象

众所周知，超龄问题长期以来如同一道枷锁，束缚着我国足球运动水平的提升，其表现形式之一便是虚报年龄、"以大打小"在各级足球赛事中的泛滥。为破解这一难题，一个行之有效的策略是通过校园足球联赛严格实施学生学籍与身份证的双重注册制度，为学生从小建立详实的足球档案。

此举不仅为学生提供了一个系统化、规范化的培养路径，确保他们能够在适宜的成长环境中稳步前行；更重要的是，它构建了一个强有力的年龄监控体系，有效遏制了年龄造假的空间，确保了参赛球员年龄的真实性与公正性。❶通过这种方式，我们不仅能够净化足球竞赛环境，促进公平竞争，还能为青少年足球人才的健康成长铺设一条坚实的道路，从而为我国足球运动的持续进步打下基础。

（4）校园足球有利于足球运动的可持续性健康发展

从宏观视角审视，竞技运动与教育自古以来便紧密相连，这一纽带可追溯到古希腊文明的黄金时代，彼时运动锻炼不仅是城邦生活不可或缺的组成，亦是教育体系的核心要素。古代与现代奥运会的诞生，深刻反映了人类对通过竞技体育塑造身心和谐、服务社会的共同追求。历史证明，若竞技运动与教育、学校脱节，将阻碍个人全面发展，最终危及运动本身的生命力。唯有采取学校化培养模式，将竞技目标与育人使命深度融合，竞技体育方能实现可持续且健康的成长轨迹。

从微观视角深入分析，校园足球在广义足球人才的培育版图中占据着举足轻重的地位。它不仅是孕育未来足坛巨星的摇篮，更是科研先锋、管理精英、执教大师的孵化器，全方位支撑起足球运动的庞大体系。足球的兴盛，绝非个别璀璨明星的独角戏，而是依托于一个由多元专业人才共同编织的坚固网络。在这个网络中，校园足球如同基石，稳固而富有活力。它凭借完善的人才培养体系，源源不断地向足球界输送着新鲜血液——无论是深入探究足球科学奥秘的科研人员，还是运筹帷幄、引领潮流的管理人员，亦或是站在场边指挥若定的教练员，都能在这里找到成长的土壤。这种全面而深入的人才培养模式，为足球运动的可持续发展注入了强大的内生动力。更进一步探索，校园足球还肩负着传承与创新足球文化的使命。在这里，足球不仅仅是一项运动，更是一种文化、一种精神。通过系统的教育与熏陶，学生们不仅能够掌握足球技能，更能深刻理解足球运动的内涵与价值。

（5）校园足球有利于竞技足球与大众普及的紧密结合

竞技足球与大众普及足球在目标上既保持一致性又相互补充，两者均以促

---

❶ 娄志国.足球入门及技法[M].长春：吉林摄影出版社，2017.

进人的全面发展为终极追求，因此，它们都蕴含着丰富的教育价值。竞技足球以其激昂的竞技精神，激励着人们勇于挑战、不断超越，培养坚韧不拔、追求卓越的品质；而大众普及足球则侧重于改善人们的生活方式，倡导健康理念，引导人们学会以更加积极、科学的方式享受生活。这两种教育形式相辅相成，共同构成了一个全面而系统的体育教育框架。

进一步地，从"校园足球"这一概念出发，我们可以清晰地看到其在竞技与普及之间的桥梁作用。作为学校体育的重要组成部分，校园足球不仅承载着推广大众体育、提升国民体质的重任，同时也因其竞技属性，为竞技足球输送着源源不断的新鲜血液。

（6）校园足球有利于学校的文化建设，扩大足球在学校的影响力

足球运动，这一体育场上的艺术，深刻地影响着文化的启蒙与发展。它是体力的较量，更是精神的盛宴，蕴含着自由创造的火花、挑战极限的勇气以及团队协作的规则意识，这些均为现代人不可或缺的核心素养。参与或观赏足球，都能激发人们内心深处的潜能，成为个人成长道路上的重要启示与动力源泉。

在当前校园文化的构建中，我们追求的不仅是形式上的丰富多彩，而是要将课堂教学的深度与课外活动的广度有机结合，形成全方位、多层次的育人体系和文化启蒙氛围。体育，作为这一体系中的关键一环，其独特的教育价值不容忽视。而足球，作为体育领域的璀璨明珠，更是将这一价值发挥得淋漓尽致[1]。

将足球后备人才的培养深度融入校园教育与学校生活之中，不仅能够促进校园文化的繁荣发展，使校园内洋溢着更加浓厚的体育氛围和竞技精神，还能够进一步扩大足球运动在校园中的影响力，吸引更多学子投身其中，感受足球带来的快乐与成长。这一过程，是足球运动的普及与推广，是对校园文化内涵的丰富与拓展。

2. 校园足球的教育功能

（1）校园足球有利于足球后备人才的健康成长与全面发展

只有将"培养真正的人"与"和谐的人"确立为基础性目标时，体育后备

---

[1] 赵一刚. 高校校园体育文化建设与探究 [M]. 北京：中国原子能出版社，2022.

人才的健康成长与全面发展方能得以真正实现。遗憾的是，我国当前的足球后备人才培养体系仍过于体现在职业球员或专业学生的塑造上，而非从根本上追求人的全面发展与和谐成长。这一传统模式无形中强化了"唯成绩论"的观念，即成功与否往往仅以竞赛成绩为唯一衡量标准，忽视了人才多维发展的可能性。

相比之下，校园足球的兴起为这一现状带来了转机。它不仅为足球后备人才提供了一个与同龄人共同成长的健康环境，更重要的是，它渗透了一种全面发展的教育理念，为这些年轻球员营造了一个天然的文化学习氛围。在校园足球的舞台上，孩子们不仅能够精进足球技艺，更能在德智体美劳各方面得到均衡发展，学会如何在竞争与合作中找到平衡，如何在挑战与机遇中成长蜕变。

（2）校园足球有利于发展学生的时间、空间概念，培养学生的逻辑思维能力

足球，这项融合了时间与空间精妙计算的体育运动，要求参与者在接球的瞬间，精准捕捉足球的飞行速度、轨迹、旋转等动态信息，并结合自身所处的位置，做出迅速而准确的判断。这一过程，是对身体协调性的考验，以及对逻辑思维能力的极致挑战。

在传球环节，学生还需综合考虑场上瞬息万变的形势，包括对手的分布、队友的位置以及比赛的整体节奏，从而选择最为合理的出球时机与路线。这种决策过程，锻炼了学生在复杂环境中快速分析、判断并做出决策的能力，进一步强化了其逻辑思维能力。

对于长期投身于足球运动的孩子而言，每一次的奔跑、每一次的触球，都是对时空概念的一次深刻理解和实践。他们在球场上不断适应、不断调整，逐渐培养出敏锐的时空感知能力和高超的逻辑思维能力。

（3）有利于学生形成良好的心理品质及思想品德，激发学生的竞争意识

长期沉浸于足球运动之中，学生不仅能在性格塑造上获得显著提升，更能在品德修养上实现全面飞跃。这项运动如同一位严苛而慈爱的导师，既锤炼着学生的意志力与自制力，让他们学会在逆境中坚持自我，在诱惑前保持清醒；又培养他们的责任感，使他们懂得为团队、为荣誉而战的重量。同时，足球运动还激发学生的勇敢与顽强，让他们在面对挑战时敢于挺身而出，积极进取；在决策时刻展现出机智与果断，成为团队的智囊与领袖。

足球教会了学生坚韧不拔的精神，无论遇到多大的困难，都能咬紧牙关，

坚持到底；也让他们学会了团结协作，明白个人的力量虽小，但汇聚成海则能翻江倒海。在比赛中，学生们密切配合，共同进退，不仅增强了集体荣誉感，更深刻理解了守纪律、重团队的重要性。这些思想品德的熏陶与培养，将伴随学生一生，成为他们人生道路上最宝贵的财富。

（4）有利于增强学生体质、促进学生健康

足球运动是一项集力量、速度、耐力、灵敏、柔韧、协调等多元素质于一体的体育活动，是全面锻炼体魄、促进身心健康的绝佳途径。在全民健身的浪潮中，足球以其独特的魅力与广泛的参与度，成为了不可或缺的重要一员。

通过定期参与足球运动，学生们不仅能够显著提升自身的体能水平，包括增强肌肉力量、提升奔跑速度、延长耐力极限、提高反应灵敏度及身体柔韧性等，还能在运动中不断协调身体各部位的动作配合，达到身心和谐统一的状态。此外，足球运动对高级神经活动的积极影响也不可忽视，它能够锻炼学生的大脑反应速度，提升思维敏捷度，使神经系统在运动中得到充分的锻炼与改善。重要的是，足球运动对内脏器官功能的促进作用显著。在激烈的比赛中，学生的心血管系统与呼吸系统需承受较大的工作负荷，从而得到有效的锻炼与强化。

（5）校园足球有利于提高文化素质，增强足球后备人才对运动训练的理解能力

随着全球范围内竞争态势的日益激烈，运动训练的科学化进程加速推进，职业体育的蓬勃发展以及商业运作的深入渗透，当前世界各项运动竞技水平均攀上了历史新高峰。在这一背景下，学生运动员要想脱颖而出，面临的挑战前所未有。竞技舞台上的较量，已远远超越了单纯的身体对抗与技术比拼，转而体现在心理素质、智力水平与文化素养的综合较量。这深刻地揭示了现代竞技运动的核心——心智能的较量，它要求运动员不仅要具备强健的体魄与精湛的技能，更需拥有敏锐的思维能力、深厚的文化底蕴以及持续的学习动力。

反观我国足球领域，长期以来，"重技轻文"的传统培养模式在一定程度上限制了学生运动员的全面发展。在这种模式下，专业技能的提升被置于很高的地位，而文化知识的学习、综合素质的培养则往往被忽视。这种片面追求技术进步的做法，虽能在短期内取得一定成效，但随着运动员职业生涯的深入，其思维局限性、认知偏差、道德观念淡薄、精神动力不足等问题逐渐显现，最

终成为阻碍专业水平进一步提升的瓶颈。

校园足球的兴起，则为破解这一难题提供了新思路。它强调在专业技能训练的同时，注重文化知识的传授与综合素质的培养，力求实现学生运动员身心、智技、文化的全面发展。通过校园足球的平台，学生运动员不仅能够接受专业的足球训练，还能拓宽视野，提升思维品质，增强对运动训练深层次的理解与把握。这种综合能力的提升，将为他们在竞技道路上走得更远、更稳提供坚实支撑。[1]

（6）校园足球有利于提高学习效率

足球运动给学生带来了丰富多彩的情绪体验，还以独特的魅力成为他们享受艺术、促进思想交流的重要媒介。在体育场上挥洒汗水，学生们能够亲身体验到运动的激情与快乐，这种积极的情绪体验有助于他们释放学习压力，重拾活力与信心。

足球比赛中的精妙配合、精彩进球、紧张对决，无一不展现出体育艺术的独特魅力，让学生们在享受中感受到运动的韵律与美感。此外，足球还成为了学生们交流思想、增进友谊的桥梁。在课间休息、放学后的闲暇时光，学生们常会聚在一起，热烈讨论着足球比赛、球员表现、战术分析等话题。这种基于共同兴趣爱好的交流，不仅加深了彼此之间的了解与信任，还促进了思维的碰撞与融合，为学生们的全面发展提供了宝贵的机会。

第三节　校园足球可持续发展的推进策略

一、国家层面统筹校园足球推进

（一）"摸着石头过河"与"加强顶层设计"相结合

在校园足球的发展征途中，"摸着石头过河"不仅是勇气的体现，更是智慧的抉择。它意味着我们需在实践中不断摸索，逐步揭示适合我国高校环境的校园足球发展规律。诚然，国际上有诸多成熟的校园足球模式可供借鉴，国内

---

[1] 吴彩芳. 校园体育教育改革与文化建设研究 [M]. 中国原子能出版社，2021.

其他运动项目的发展经验亦不乏亮点,但简单复制绝非良策。鉴于我国独特的教育体制、文化背景、观念差异,加之足球后备人才培养的长期性、复杂性,我们必须采取批判性思维,将国际经验与国内成功案例深度融合,同时紧密贴合我国国情与足球人才培养规律,通过不断探索与创新,开辟出一条具有中国特色的校园足球发展路径。

"顶层设计"作为系统工程学的核心理念,其精髓在于全局视野下的战略规划与精密布局,它要求我们以整体性思维把握全局,以理性态度分析问题,并以强大的执行力推动方案落地。

在加强校园足球"顶层设计"的过程中,两大关键点不容忽视:一是明确总体目标与方向,使每一步行动都服务于最终愿景;二是激发创新思维,鼓励各地根据自身实际情况灵活调整策略,形成各具特色的校园足球发展模式。鉴于我国幅员辽阔、教育资源分布不均的现状,我们既要认识到校园足球推广的广泛性与普及性,又要正视其在目标设定与内容实施上的复杂性。

(二)始终调控校园足球普及与提高的平衡

校园足球的普及,其核心在于让足球活动深入学生群体,旨在通过这一全球性运动促进学生身心的全面健康发展,让他们在享受运动乐趣的同时,也体验到团队合作与个人成长的喜悦。鉴于足球后备人才培养的漫长周期与复杂挑战,以及成才之路的艰辛与高淘汰率,我们应将校园足球的首要目标建立在学生的健康成长与快乐体验上。只有当足球成为学生们生活中不可或缺的一部分,高水平足球后备人才的涌现,才会如同水到渠成般自然发生。

在推进校园足球的过程中,我们必须精心调控普及与提高之间的微妙平衡,避免过分强调竞技成绩而偏离了校园足球初衷。具体而言,应扎实开展校内足球活动,鼓励更多学生参与进来,通过增加校内比赛场次、扩大参赛队伍规模等方式,有效提升校园足球的普及率与参与度。同时,对四级联赛等赛事体系进行统筹规划,从联赛形式、参赛规模到各项细节均需周全考虑,使得赛事既能激发学生的竞技热情,又能为高水平足球人才的发掘提供广阔舞台。唯有如此,方能有效推动高校校园足球活动广泛、深入且持续地向前发展。

(三)制定合适的保险险种,切实解决校园足球训练学生的后顾之忧

当前,学生意外伤害保险在实际操作中往往流于形式,其保障力度不足,

尤其是在体育保险领域的发展滞后，导致学生参与体育活动时面临较高的风险暴露而无充分保障。反观发达国家，学校与家长签订的保险协议详尽入微，尤其是各类保障条款的明确性，为学生提供了全方位的保障。相较之下，国内保险协议内容较为简略，缺乏针对体育活动特殊性的细致考量，难以有效应对学生因运动伤害而产生的高额医疗费用。

鉴于这一现状，体育与教育主管部门应积极介入，携手当地保险公司，共同探索并创新适合校园足球训练学生的专属保险险种。这一过程需深入调研学生实际需求，确保新险种能够全面覆盖运动伤害风险，减轻学生在治疗过程中的经济负担。通过多家保险公司的竞争与合作，筛选出最优方案，既保障学生的切身利益，也促进保险市场的健康发展。

（四）促进教育资源的平衡，造就全面发展的足球训练学生

我国教育资源分布不均的现状，根植于社会主义初级阶段的特定国情，这一现象尤为显著地体现在经济发达地区与欠发达地区之间。资源富集之地，孩子们得益于丰富的教育资源，得以拥有更多闲暇参与体育活动，如足球等，享受运动带来的乐趣与成长。反之，在资源匮乏区域，受中高考压力及教育资源紧张所限，孩子们的生活被繁重的课业与课外培训填满，鲜有机会投身体育世界，尤其是足球运动，他们的童年往往被应试教育的重压所笼罩。

尽管国家长期致力于推广素质教育，力图淡化应试教育的色彩，但教育资源不平衡的顽疾仍如隐形的指挥棒，深刻影响着家长、学校乃至整个社会的教育理念与行为模式，使得填鸭式教学与应试导向难以根本扭转。孩子们在这样的环境下，被迫投身于无尽的考试与学习中，足球等体育活动的空间被严重挤压。

因此，要彻底改变这一现状，吸引更多青少年投身校园足球，必须从根源入手，通过制定并实施强有力的法规与政策，加速推动教育资源的均衡配置。只有当教育资源得以公平分配，孩子们无论身处何地，都能享受到同等质量的教育与体育资源时，校园足球乃至整个体育运动的普及与发展，才能获得持久而稳定的动力源泉。

（五）拓宽就业出路，做完整的社会个体

高校足球训练学生的在校学习是一个不容缺失的环节，应加以重视，已经

进入职业俱乐部的学生也应该与学校充分联合办学，通过加强文化课的学习，使自己心智更加稳定。另外，理顺各级各类学校与足球项目的对口衔接关系和相应的程序，严格审查升学加分政策，增加高水平运动队高校的数量，增加高校足球特招生名额，增加跨地区跨省市的高校足球比赛的数量和质量，尽最大可能调动一切能够调动的资源，减少校园足球训练学生的流失，实现校园足球活动的可持续发展。

二、城市层面促进校园足球推进

（一）研究明确布局城市开展校园足球的要求

鉴于各布局城市在经济基础、自然环境、社会文化风貌上的显著差异，其校园足球的可持续发展路径亦需因地制宜，彰显地域特色。因此，确立各城市校园足球的发展时，应紧密围绕国家层面制定的校园足球发展指导方针，同时深入剖析本地的经济条件、环境特点以及校园足球发展的当前状况与长远愿景。通过综合考量，科学规划青少年校园足球活动的实施策略与步骤，确保既能聚焦重点，精准施策，又能稳步推进，全面覆盖。这样的差异化、精细化发展模式，将有助于更好地激发各地校园足球的活力与潜力，促进青少年足球水平的整体提升与均衡发展。

（二）构建完整的布局城市校园足球组织机构

各布局城市的校园足球发展组织机构，作为全国校园足球办公室的地方延伸，其架构需紧密对标国家层面的校园足球领导小组，确保领导有力、执行高效。这一组织机构融合了教育、发展改革、财政、新闻宣传、体育及共青团等多部门力量，形成跨部门协作的强大合力，为地区校园足球的可持续发展提供坚实的组织保障。其主要职责涵盖：制定并实施符合地方特色的校园足球发展战略、中长期规划及年度行动计划；引导和支持足球特色学校全面普及并深化校园足球活动；精心策划与组织各级校园足球赛事，加强师资与教练团队的培训与发展；促进校园足球经验的广泛交流与理论实践的深入研究；同时，加大宣传力度，动员社会各界参与，积极争取资金与资源支持，共同推动地区校园足球事业的蓬勃发展。

（三）加强布局城市校园足球师资的培训和引进工作

专业的师资队伍是推动校园足球持续繁荣的核心引擎，其构建质量直接映射着各布局城市及足球特色学校校园足球项目的发展水平。尽管国家层面已对管理干部、教练员及指导员展开了广泛培训，但专业人才缺口与技能水平不均的挑战依旧严峻，短暂的集中式培训难以触及根本性变革。

因此，各布局城市需立足本土实际，采取多元化、深层次策略，以强化师资队伍建设。首要任务是，利用寒暑假这一时间窗口，精心策划并实施针对校园足球教练员与指导员的长期初级至中级培训计划。这一计划应邀请足球界的资深权威、高校足球教育专家及经验丰富的退役运动员担任讲师，通过理论讲授与实践指导的深度融合，为参训人员打造全方位、系统化的能力提升路径。

同时，在学校体育师资的引进与配置上，应明确树立"足球专业优先"的导向，将具备扎实足球专业知识与技能的教师或教练员作为招聘与任用的重要考量因素。此举旨在逐步构建起一支专业性强、结构合理的足球师资队伍，为校园足球的蓬勃发展注入新鲜血液与强大动力。

通过上述举措的协同推进，不仅能够有效缓解专业人才短缺的现状，更能显著提升校园足球师资队伍的整体素质与执教能力，为校园足球事业的可持续发展打下人才基石。

（四）组织开展具有地区特色的校园足球活动

不同布局城市应深入挖掘并巧妙利用本地资源禀赋，打造独具地区魅力的校园足球活动体系。这一体系的构建需紧密遵循两大核心原则：贴近现实与注重实效。具体来讲，"贴近现实"强调活动设计需精准对接各年龄段学生身心发展的阶段性特征，确保活动内容既富有挑战性又易于学生接受，让每位学生都能在参与中找到乐趣、获得成长。"注重实效"则意味着活动应聚焦于学生身心素质的实际提升，通过科学、系统的训练与比赛，不仅增强学生的体质、锤炼其意志品质，更需激发他们对足球运动的热爱与向往，进而吸引并带动更多学生投身校园足球的广阔天地，共同营造浓厚的校园足球文化氛围。

（五）加大校园足球的社会宣传和吸引社会赞助

在校园足球的社会宣传工作中，我们应坚守正确舆论导向，积极运用主流媒体的力量，从积极角度深度报道校园足球活动，旨在让广大家长与孩子深刻理解参与体育运动尤其是足球运动对身心健康的裨益，从而构建一个全社会普遍关注学生健康成长、积极支持校园足球可持续发展的良好环境。

为持续强化校园足球的可持续发展能力，我们倡导实施多元化资金筹集策略，即"政府引导、社会参与、单位支持"的协同模式。具体而言，通过广泛的社会宣传，吸引社会各界包括企业、组织及个人对校园足球的关注与赞助，形成资金汇聚的良性循环；此外，各相关单位也应积极贡献自身力量，为校园足球的繁荣发展添砖加瓦。这一策略的实施，将有效缓解校园足球经费紧张的瓶颈问题，为校园足球的长远发展提供坚实的经济支撑。

三、学校层面加强校园足球推进

足球特色学校作为校园足球发展的中坚力量，其在推动校园足球可持续进程中的角色举足轻重，不仅承载着教育培养的重责，还肩负着为国家足球政策制定提供实践反馈的使命。从多重视角审视，学校层面促进校园足球的可持续发展蕴含三层深刻意义：

①教育为本，校园足球的蓬勃开展绝不应以牺牲学生的文化课学习为代价，而是应与学科教育相辅相成，共同促进学生全面发展。

②校园足球是"阳光体育"理念的具体实践，它不仅丰富了校园体育活动的内涵，更在提升学生身心素质方面发挥着不可替代的作用，是学生健康成长道路上的重要助力。

③校园足球的广泛开展，为挖掘和培养足球后备人才奠定了基础，为国家足球事业的未来输送了源源不断的新鲜血液。❶

针对足球特色学校如何有效推进校园足球的可持续发展，我们建议从管理、内容与方式三大关键要素入手，精准施策。在管理层面，应建立健全校园足球管理机制，明确职责分工，确保各项活动有序开展；在内容层面，应丰富教学内容与形式，注重技战术训练与体育精神的双重培养；在方式层面，则应积极探索创新教学模式，如引入科技手段辅助教学，提高训练效率与趣味性。通过这些措施的实施，寻找并突破校园足球可持续发展的关键环节，为校园足

---

❶ 高源.高校校园足球系统训练与可持续发展研究[M].沈阳：辽宁大学出版社,2019.

球的长远发展注入强劲动力。

四、大学阶段开展校园足球的建议

（一）充分发挥高校的资源优势

高校作为教育资源与基础设施相对完备的学府，相较于中小学，其在校园足球的普及上具有得天独厚的优势：拥有专业的师资队伍、广阔的体育场地以及较为宽松的学业氛围，这使得高校学生在参与体育活动时能够更少地受到升学压力的束缚。因此，各高校应敏锐把握当前加强高校体育工作及全国校园足球热潮的契机，积极联动学生管理部门、共青团组织以及各类学生社团，深入挖掘并充分利用本校在资源上的优势。

实践中，高校应将普及体育运动与足球活动视为提升学生综合素质、促进健康生活方式的重要途径，明确将其纳入学校长远发展规划之中。通过精心策划与组织，让足球成为校园文化的重要组成部分，不仅限于体育课程，更渗透至学生的日常课余生活中。同时，注重提升大学生对足球运动的兴趣与参与度，通过举办多样化的足球赛事、开展足球文化交流活动等形式，激发学生对足球运动的热爱与追求。

在此过程中，高校应关注大学生身心健康的全面发展，将提高大学生健康素质作为校园足球普及工作的重要目标之一。通过科学的训练计划与合理的运动安排，确保学生在享受足球乐趣的同时，也能有效增强体质、锤炼意志品质。最终，通过校园足球的普及与推广，促进大学生在德智体美劳各方面实现全面成长与成才。

（二）创新人才培养模式，做好体教结合的大文章

当前体教融合在培育顶尖学生运动员方面仍存显著短板，部分高校不幸沦为退役或现役运动员的"避风港"，而非孕育冠军的"摇篮"。针对此现状，探索并创新竞技体育人才培养模式，实现真正的体教深度融合，成为亟待解决的课题。令人鼓舞的是，面对外界的质疑与挑战，国内部分高校已在足球领域迈出坚实步伐，成功开创出培养高水平足球训练学生的新路径。这些高校将培养周期科学划分为青少年学习奠基期、大学实践提升期及俱乐部成熟锤炼期三个阶段，各阶段紧密衔接，依据球员成长规律与年龄特征，定制化设计训练内容

与方案，旨在全方位塑造具备卓越综合素质的高水平足球人才，为竞技体育与教育的深度融合树立了典范。

（三）选聘高水平教练执教，提升训练水平

在校园足球的训练体系中，教练员是引领学生运动成绩飞跃的关键人物。然而，当前现状是，大多数校园足球教练员由学校的体育教师兼任，他们虽拥有扎实的体育理论基础与丰富的教学经验，但在指导高水平学生、推动校园足球向更深层次发展方面，往往显得力不从心，这成为制约校园足球整体水平跃升的一大瓶颈。

为破解高水平教练短缺的难题，我们需采取双管齐下的策略：一方面，深入挖掘校内资源，识别并培养那些具备特殊训练才能与丰富实战经验的体育教师，通过专业培训与实战指导，将其打造成为能够引领校园足球新高度的教练团队。另一方面，积极拓宽外部渠道，通过公开招聘、合作引进等方式，吸引具有国内外高水平执教经历的专业教练加入，为校园足球注入新鲜血液与先进理念。如此内外结合，方能构建起一支既懂教育又精专业的复合型教练队伍，为校园足球的可持续发展提供强有力的智力支撑与人才保障。

参考文献

[1] 李卫东.校园足球促进政策研究[M].武汉：华中师范大学出版社，2023.

[2] 陈红涛.校园足球的育人价值与教学实施研究[M].北京：中国书籍出版社，2023.

[3] 陈栋.校园足球科学化训练与后备人才的选拔与培养研究[M].北京：北京燕山出版社，2023.

[4] 苏曾燧.足球力学[M].广州：华南理工大学出版社，2017.

[5] 朱可.校园足球教学训练及人才培养研究[M].长春：吉林人民出版社，2022.

[6] 冯涛.足球教学设计与训练实践研究[M].长春：吉林大学出版社，2018.

[7] 周雷，吴强.体育强国目标下我国校园足球的发展机制与实施路径研究[M].上海：上海交通大学出版社，2022.

[8] 周红萍.校园足球建设的审视与未来发展研究[M].北京：中国原子能出版社，2018.

[9] 林秋菊，项和平.高校校园足球一本通[M].合肥：中国科学技术大学出版社，2021.

[10] 娄志国.足球入门及技法[M].长春：吉林摄影出版社，2017.

[11] 黄晓.健康中国背景下校园足球科学发展之路[M].北京：中国原子能出版社，2021.

[12] 张洪江.踢球者青训营校园足球情境化训练课设计[M].长春：吉林大学出版社，2021.

[13] 张彦斌，易彬全，李明泽.学校足球运动课程教学设计与改革研究

[M].北京：中国纺织出版社，2018.

［14］姜华.足球运动文化体系的建设与发展[M].北京：中国商务出版社，2018.

［15］郑原，王云涛.卓越体育教师足球技能培养理论与实践[M].武汉：华中科技大学出版社，2021.

［16］王勇.基于体教结合的足球人才培养研究[M].北京：中国商业出版社，2021.

［17］何晨阳.校园球类运动开展的理论与实践[M].天津：天津人民出版社，2021.

［18］刘江宏，王晓芳.校园足球[M].长春：吉林大学出版社，2020.

［19］问绍飞.校园足球发展与师资培养研究[M].长春：吉林大学出版社，2020.

［20］王玥，纪磊.运动艺术视角下校园足球可持续发展研究[M].长春：吉林出版集团股份有限公司，2020.

［21］赵一刚.高校校园体育文化建设与探究[M].北京：中国原子能出版社，2022.

［22］赵永峰.新时代中国足球运动改革发展的思考[M].长春：吉林科学技术出版社，2020.

［23］徐汝成.校园足球可持续发展战略与系统训练研究[M].北京：中国书籍出版社，2019.

［24］高源.高校校园足球系统训练与可持续发展研究[M].沈阳：辽宁大学出版社，2019.

［25］吴彩芳.校园体育教育改革与文化建设研究[M].中国原子能出版社，2021.

［26］闫强.高校足球教学与训练创新设计研究[M].北京：北京工业大学出版社，2021.

［27］蔡春娣.高校足球运动教学与系统训练研究[M].北京：北京工业大学出版社，2021.

［28］陈恒兴.高校足球教学设计与训练研究[M].长春：吉林大学出版

社，2021.

[29] 文玉超，蔡正杰，沈寅豪.高校足球理论教学与实践训练[M].北京：研究出版社，2020.

[30] 朱永振.高校足球教学与科学训练研究[M].北京：北京工业大学出版社，2020.

[31] 岳抑波，谭晓伟.高校足球运动理论与战术技能研究[M].长春：吉林人民出版社，2019.

[32] 王华军，詹筱蕾.校园体育文化的多元化发展与创新体系构建[M].北京：中国原子能出版社，2017.

[33] 张义飞，王宏伟，仝仕胜，等.高校足球学练设计理论与实践教程[M].北京：中国原子能出版社，2018.

[34] 田琪.校园足球课程纲要[M].北京：北京邮电大学出版社，2017.

[35] 张利.足球运动健身理论与科学训练研究[M].长春：吉林人民出版社，2022.

[36] 肖冬，金刚，牛璕博，等.基于深度学习和虚拟仿真的足球智能训练教程[M].北京：冶金工业出版社，2022.

[37] 吴春成.足球运动科学训练与后备人才培养研究[M].北京：北京燕山出版社，2022.

[38] 王大利.青少年足球人才培养与系统性训练研究[M].北京：北京燕山出版社，2022.

[39] 崔泽峰，张坤，杜为鹏，等.足球运动[M].天津：天津大学出版社，2022.

[40] 易剑东，袁春梅.中国足球发展指数研究[M].天津：南开大学出版社，2022.

[41] 国景涛.足球裁判员执法心理研究[M].北京：中国纺织出版社有限公司，2022.

[42] 夏军.足球后备人才的科学训练与管理研究[M].北京：中国书籍出版社，2022.

[43] 吴小能.体育教师足球技能培养研究[M].武汉：华中科技大学出

版社，2023.

［44］侯学华，孟宁，李俊，等.足球运动损伤与处理教程[M].南京东南大学出版社，2021.

［45］刘兵，王江宇.足球发展与体育强国建设[M].上海：上海大学出版社，2021.

［46］蔡向阳.校园足球裁判员知识宝典[M].福州：福建人民出版社，2021.

［47］李一.足球与法[M].北京：中国政法大学出版社，2020.

［48］尚志强，冯巍.足球文化·技术与传播[M].北京：中国传媒大学出版社，2020.

［49］刘杰.足球运动教学与训练探索[M].北京：现代出版社，2020.

［50］郭振.足球训练与执教方略[M].广州：华南理工大学出版社，2019.

［51］殷晓辉.足球训练技巧与教学实践[M].天津：天津科学技术出版社，2019.

［52］张晓宇.大学生足球理论与实践[M].广州：中山大学出版社，2019.

［53］李旭天.足球技术动作生物力学分析[M].长春：吉林人民出版社，2019.